BUSINESS MODEL ENABLED
COMPETITIVE ADVANTAGE BUILDING

BEYOND STRATEGY

超越战略

商业模式视角下的竞争优势构建

魏 炜　张振广　朱武祥 ◎ 著

机械工业出版社
CHINA MACHINE PRESS

图书在版编目（CIP）数据

超越战略：商业模式视角下的竞争优势构建 / 魏炜，张振广，朱武祥著．—北京：机械工业出版社，2017.6（2023.5 重印）

ISBN 978-7-111-57064-6

I. 超… II. ①魏… ②张… ③朱… III. 商业模式-研究 IV. F71

中国版本图书馆 CIP 数据核字（2017）第 109401 号

  本书分为上、中、下三篇。上篇完整介绍了企业时空定义的系统框架，深入探讨了空间构建、机遇洞察、企业设计、路径选择、执行匹配与时间驾驭六大主题内容。中篇则是精彩纷呈的案例，每个案例都以上篇中的框架为文章主干，在帮助读者体会竞争大美的同时，强化对新框架的认知。下篇内容更丰富和多元，主要围绕着商业模式的相关内容展开，可以帮助大家更好地认知、理解和应用商业模式。

超越战略：商业模式视角下的竞争优势构建

出版发行：机械工业出版社（北京市西城区百万庄大街 22 号　邮政编码：100037）

责任编辑：宋学文　　　　　　　　　　　　责任校对：李秋荣

印　　刷：北京宝隆世纪印刷有限公司　　版　　次：2023 年 5 月第 1 版第 5 次印刷

开　　本：170mm×242mm　1/16　　　　 印　　张：17

书　　号：ISBN 978-7-111-57064-6　　　 定　　价：99.00 元

客服电话：(010) 88361066　68326294

版权所有·侵权必究
封底无防伪标均为盗版

推荐序一 · FOREWORD

全新视角下的新商业理论框架

陈春花
管理学者
新华都商学院理事长

看到这部作品,深深地被其核心理念"超越战略"所触动,而无论是从理论还是从实践的角度,我自己也颇有共鸣。战略一词在理论和实践中有重要影响,离不开一位代表性的人物迈克尔·波特,其在 20 世纪 80 年代提出的竞争论也契合了当时的时代特征。随着竞争的加剧,进入 21 世纪,仅仅以竞争为核心的战略已经难以为企业创造并使其保持优势,为此,我曾出版专著《超越竞争》,来表达微利时代的企业战略理念。从竞争到超越竞争,从战略到超越战略,因此,我与这部新的作品能够产生共鸣。

事实上,不仅仅是从环境变化的角度,从组织理论的演进过程来看,重新来定义战略,也是战略理论发展的必然。从我个人对组织的研究来看,纵览百年历程,当中发生了两个最为显著的变化,一是组织从封闭到开放,二是组织从个体到生态系统。在组织研究开始的相当一段时间里,人们对于组织的认识都是相对封闭的,并且只是关注组织个体。这也导致我们在关注战略时,常常把焦点放在竞争上面。近年来组织理论的革命性变化是开放性组织和组织生态系统,鉴于战略与组织的匹配,也因此,需要对战略进行新的判断,而这个新的判断,正是这部作品在表达的:超越战略。

结合作者的论断,企业要超越战略,至少要在以下四个维度有所作为。

第一，战略生态系统。德鲁克在从社会学切入管理学时有一个基本的假定，企业组织将成为社会的基本单元。而随着组织共生时代的到来，企业的战略要求不仅仅是要把自己打造成一个有竞争力的企业，更重要的是打造一个战略生态系统，这反而成为个体竞争力的前提。如同作者在"Valve：生态系统的构建范本"一章中的论述，从企业的战略角度来看，企业要打造的是一个共生体。这个共生体是一个角色集，以此来共创价值，这是今天企业共生关系的根本逻辑。

第二，转型升级。与以往相比，今天企业所面临的环境上的一个重大不同是，环境从稳态环境向动态环境变化。面临环境的变化，在战略上比强调竞争力更为重要的是关注持续性，也就是要令企业在动态环境中持续成长，而持续成长对于战略的要求，就是要进行有效的转型升级。针对于此，作者选择了养殖业和酒店业两个相关行业的代表性企业进行了案例研究。这些案例除了在表达转型升级本身之外，还传递了一个重要启示：转型升级并不是目的，企业不是为了转型升级而转型升级，其目的是更好地为顾客创造价值，其结果则是帮助企业在动态环境下持续成长。

第三，破坏性创新。《大繁荣》的作者费尔普斯将创新视作社会繁荣的重要推动力。回到德鲁克讲述的企业组织这一社会的基本单元，要求企业组织必须保有创新能力，才能推动自身和社会的繁荣。当然，创新一词今天已经变得非常流行，甚至会被理所当然地加以使用，而忽略了其本身的内涵。以克里斯坦森的创新理论为切入点，作者深入探讨了破坏性创新的本质，创新意味着创造新的市场需求，更重要的是，尽管今天我们提倡草根创新，但创新并非小企业的专利，因此，只要去践行创新的本质，任何企业和个人都可以表现出卓有成效的创新精神。

第四，组织匹配力。在超越战略的顶层设计上，企业需要关注战略生态系统、转型升级、破坏性创新，但这些核心问题能否在实践中取得成效，离不开有效的组织能力。如同作者论述的企业设计与执行匹配，这意味着，超越战略要做到顶层设计与组织能力的匹配。缺失组织能力，再卓越的顶层设计都会失去成效。因此，企业既要设计出有效的价值来源，同时，还需要通过执行匹配将价值转化为现实。

战略生态系统、转型升级、破坏性创新、组织匹配力，当超越战略从理念转化为行动时，我们距离成效就又近了一步。喜欢战略管理学家伯格曼的一句话，"战略控制命运"，其简明地交代了战略的意义。但今天，在超越竞争的新时代，企业能否超越固有的命运，甚至创造出更好的命运，可能也需要超越战略。也或许，只有超越战略，超越竞争，企业在今天才能赢得持续竞争力。

更为可贵的是，作者把多年来的研究智慧集合在这部作品里，用企业时空定义理论框架六个步骤来贯穿整个作品，让读者在看到清晰的理论构架的同时，也看到鲜活的案例，更看到解决之道。更加难得的是，每一个核心理论观点的阐述，都能够既看到严谨的专业训练，又能够完全在实践中被确认，这也是我对于本书几位作者极为赞赏的地方，也是诚意推荐大家阅读此书的核心之所在，相信读者可以在阅读的过程中，能够领略到理论与实践融合的价值之美。

2017 年 4 月 28 日于朗润园

推荐序二 · FOREWORD

大格局　大视野

路江涌

北京大学光华管理学院战略管理系教授

十多年来，魏炜、朱武祥两位教授坚持在商业模式理论与实践领域进行研究和探索，出版了包括《发现商业模式》《重构商业模式》《商业模式的经济解释》《商业模式的经济解释Ⅱ》《透析盈利模式》等在内的一系列著作，总结了国内外商业模式的创新实践，在企业界产生了持续而重要的影响。作为两位教授作品的忠实读者，我阅读过他们所有的著作，获得了很多启发。

读完魏炜教授发来的新的书稿，我不禁随着作者的思路思考起战略管理研究与实践的现状和面临的挑战。情况正如三位作者在本书引论中提到的那样，在不确定性和不连续性成为新常态的今天，传统战略框架的解释力和预测力在下降，这使得企业家们运用传统战略框架对商业世界进行分析时的"安全感"和"获得感"大大降低。传统战略分析框架的重点是大企业如何利用内部资源来保持竞争优势，战略分析的背景是企业面临确定的未来发展方向和连续的未来发展路径。然而，当企业面临的未来发展方向不确定性越来越高，并且未来发展路径的不连续性也越来越高的情况下，沿用静态和局部的战略分析框架就限制了企业家的格局和视野。企业家迫切需要一套超越传统战略的理论框架，以更大的格局和更远的视野进行战略思考和商业实践。

这本《超越战略》为企业家提供了一个大格局和大视野的分析框架。

更大的格局

更大的格局可以从本书提出的"三度空间"概念中获得启发。"三度空间"指的是企业空间、商业模式空间和共生体空间,相对应的战略即为企业战略、商业模式战略和共生体战略。传统的战略管理思考重点是企业战略,缺乏对构成企业商业模式的利益相关者的系统分析,而作者在前述商业模式等书中发展的商业模式体系正是能帮助企业家把战略格局从企业战略空间提升到商业模式空间的工具。

在本书中,作者在他们之前有关商业模式研究的基础上,进一步把战略格局提升到共生体空间层次。在共生体空间中,企业家关心的不再仅仅是单个企业的战略问题,甚至也不仅仅限于单个企业和利益相关者组成的商业模式体系,而是扩展到围绕着多个核心企业发展起来的生态系统。

打个比方,如果说企业空间关心的是一个"星球"的内部结构和外部环境,那么,商业模式空间讨论的应该是围绕这个星球形成的星系,共生体空间讨论的则是由不同星系组成的更大的星系。本书中的"三度空间"体系从"上帝视角"描绘了企业生态的宏观结构、中观关系和微观组成,为企业家分析相关生态系统提供了一套体系化的视角。

更远的视野

看世界,做企业,仅仅有更大的格局是不够的,还必须有更远的视野。本书给出了获得更远视野的方法:"时间罗盘"。时间罗盘以"时间驾驭"为核心,以"空间构建"为起点,为企业家提供了"机遇洞察""企业设计""路径选择"和"执行匹配"的行动路线图。

如图 0-1 所示,"新常态"下的企业发展面临发展方向(空间)的不确定性和发展路径(时间)的不连续性。面对双重不确定性,企业家可以从时空两个维度考虑不同情况下的企业战略重点。首先，当发展方向不确定性高且发展路径不连续性高的情况下，企业的战略重点应该是"机遇洞察"，即先找好方向，在可能的发展空间里确定发展方向。其次，在选好方向后，企业家应该着重做好"路径选择"，以降低不同时点间发展路径的不连续性。再次，当发展路径不连续性低，但发展方向不确定性高时，企业战略的重点应放在"企业设计"，设计出一个灵活性高的"精益组织"，在发展过程中不断调整发展方向。最后，当发展方向不确定性低且发展路径不连续性低时，企业家应该把战略的重点放在"执行匹配"上，抓住机遇快速发展。

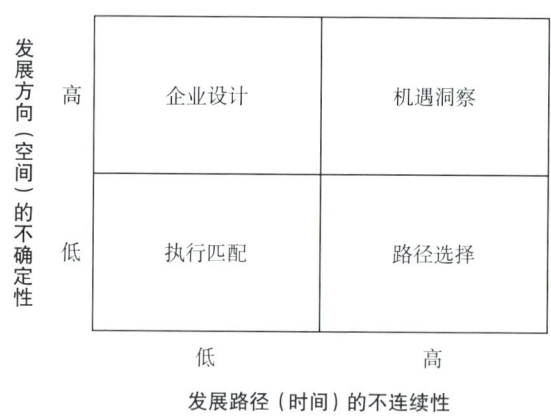

图 0-1　时空不确定性下的企业战略

超越战略

本书取名为《超越战略》。作为读者，我认为书名中的四个字（"超""越""战""略"），很好地反映了企业面临发展方向不确定性和发展路径不连续性情况时应有的战略思路，既要有空间上的格局观，又要有时间上的动态观，既注重宏观层面的战略规划，也重视微观层面的战略实施，做到在时空维度上战略规划和实施的动态协同（见图 0-2）。

"超"指的是从速度上超过，是时间的概念。在企业未来发展方向不确定性低的时候，企业家考虑的重点应该是如何能在保证适当发展方向的前提下，尽可能做到动作迅速，快速调整方向，快速迭代产品和模式，在确定方向后加速发展。

"越"指的是在格局上越过，是空间的概念。正如《山丘》的歌词中唱的那样："越过山丘，才发现无人等候"。经历多年快速发展后，任正非慨叹华为正在本行业逐步攻入无人区，处在无人领航、无既定规则、无人跟随的困境。任正非认为，理论突破、技术突破、格局突破是无人区的生存法则。企业家在企业未来发展方向不确定性高的时候，只有越过山丘，有了更大格局才能洞察更大机遇。

"战"指的是在企业未来发展路径不连续性低的时候，把战略重点放在战略执行，通过企业设计和执行匹配等方面的战术运用，实现竞争优势。

"略"则指的是在企业未来发展路径不连续性高的时候，把战略重点放在战略规划，通过机遇洞察和路径选择等获得更大发展。

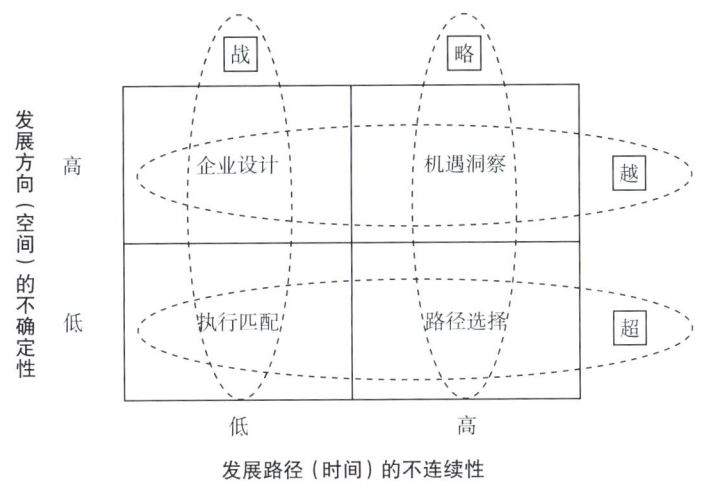

图 0-2 《超越战略》书名解析

《超越战略》一书是作者在以往研究基础上的重要补充和扩展，作者审视企业商业模式的角度上升到生态的高度和广度。跳出企业看模式，超越模式看生态。企业家阅读本书，应该可以获得一种登高远眺的视觉冲击和心灵震撼。

2017 年 5 月 14 日于硅谷

推荐序三 · FOREWORD

超越战略，定义未来

廖建文
长江商学院副院长
战略创新与创业管理实践教授

近年来互联网、IoT（物联网）、大数据、人工智能等新技术给商业活动带来的影响有目共睹。一个明显的趋势是：消费者、企业和行业之间的连接越来越紧密，改变了传统的价值创造方式。人与人的连接促成了社交网络和社群经济的兴起；人与物的连接释放了智能设备和相关应用的入口价值；物与物的连接又将物联网、工业 4.0 等概念的想象空间无限放大。纵横交错的连接关系跨越了行业，打通了企业与消费者的关系，也改变了价值创造和企业竞争的逻辑。

如果用牛顿经典力学体系来比喻工业时代价值逻辑的话，我们似乎可以这样理解今天正在发生的事实：经典战略分析框架（包括产业分析、价值链分析等）依然经典，只是适用的前提发生了变化。今天产业的边界正变得越来越模糊，层出不穷的新技术就像一位无所不能的魔法师，打开了星际穿越的虫洞，使我们能够在不同的"星球"间穿梭往返，使商业活动中的跨界现象越来越普遍。在这个崭新的"星际穿越"时代，我们需要一套可以用来理解整个商业系统的"相对论"。也就是说，无论是战略管理的实践者还是研究者，都需要建立一套更宏大的语言体系，去理解不断变化的新现象和新方法。在这个体系里，经典的理论框架没有失效，反而能够找到自己在新体系中的恰当位置（正如牛顿经典力学和相对论的关系）。

在过去的十几年里，我们可以看到许多这方面的探索。本书的三位作者就给我们提供了一个有益的思考框架。在本书中，作者提出了从战略空间（企业视角）、商业模式空间（商业生态系统视角）和共生体空间（商业生态簇视角）这三个维度来理解价值创造和竞争方式。其中，战略空间聚焦企业本身、竞争对手和客户，从而寻找最佳的竞争定位、定义竞争优势。这与经典战略理论框架所讨论的核心问题如出一辙。商业模式空间将视角放宽到商业生态系统中各利益相关者的交易结构设计。共生体空间则更进一步，对商业生态在本质层面进行抽象，从而改变商业生态簇层面的价值创造逻辑及角色，以及业务活动的构成。

从战略空间到商业模式空间，再到共生体空间，其实是战略思考者在不断调整自己看待问题的视角。我们可以把他们想象为在显微镜下审视企业价值网络的观察者，通过放大或缩小倍率呈现出不同的视野。放大倍率最高时，可以看到的是具体的竞争对手、客户的痛点、企业的活动等。当倍率变小一些，将企业在更大范围内的利益相关者纳入观察视野时，商业模式（即作者所定义的利益相关者的交易结构）设计的问题就得以浮现出来。如果进一步调整倍率，看到的是最为宏观的生态簇群层面的价值创造逻辑。在今天新技术的冲击下，企业面临越来越多的来自不同维度的竞争。这也是经营者要善于在战略空间、商业模式空间和共生体空间之中灵活地切换视角、跨维度思考的根本原因。"既要看见树木，又要看见森林"，这是今天这个时代赋予经营者的重要使命。

本书就这一问题提供了一套系统的方法：从机遇洞察、企业设计、路径选择、执行匹配、时间驾驭等各个角度为企业进行多维度的战略设计提供理论指导。同时，本书收录了丰富的国内外案例，从实践层面对理论框架进行了丰富的诠释演绎，有助于读者更深刻地理解本书理论框架的要义，做到知行合一。相信无论是理论研究者还是战略实操者，都能够从本书中获得启发，受到教益。

遇见不如预见，战略的精义在于不断发现和实现未来的机会——不仅仅聚焦当下的竞争，更要不时地"跳出盒子"来思考未来价值创造的空间，这应该是未来所有伟大企业的一门必修课。

"超越战略，定义未来"，这个目标值得我们为之共勉。

推荐序四 · FOREWORD

透过现象看本质

马 浩

北京大学国家发展研究院发树管理学讲席教授

有关商业模式的探讨，大概最早起源于美国的创业学文献。在20世纪90年代以硅谷为代表的IT界创新浪潮风起云涌，尤其是大批".COM"企业骤然崛起之际，商业模式更是日益受到人们的青睐。进入21世纪，商业模式的概念也开始逐渐进入主流的战略管理学文献，从大卫·蒂斯（David Teece）到拉菲·阿密特（Raffi Amit），再到以颠覆性创新著称的克里斯坦森，这些重要学者对商业模式的实质和主要构成与驱动因素给出了精彩的论述和权威的解读。

再看中国，虽然涉及商业模式话题的作者甚众，但相对较早也是最为详尽地考察和研讨商业模式的当属魏炜和朱武祥二位学者。他们将商业模式的概念与中国企业的实践紧密结合，为读者提供了体系完整和素材鲜活的呈现。他们的贡献在业内被传颂为"魏朱模式"。自2009年以来，二位学者集中在这一领域辛勤耕耘，而且不断引入新的合作者，从一起透析盈利模式的林桂平到今天共同构建生态簇的张振广，不断与时俱进，持续追求创新。

这本书的内容和贡献无疑是值得称道的。在我看来，本书至少有三大优点。

其一，全局观念，系统思考。 根据我对"魏朱"团队以往所有商业模式论著的观察，这一点表现得尤为突出。与以往的论著一样，作者在此力求将问题的方方面面一网打尽，依照"穷尽但不重复"的原则选取重要的要素维度来构建其理论框架和体系，比如，以性价比为基准的对涵盖需求和供给的战略定位之均衡考量。

其二，素材丰满，案例鲜活。作者总是能够萃取最为生动和具有代表意义的中国企业案例来说明自己的观点。比如，新天猫的案例对生态簇和新共生体之产生的演示。这些案例和素材往往使人耳目一新。我个人觉得很多案例可以直接拿来在我的 EMBA 课堂上使用和借鉴，比如作者对中国 OTA（online travel agent）行业以及智能手机行业的精彩解读。同时，有了系统的理论框架支撑，这些素材也就不再凌乱无序。

其三，实战导向，路径清晰。与强调笼统概念的纸上谈兵不同，本书的作者在几乎所有的框架和构想上都给出了实战的建议和思考，揭示了实施的路径和方法，哪怕只是最为初期和简略的设想，比如电动汽车路径选择评估表和规划示意图。以管理实践者为主要受众，以价值创新为主要目标，这种严谨而又务实的研讨与写作方式无疑可堪褒扬。

本书的三部分编排也较为得当。有叙有议，有理有据。许多内容都已经在近两年内于重要的管理和财经媒体发表。当初我在杂志和期刊上读到这些原文时，就经常为作者的见识和机敏击节赞叹。现在累积在一起，更加能够欣赏到作者体系设计的全貌。

上篇，构建理论框架，提出新的维度和方法。中篇，提供案例分析，展示商业模式创新的机遇和挑战以及实践中的喜悦和困窘。下篇，总结和提升，反思和梳理商业模式成败的关键。当然，如果中篇的呈现与前后两端的框架与反思结合得更为紧密一些将会锦上添花。

商业模式（business model），说到底，其实是业务模式，是与具体的一项业务相关的。具体到一个业务，在现今移动互联网时代或曰商业模式至上的时代，我们可以大谈其商业模式，甚至不谈战略。但一个企业或者公司，尤其是拥有多种业务组合的多元化经营的公司，便可能不得不关心战略，特别是公司层面的战略：进入哪些行业，退出哪些行业，是否打造共享于多种业务的主导逻辑与核心竞争力,还是每个业务各自为战、独立经营。

其实,对于一个具体的业务而言,选择哪种商业模式,本身也是一种战略选择。作为一个自认为是主流战略管理领域的学者,在下还是要把自己对战略的理解或偏好抖搂出来。

透过现象看本质,言辞背后辨事实。战略也好,商业模式也罢,最终都是通过对企业资源与活动的设计、调配和使用去创造卓越的价值。在这一点上,"魏朱"团队的工作甚是值得称道。相信这本书也会给相关的读者带来有益的启发。

2017 年 4 月 8 日

推荐序五 · FOREWORD

超越战略，登顶生态

陈威如

中欧国际工商学院战略学教授

互联网带来的新工业革命已经改写了企业专注在制造、研发、零售等价值环节的直线路径格局，企业的战略思维已不能只是聚焦在传统视角的产业链结构，而是必须上升到更富想象力、全局观的生态大平台。与此相生的，是当今与未来企业的竞争方式，从单打独斗转为集团战。例如移动电信之争，安卓聚集手机制造商、内容开发商、网络运营商、系统集成商与苹果、诺基亚聚拢的阵营对垒，战争正在延伸到智能家居、健康传感、物联网、智慧城市等领域。目前竞争极为激烈的移动支付之战，阿里、腾讯与苹果正在加速占领各式各样的支付场景，结合众多利益相关方，战场遍及汽车出行、单车共享、餐饮美食、健康医疗等应用。在此种大生态的生长与演进中，企业与企业间，不断竞争、合作、对抗、融合，或突变新生物种，或汰换旧物种。此一高度复杂的过程，企业需要更加清晰及更具高度的战略思维指引，才有可能胜出。

魏炜、张振广、朱武祥在引领商业模式思考上深耕多年，本书更加升级提供了一个企业思考未来生存发展的思维架构，由小及大的三度空间概念，构筑了一个让战略思考者从企业层次提升到生态簇的引导图。作者以本身对商业模式的深度理解与研究，将商业模式从过去企业内部的盈利思维方式，升华到高于企业的生态系统视角，上连生态圈共生体，下接企业直观战略层次。此三度空间将战略、商业模式、生态簇（共生体）这三种过去不易完全区分的重要概念给予了清楚定义与定位。在此基础上，作者进行了从理论到落地实践方法论的尝试，提出洞察机遇、定位价值主张、选择演化路径、执行匹配活动、掌握发展节奏等具体可行的思路及方法，最后佐以个案演练及观念强化，可以说是一套从概念理论到实操方法论的完整体系发展，十分精彩难得。

未来的世界，不论是个人、企业，甚至是国家、经济体的层次，都必须面对生态集群式的互动挑战，因为科技的进步已经打破疆界将各式各样的社会组成单元紧密连接起来。在商业生态圈的发展进程中可以人为规划设计的部分，我们将会看到有胸怀、有情怀、有担当的生态群的领袖，利用自投自建或开放平台的方式，打造互利共生、共赢共好的机制，吸引越来越多的参与者加入，激发群内的物种丰富性，从而增加整个集群在环境变化时的生存能力。因为技术与价值需求的急速迭代，生态大平台的领袖，还必须孕育能够产生商业新物种的实验田，增加融合变异的可能性。同时，生态平台的领袖也要有足够的智慧与慈悲，决定是否尽可能地去保护或赋能任何一个逐渐不适应新环境的物种，使其再生。超越战略的将是参透宇宙生生不息之道与普度众生的包容大爱。

本书是有志参与此波生态革命的人们的一个很好的指引。书中所提出的思维与方法论，能够帮助人们在战略的思考中，从管中窥豹的视角提升到较为全面的全局观点，进而逐渐发展出更前瞻的引领变革的能力，是一本不可错过的好书。

自序 · PREFACE

2014年元旦前夜，风景怡然的惠州巽寮湾畔。窗外，沙滩上，庆祝跨年夜的青年男女们围坐在篝火边，歌舞声中洋溢着欢乐的气氛，璀璨烟火伴随着赞叹声升腾而起；窗内，茶几旁，乌龙红茶氤氲四散，饭后微醺的师徒三人倚靠在沙发上，随意地聊着关于商业模式的话题。魏老师突然提议道："咱们一起写一本书吧。"酒后豪气生的我朗声应允道："好！"而彼时，我们还不晓得这是一种具有何等挑战的征程。

这是一部兼具"大师洞察＋工匠精神"的诚意原创之作。一方面，魏炜和朱武祥两位北大、清华的名师将其多年来对商业本质的思考及教学实践融会贯通，我们不断提出问题、分析解决问题然后推翻重来，电话、微信讨论至深夜几乎成为每天的修行。另一方面，每篇文章都数易其稿，力求观点鲜明、文气通达。我们先用了近一年的时间才将本书的框架结构打磨出来，然后每写完书中的一个章节，就将其发表出来。本书上篇中支撑企业时空定义理论框架六个步骤的六篇核心文章都先后发表于《哈佛商业评论》（中文版）之上，经过该刊专业编辑们的淬炼和打磨，文章品质更上一层楼。而这种围绕既有框架撰写文章并将文章发表在顶级刊物的做法，足以体现我们的理论自信和对文章品质的追求。

正如没有爱因斯坦的相对论，人类也不可能展开对宇宙太空的真正探索一样，商科原创理论的演进也能指引企业间的竞争走向繁荣多元。本书的独到之处在于引入了焦点企业、商业生态系统和商业生态簇三层主体的视角，也相应地划分出战略、商业模式和共生体三大竞争空间。我们发现，每个竞争空间内的竞争内容、规律各有特点。所以企业的首要任务是要清晰地认知自己在三大竞争空间中所处的位置是什么，了解企业当前竞争的重心发生在哪个竞争空间，如此才能建构起更宏大的格局感、提出更有针对性的举措。当然，本书也有遗憾，对于商业生态系统之间的竞争策略还缺乏相对透彻的探讨，不同企业在三大空间内竞争与合作关系的转换也描述甚少，希望在未来本书的修订版中能够呈现相应的内容。

我们不能给您一个新的世界，但我们能够给您一个新的世界观。亲爱的读者，现在请随我们来，一起看看我们眼中的商业世界！

张振广

目 录 · CONTENTS

推荐序一　全新视角下的新商业理论框架（陈春花）
推荐序二　大格局　大视野（路江涌）
推荐序三　超越战略，定义未来（廖建文）
推荐序四　透过现象看本质（马浩）
推荐序五　超越战略，登顶生态（陈威如）
自序

上篇

第一章　引论：超越战略　2
第二章　空间构建：跳出盒子——基于不同空间的竞争　11
第三章　机遇洞察：颠覆性思维创新图谱　25
第四章　企业设计：明确企业的定位　36
第五章　路径选择：评估转换成本，制胜企业创新　59
第六章　执行匹配：跨越新时代竞争的三大鸿沟　73
第七章　时间驾驭：竞争中的时间奥秘　90

中篇

第八章　Valve：生态系统的构建范本　102

第九章　升级之路：从 7 天酒店到铂涛集团 ┊ 123

第十章　Netflix：流媒体服务商的三度竞争空间 ┊ 135

第十一章　直击养殖行业的痛点：雏鹰农牧与温氏集团的对策 ┊ 148

第十二章　美国信用卡市场的升维竞争之路 ┊ 165

第十三章　走出商业模式的迷思 ┊ 180

第十四章　商业模式设计：从生态系统出发 ┊ 194

第十五章　如何设计盈利模式 ┊ 213

第十六章　破坏性创新的本质之反思——与克里斯坦森教授商榷 ┊ 231

第十七章　商业模式 36 计 ┊ 241

参考文献 ┊ 251

上 篇

CHAPTER 1

第一章

引论
超越战略

1945年8月6日,美军在日本广岛投下了第一颗原子弹,宣告了人类正式进入核时代(nuclear age)。核武器的威力在于,虽然在过去70多年的军事战争中人类再未曾使用过核武器,但你却能清晰地感知到它的存在以及威慑力。从此,即使是非核军事战略的制定都要考虑到核武器的潜在影响,军事战略理论框架也因为核武器的到来而进行了必不可少的改写。正如核武器的出现深刻地改变了人类的历史一样,移动互联时代的到来也使得商业世界经历着本质的变革:移动互联网带来了连接效率的提升、可衡量风险的降低,用"网络效应+零边际成本+长尾"重构"规模经济与范围经济";而随之而来的全新的时空匹配能力,使得企业可以构建出利益相关者之间具有共享资源、社群经济、对等交易（P2P）等特征的新交易方式……生产方式和交易方式的革命催化了社会经济结构的重组，进而带来人类认知水平和思维方式的飞跃。

面对时代的新要求，传统的战略理论框架已经越发难以胜任了。一方面，经过多年的发展与增益，战略框架已经变得流派众多而且有些过于繁复了。例如，仅战略一词的定义就不下几十种，每个人理解的战略都存在不同。另一方面，在更加不确定、充满创造力的今天，战略框架本身的解释力和预测力也在下降，这使得企业家们对竞争格局的掌控力和安全感大大下降。正如对牛顿力学的打补丁式的完善无法解释微观量子世界、宏观宇宙层面的物理运动一样，进入到竞争的新时代，我们迫切需要一套超越战略的新商业理论框架，以新的格局和视野指引我们的思考和行动。

三度空间的视角

建构新的理论框架需要全新的视角，将所观察到的不同内容清晰定义为相应的术语，然后在统一的商业语言（术语）体系下展开分析。我们发现，商业战略理论框架体系都是从焦点企业自身出发的视角观察世界，切入视角的单一性不仅使得战略理论在分析商业生态系统时力有不逮，而且在思维方式上的假设前提也是以焦点企业自身利益最大为出发点。客观来说，这种隐含的视角和思维方式的假设本身并无问题，但是以此作为分析的起点却难免管中窥豹，失却了思考的格局感，进而局限了对商业本质的理解和机遇的洞察。

正如古希腊学者从地球为中心的视角总结出地心说，哥白尼从太阳为中心的视角构建了日心说一样，如果企业家站在不同主体的视角，也能发现自身处于不同的竞争空间之中。通常来说，商业世界存在三层主体，如图1-1所示。

第一层主体是具体的企业，如天猫、京东、万达等。从企业视角出发的思维空间可称为战略空间，它由企业不同战略选择的自由度构成。战略

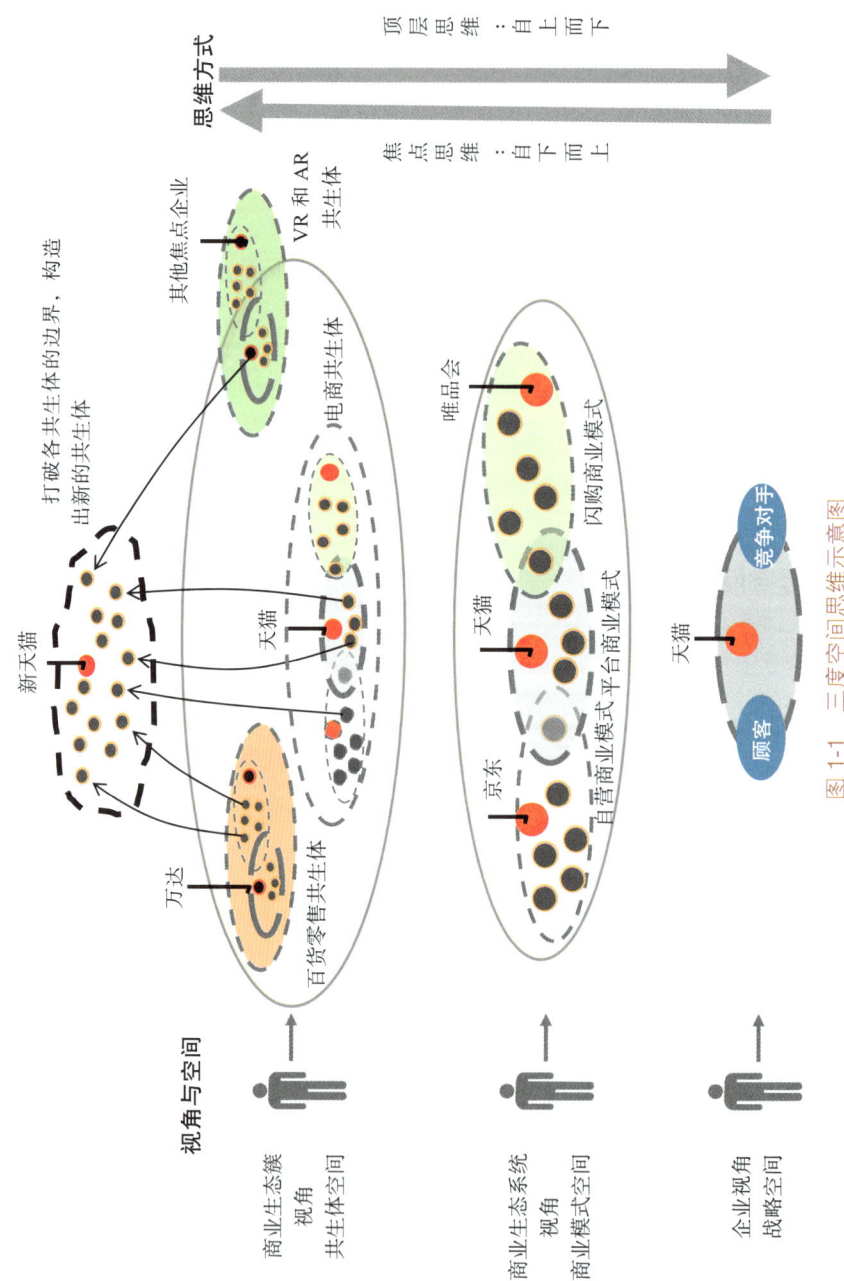

图 1-1 三度空间思维示意图

空间主要有客户、竞争对手和企业本身三个维度，通常要回答三类根本问题：企业为谁创造什么价值，企业的竞争对手是谁，企业的竞争优势是什么。企业在这三个维度权衡取舍之后形成自身的战略。

第二层主体是商业生态系统，企业从来不是孤立地创造价值，而是与存在交易关系和业务活动的利益相关方组成生态系统，为了共同的目标紧密合作实现价值交付。从商业生态系统视角出发的思维空间可称为商业模式空间，它由企业的商业模式选择自由度构成。天猫是平台商业模式，京东以自营商业模式为主，而唯品会则是闪购商业模式，它们虽然同属于电商生态，但不同企业的生态系统结构与商业模式却迥然不同。

第三层主体是商业生态簇，比如零售商业生态簇就涵盖了电子商务、百货连锁等不同的商业生态。当我们以俯视的视角抽象地思考商业生态时，就可以发现每个生态都是遵循着独特的价值创造逻辑将资源、活动组织起来，完成从价值创造到实现的闭环，共生体就是价值创造的逻辑。从商业生态簇视角出发的思维空间可称为共生体空间，这个空间是由企业对不同共生体选择的自由度构成。在不同的共生体之下，商业生态中的各类角色和业务活动也显著不同。例如，电商不需要实体门店的选址与租金的支付、营业员的招聘培训、到门店及仓库的物流等，但却需要线上广告吸引流量、在线客户、到户的物流配送等。当然，在共生体层面纳入新的角色或调整价值创造逻辑可以创造出新的共生体。例如，天猫与银泰等实体门店联合，再加上零售商业生态簇之外的 AR 和 VR 跨界共生体，就有机会构建一个新零售的共生体物种，这种共生体层面的创新所带来的商业成果经常是颠覆性的。

空间之上即为格局，企业需要清楚地认知自身如何从三个空间获得竞争优势，具体可以分为两种思考路径。自下而上的思考路径是从战略空间出发，企业先思考自己能够解决客户的哪些痛点或带来何种问题，发现竞争对手所忽略的薄弱环节，然后随着企业规模的增长逐渐扩展到商业模式空间和共生体空间，探寻外部需要做何种调整来适应战略空间的变化，这种从企业内部到外部、从局部到全局的思考方式，我们称之为焦点思维。自上而下的思考路径则是从共生体空间出发，先看在生态簇层面是否存在新共生体物种出现或演变的可能，然后具体到商业生态系统中寻找价值和效率最大化的方式，最后聚焦到企业的商业模式与战略设计，这种从上到下、从宏观逐步聚焦到企业层面的思考方式，我们称之为顶层思维。

三层竞争空间的划分为企业认知和分析商业世界提供了框架。只有熟悉和理解竞争空间，才能理解战略、商业模式、共生体等核心概念的差异。而当企业的经营团队统一了商业语言，拥有了相似的格局视野，知道彼此是在哪个空间展开思想的争锋，思维路径习惯是什么，才能展开高质量的决策研讨、计划、准备和组织实施。

企业时空定义的系统框架

企业间竞争的核心是智慧的对抗而非单纯力量的比拼：成为一流的企业须以先进的理论工具指导最新实践、洞察先机，通过深谋远虑的运作来引导商业生态系统发展趋势的走向，在发挥我方优势的同时限制对手的能力与意愿，最终塑造出以我为主的竞争格局。以三度空间视角为起始点，我们力图为商界精英读者们提供一个系统的分析决策框架，涵盖从对商业环境的认知到最终落地执行的障碍总共六个方面的内容（见图1-2）。

空间构建：企业从不同的视角出发可以看到战略、商业模式和共生体三大竞争空间，每个空间由不同的维度构成，也有其各自运行的规律。只有当企业清晰地描绘出自身所处的三大空间的竞争格局时，才能找到竞争的应对之策及机遇的识别逻辑。

机遇洞察：在持续性创新之外，机遇的洞察还可以通过重新定义需求、商业模式重构和共生体创造来实现。当企业通过定义具有根本性差异的竞争维度，试图重构竞争格局时，颠覆就可能发生。不论是新进企业、在位企业还是跨界的竞争对手，能主动进行颠覆性思考的尝试，并成功实施创新策略的企业，最终都能够在新的竞争格局中占据重要的席位。须知，竞

第一章 引论：超越战略

图 1-2 企业时空定义图

争维度再定义的主动权是企业的一项关键优势，这种对竞争维度的创造性定义是创新的重要组成部分，驱动商界竞争走向高级与多元。

企业设计：每个企业都要通过企业设计找准自己的两个定位。一个是价值来源定位，讲清楚企业存在于社会的意义是什么，为什么不应被其他企业所取代；价值创造的来源是企业业务发展的驱动力，根据不同的影响范围和作用机制，可以分为共生体、商业模式、战略和管理四类，其中前面三种关注的是业务活动的选择与配置，最后一种则是管理活动的优化。另一个则是博弈竞争定位，当我们选定了靶心企业，就可以将不同的竞争企业划分到"加冕""竞逐""预警"和"蛰伏"四种博弈竞争定位中去，商业竞争在本质上是一场多轮博弈，这迫切要求企业能从博弈互动的角度出发，预测彼此较量的可能走势，为下一步行动给出方向性指引。

路径选择：走对路，才有出路！企业设计从概念的提出到市场的认可是一段很长的旅程，选择一条成功率高的路径尤为关键。正如建造鸟巢体育馆的过程一样，我们不仅需要令人眼前一亮的效果图，还需要严谨细致的施工图。路径选择就是将企业设计转化为现实的"施工图"，具体包括描绘初始目标状态、评估转换成本、规划可选路径、基于标准进行路径的选择。

执行匹配：新时代下的商业逻辑已经发生了质的变化，应对这一挑战，企业须跨越三大鸿沟——统一商业语言、构建商业思维模式以及匹配执行活动。只有跨越了这三大执行层面的障碍，企业才能创造出前所未有的新权力，获得更大的行动自由。

时间驾驭：如果说前面五项内容刻画的是企业在竞争空间内赢得优势的思与行，时间则是将优势化为胜势的催化剂。时间的驾驭是在节奏（tempo）、趋势（trend）和时机（timing）三个关键要素之间的统一。顶级企业之间的竞争已经逐渐从资源、技术、资本等可以观察的有形竞争，上升到可以感知、意会却无法量化衡量的无形竞争，时间就是其中一个隐秘而重要的竞争要素。你可以感觉到来自竞争对手的压迫感和整个生态系统的律动感，如果缺乏对时间的敏感性，就会随波逐流，失去引导竞争的机会和手段。

我们的野心和努力是希望建立一个超越战略的完整时空观之下的商界知识系统框架，为企业坚实地走向未来的舞台提供思维方式和行动方向的指引。但坦诚地说，从来没有完美的理论体系，正如克劳塞维茨在《战争论》中曾经指出：

（1）任何理论的主要目的都是澄清观念和思想，否则它们会变得混乱和纠缠不清。

（2）对于任何想从书本中研究战争的人，理论是一种指导，它将照亮其前途，加速其脚步，训练其判断，并帮助他避免陷阱。

（3）应知对于战争艺术，根本不可能建造一套模式，足以当作框架，好让指挥官在任何时候都可依赖其支持。

克劳塞维茨的这三句话，分别说明了理论的目的、价值和局限，这三句话也是我们想告诉读者朋友们的。本书以升维思考为主要的努力方向，力求为读者提供理解分析商业世界的全景维度，正所谓运用之妙存乎一心，读者朋友们完全可以结合自己的实际需求灵活降维使用。

本书的结构

本书分为上、中、下三篇。

上篇是完整介绍企业时空定义的系统框架，总共由七个章节构成。除了第一章引论总览式地介绍了这个框架之外，从第二章到第七章分别深入探讨了空间构建、机遇洞察、企业设计、路径选择、执行匹配与时间驾驭六大主题内容，每一章的内容都有从概念、方法论工具到案例的阐释。

中篇则是由精彩纷呈的案例组成。这些案例中既有单一企业升维竞争之路，也有不同企业间交相辉映式的竞争策略。每篇案例我们都以上篇中的框架为文章主干，在帮助读者体会竞争大美的同时，强化对新框架的认知。在每篇案例的最后，我们还增加了【击节叹赏 / Aha Moment】小结，与读者一同分享我们从案例中收获的学习感悟。

下篇的内容则更为丰富和多元，主要围绕着商业模式的相关内容展开。商业模式已经成为商界的时髦词汇，企业领袖、管理学者乃至政府官员都不断强调商业模式创新的重要性。但商业模式就像隐藏在云中的巨龙一样，似乎每个人都见过并知晓它的威力，人人都在纷纷谈论这条巨龙却又很难清晰地描绘出巨龙的模样。我们认为，任何商业模式的定义如果不能做到与现有的战略、管理的定义有效区分的话，也就没有提出的必要了。我们将商业模式定义为从事业务活动的利益相关方的交易结构，并在这个定义的基础上，发表了一系列文章。下篇的内容可以帮助大家更好地认知、理解和应用商业模式。

全书共17章，每一章都是独立的文章，读者朋友们既可以按照我们在书中所编排的顺序一一读来，也可以结合着自己的兴趣随心所至。希望每篇文章读完都能使你有所收获。最后，欢迎读者朋友们关注微信公众号"魏朱商业模式"（微信号：wzsyms），我们会以这个公众号为平台与读者朋友们互动，持续推出我们的最新研究成果。

CHAPTER 2

第二章

空间构建
跳出盒子——基于不同空间的竞争

我们不能给你一个新的世界,但能给你一个新的世界观!

在中国经济持续增长的大背景下,一个13亿人的旅游市场正在强势崛起。受益于互联网尤其是移动互联网的蓬勃发展,中国在线旅游市场释放出巨大的增长潜力。成立于1999年的携程采取在线旅游代理商(OTA)模式,通过网站、会员体系以及呼叫中心为旅客提供机票、酒店、度假产品的预订服务,获取佣金收入。在创立初期,携程在中国主要的机场、火车站都派驻了地推团队,扩大自己的客户规模;与此同时,携程建立起高达上万名工作人员的呼叫中心,客户在携程可以得到24小时不间断的优质服务,客户在出行过程中遇到的各类问题都可以通过电话得到解决。依靠自身在客户端积累起来的规模优势,携程获得相对强势的佣金提成议价能力和市场地位。2003年携程登陆纳斯达克时已经成为中国在线旅游市场的领导者。

从2007年开始，处在市场第二名的艺龙决定以"在线酒店"的战略定位与携程展开竞争。一是与携程在机票、酒店和度假产品市场均有涉猎不同，艺龙明确将战略聚焦在利润最为丰厚的酒店领域，砍掉度假和差旅服务，酒店预订业务成为真正的重心，机票预订作为辅助性产品；在具体的战术上，艺龙在竞争初期避开四五星级酒店和大城市这一携程的优势领域，而是将资源投放在中小酒店和二三线城市，力争提高市场覆盖率。二是避开携程强大的呼叫中心和地面推广的优势，从客户消费习惯的趋势出发全面向线上预订转移，通过在线获取和服务客户，同时砍掉所有线下的派发会员卡等营销方式。最后艺龙通过整合网上预订、二三线城市和中小酒店，逐步向大城市和四五星级酒店推进。

成立于2005年的去哪儿网通过搜索比价模式将各类在线销售的旅游产品呈现在自己的网站上，用户在去哪儿网上搜索到所需要的产品，点击链接会跳转到供应商（主要是在线旅游代理商OTA）网站完成下单和支付，去哪儿网通过收流量导入费用（CPC点击收费）获取收益。去哪儿网的出现一方面让众多中小规模的在线旅游代理商可以在同一个平台上与携程、艺龙直接竞争；另一方面把机票、酒店的价格透明化了。于是去哪儿网很快树立起产品丰富且低价的形象，携程则被贴上了高价的标签。到2013年在纳斯达克上市时，去哪儿网已经与1 200多家在线旅游代理商合作，成为中国在线旅游用户访问率最高的网站。

2013年开始进入中国市场的Airbnb虽然还在发展初期，但不容携程小觑。Airbnb将当地居民拥有的空闲房间资源提供给那些有着临时居住需求的旅行客，后者只需付出一定的费用（通常比住酒店要便宜）就可以换来一个房间甚至只是一张沙发的居住权利，Airbnb从出租人与租客的交易中抽取佣金获得盈利来源。Airbnb在盘活了规模巨大空闲民居资源的同时，提供了一种"社交性的旅游服务"，使外来游客更好地了解本地人的生活和文化,而这种体验是酒店的标准化服务做不到的。

对于携程而言,艺龙、去哪儿网和 Airbnb 的案例呈现出三种不同的竞争逻辑。艺龙和携程都是在线旅游代理商,两者主要是围绕着差异化的战略定位展开竞争:艺龙将自己的资源聚焦于酒店预订业务,通过重新定义竞争范围和向线上渠道转型获得竞争优势。去哪儿网采取的是另一种商业模式,它通过自己的搜索引擎把数量众多的在线代理商聚合到自己的平台之上,短时间内就获得了与携程、艺龙叫板的实力,将中国在线旅游两强争霸的竞争格局变为三足鼎立。Airbnb 则重新定义了酒店行业的价值创造逻辑:传统的酒店都不在它的业务活动系统之中,Airbnb 将潜在数量巨大且不同风格的闲置民居变成客户们新的出行住宿选择。携程所遇到的竞争挑战并非孤例,越来越多的企业既面临来自不同维度的竞争,又不断试图突破现有维度的限制发现新的机遇,这正成为商业世界中的新常态。

企业竞争的三层空间

正如古希腊学者从地球为中心的视角总结出地心说,哥白尼从太阳为中心的视角构建了日心说一样,如果企业站在不同主体的视角,也能发现自身处于不同的竞争空间之中。

通常来说,商业世界存在三层主体。第一层主体是具体的企业,如亚马逊、沃尔玛等。第二层主体是商业生态系统,企业从来不是孤立地创造价值,而是与存在交易关系和业务活动的利益相关方组成生态系统,为了共同的目标紧密合作实现价值交付。商业生态系统包括企业内部的利益相关方,比如不同职能领域的员工;以及企业外部的利益相关方,比如供应商、分销商、提供融资的机构、职能外包或技术领域的合作伙伴、互补产品的制造商和客户。亚马逊生态系统在全球范围内涵盖了 200 万家第三方卖家,沃尔玛的成本优势大多来自其对商业伙伴组成的生态系统的有效管理。第三层主体是商业生态簇,比如零售商业生态簇就涵盖了互联网电商、实体连锁店商等不同的商业生态。具体到互联网电商生态是由平台电商、垂直电商、团购网站等集合而成，而实体店商生态则由连锁超市、便利店、购物中心与百货商店等构成。两类商业生态有着不同的价值创造逻辑，所以每种生态下的角色构成、业务活动运作机制也显著不同（见图 2-1）。

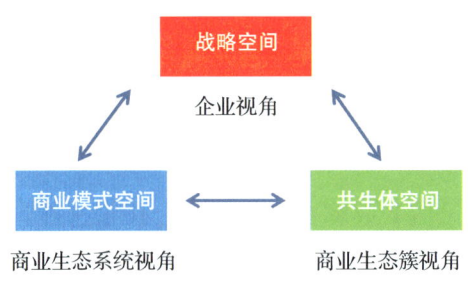

图 2-1　企业竞争的三层空间

企业从不同的视角出发可以看到不同的竞争空间，具体可以分为三类竞争空间。

从企业视角出发的思维空间可称为战略空间

它由企业不同战略选择的自由度构成。战略空间主要有客户、竞争对手和企业本身三个维度，通常要回答三类根本问题：企业为谁创造什么价值，企业的竞争对手是谁，企业的竞争优势是什么。企业在这三个维度权衡取舍之后形成自身的战略。

企业在战略空间中的关键任务是寻找最佳的竞争定位。竞争定位的选择标准是客户认可或有良好的成长空间、竞争对手难以轻易取代以及企业的自身优势能够得到匹配发挥。战略分析框架围绕着竞争定位都有着经典的诠释：在客户维度，企业需要找准客户需求的痛点，通过对客户群体的深入分析与细分、发掘出企业对客户的独特价值，特劳特的定位理论就强调企业和产品的与众不同并且能在客户的心智中占据最有利的位置；在竞争对手维度，蓝海战略力求帮助企业寻找到低竞争强度的新领域，迈克尔·波特则关注企业在竞争环境中找到自身定位，并且形成一系列与定位匹配的运营活动；在企业自身维度，企业需要不断巩固或构建自身的竞争优势，持续在产品或服务的升级优化、精益生产等领域投入资源。

从商业生态系统视角出发的思维空间可称为商业模式空间

它由企业在生态系统内不同商业模式选择的自由度构成。商业生态系统中的各利益相关方通过交易结构的设计整合连接起来，而商业模式本质上就是利益相关方的交易结构。商业模式的设计与选择可以带给企业不同的效果。例如，连锁酒店集团在扩张时既可以选择直营的方式，也可以选择加盟的方式，还可以直接输出品牌与管理团队，这些不同商业模式的选择需要考虑企业及利益相关方资源能力的实际情况，通过交易结构（如加盟费、分成、佣金等）的设计将各方连接起来。

具体而言，商业模式空间内存在业务活动系统、盈利模式和现金流结构三个维度，企业在这个空间内需要思考：在目前的生态系统中，不同利益相关方之间的合作方式是最优的吗；各利益相关方是否还有潜在的价值没有被挖掘；或者是在现有生态系统的基础上引入新的利益相关方，通过升级生态系统能否带来商业模式空间的增长。

从商业生态簇视角出发的思维空间可称为共生体空间

这个空间是由企业对不同共生体选择的自由度构成。共生体是由商业生态中各类角色及其业务活动的价值创造逻辑，是对商业生态在本质层面的抽象总结。生态之中的各类角色凭借自身的资源或比较优势各司其职，通过从事不同的业务活动共同创造价值，是一种共生关系。例如，互联网电商的价值创造逻辑是客户上网选购商品，然后通过网上支付下订单，最后在家中即可收到商品；而实体店商则需要客户进入到实体门店，选择好要购买的商品到收银台完成支付，然后自己将产品带回家。不同的价值创造逻辑下，商业生态中的各类角色和业务活动也显著不同：电商不需要实体门店的选址与租金的支付、营业员的招聘培训、到门店仓库的物流等，但却需要线上广告吸引流量、在线客户、到户的物流配送等。可以说，不同的价值创造逻辑将导致共生体中的角色构成与业务运作机制迥异。由于共生体空间改变的是商业生态簇层面的价值创造逻辑及角色、业务活动的构成，所以共生体空间的变化也能带来企业战略和商业模式空间的拓展。

共生体空间有现存共生体的演进、消亡和新共生体的诞生三个维度。企业需要思考自身所在的共生体是否需要进行价值创造逻辑的调整，或者有没有可能创造出一个全新的共生体。通常能够带来共生体空间变化的有三类驱动力量：第一类是技术、人口结构、社会文化和政策等宏观趋势变量的影响，如互联网技术的广泛应用、反垄断政策等会带来共生体的演进；第二类是建构新的价值创造逻辑，如优步创造性地将私家车主等新的利益相关方引入到出行共生体中，直接改变了出行用车领域的竞争格局和规模；第三类是开创全新需求的共生体，如商用飞机的推出，创造出像航空公司、机场公司等全新的利益相关方，产生了商用航空共生体，进而改变了整个交通出行商业生态簇的格局。

综上所述，企业所在的竞争环境存在企业自身、商业生态系统和商业生态簇三层主体，从每层主体的视角出发可以看到三类截然不同的竞争空间。每个竞争空间由不同的维度构成，也有其各自运行的规律，每个企业都应清楚地知道自己在哪个空间围绕哪些维度展开竞争。企业家通过视角的转换能够拓展思考自由度，在深化对竞争理解的同时也丰富了企业间竞争的层次；只有当企业清晰地描绘出自身所处的三个空间的竞争格局时，才能找到竞争的应对之策及机遇的发现逻辑。

空间之上即为格局。在三类空间划分的基础上，我们绘制了2014年中国在线旅游市场竞争格局图（见图2-2）。以携程为例，这张图可以助其一览竞争格局的全景。尽管携程目前仍处于领导者的位置，但越来越多的竞争对手正试图结合自身的优势、从不同的竞争空间切入这个迅速增长的广阔市场。艺龙和携程都是在线旅游代理商，两者主要是围绕差异化的战略定位展开竞争：艺龙将自己的资源聚焦于酒店预订业务，通过重新定义竞争范围和向线上渠道转型获得竞争优势。去哪儿网则是采取另一种商业模式，通过自己的搜索引擎把数量众多的在线代理商聚合到自身的平台之上，短时间内就获得了与携程、艺龙叫板的实力，将中国在线旅游两强争霸的竞争格局变为三足鼎立。而 Airbnb 是重新定义了酒店行业的价值创造逻辑，传统的酒店都不在它的业务活动系统之中，它将潜在数量巨大且风格不同的闲置民居变成客户们新的出行住宿选择。

携程作为中国在线旅游市场的游戏规则制定者，一直在努力建立起自身不容挑战的竞争优势，但它的竞争对手们却一次次地跳出盒子，让携程面对的几乎是来自三个空间的竞争。因此，携程的应对举措也是在三个空间中展开。在战略空间，面对艺龙在酒店领域咄咄逼人的竞争，携程2012年投入5亿美元采用价格战的方式予以坚决回击，巩固住酒店预订这一传统优势领域。在商业模式空间，携程意识到旅游产品的多样性仅靠自身难以全部覆盖，2013年末，携程宣布全面推行平台化战略，向旅行社业界开放其旅游 B2C 服务体系，在平台上携程自营和第三方旅游产品都按照相同搜索规则排序，由消费者自己做选择，以此应对去哪儿网的竞争。在共生体空间，携程积极向手机移动端转移，将移动互联网和呼叫中心结合，并于 2012 年成立无线事业部，截至 2015 年第一季度，移动平台交易量占携程总在线交易量的 70%；与此同时，携程从 2013 年开始先后投资了多家公司，包括一嗨租车和易到用车两家租车公司、做经济型酒店预付业务的快捷酒店管家、旅游攻略网站蝉游记以及门票预订领域的同程、休闲游平台途牛等，此外携程还与一些手机应用达成了战略合作。携程通过向移动端转型、投资、战略合作等方式打造线上线下一站式旅游服务共生体，力求在主动推动共生体演进的同时巩固住自身的竞争优势。

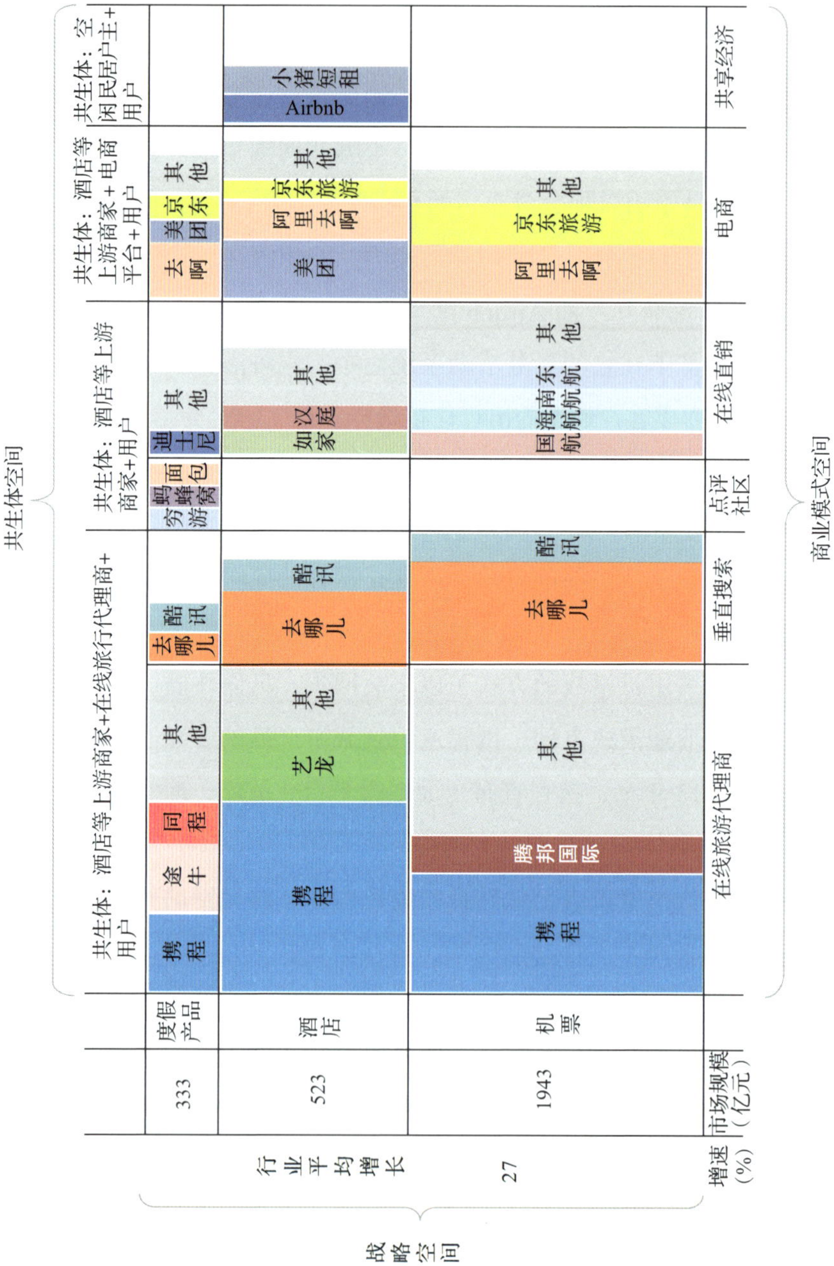

图 2-2 2014年中国在线旅游领域竞争格局图

重新定义竞争空间

三类视角和空间的定义能帮助企业拓展竞争视野。企业之间的竞争可以突破战略空间的局限，结合企业自身的优势选择最适合的竞争空间。谁能够重新定义竞争展开的空间领域，谁就掌握了竞争的主动权。对于后起之秀而言，虽然企业实力可能存在差距，但它们独有的优势能够决定在哪个空间发起竞争，在自己划定的空间之内以新的游戏规则展开竞争，将竞争导入到自己最为擅长的领域。对于在位者而言，则需要迅速识别各类竞争的实质，竞争源自哪个空间，可能的应对举措是什么；同时积极探索多空间内实现增长的可能性。

手机行业在过去 20 年间风云变幻，呈现出在不同空间内竞争的特点。诺基亚时代的竞争是在战略空间内展开，首先是诺基亚超越摩托罗拉成为手机行业绝对的领导者，而后又进入到诺基亚与三星手机两强争霸的格局。这一阶段各方的竞争手段围绕着客户、产品、区域展开：各方比拼的是对不同区域消费者细分需求的深入洞察，更为丰富时尚的产品线、产品的更新速度、产品的成本控制和不断开拓进入崛起的新兴市场等。摩托罗拉、诺基亚和三星的商业模式相似，三者都是通过出售更多的手机获得收入和利润来源。

苹果则是从战略与商业模式空间两个领域同时展开竞争。2007 年，当苹果携 iPhone 智能手机加入到手机行业的竞争后，改变了整个手机行业的游戏规则。在战略空间层面，苹果公司每年都会推出定位高端的新机型，iPhone 已经成为科技与时尚的代名词。在商业模式空间层面，苹果公司强化了手机领域的生态系统，尤其是第三方软件供应商的实力，构建了"iPhone+ iOS +App Store"的新商业模式，通过整合硬件、系统、应用软件于一体提供最佳消费体验，带动手机硬件的销售。苹果超越了战略空间中基于产品层面的竞争，而是以 iPhone 这个卓越的手机硬件为切入点，以 iOS 为系统平台，加上海量的软件应用和内容供应商构成的生态系统与三星、诺基亚展开竞争。

苹果手机在重新定义竞争领域的同时也改变了竞争节奏。手机行业的领导者诺基亚，一方面在战略空间面对着快速增长的智能手机市场和令消费者尖叫的 iPhone 的竞争；另一方面还要面对苹果手机全新商业模式的竞争。已然庞大的诺基亚完全没有做好同时面对来自两个空间的竞争的准备，应对不仅迟缓而且没有章法，在苹果手机推出 6 年后就黯然出售给微软。

三星手机的反应更为迅速，对苹果展开了贴身紧逼的策略。但三星并没有意识到竞争空间的转变，它的应对举措都是从战略空间展开的：通过主打的旗舰机型 Galaxy S 系列与 iPhone 进行品质性能上的抗衡，同时充分利用苹果机型偏少的弱点迅速推行机海战术；在产品线的布局上，三星则利用自己的全价值链优势推出 GalaxyTab 抗衡 iPad，先于 Apple Watch 推出了 Samsung Gear；通过大手笔的广告支出着力打造自身的高端品牌形象。这些基于战略空间思维的竞争手段短期内起到一定的效果，但随着智能手机更换率日益提高，苹果公司软硬件协同的客户黏性优势更加明显，iPhone 的市场占有率随着产品线的丰富和产品的推出节奏稳步提高。在竞争中开始被动的三星加快了对自有 Tizen 手机操作系统的研发和三星社区的打造，在商业模式空间中向苹果学习，力图打造具有三星特点的生态系统，但至今前景不明。

在中国手机市场上，2014 年小米手机销售了 6 112 万台，超越三星成为中国市场最大的智能手机厂商，小米只用了 5 年时间即做到了这一点。小米在 2010 年创立之时，其创始人雷军判断移动互联网和智能手机将面临巨大的发展机遇，但没有手机制造经验的小米应该选择什么样的发展路径呢？

从国内手机行业当时的三个竞争空间来看，出售手机获利的商业模式下强手如林。手机软硬一体化的商业模式空间中苹果手机固守高端市场，该商业模式下中低端市场还是空白，在战略定位上，如果能提供与苹果手机功能和商业模式接近，但价格具有显著竞争力的智能手机一定大有机会。谁都知道高性价比的智能手机会热卖，问题是传统手机厂商的供应链似乎已经做不到更低的市场价格。

从零起步的小米并没有简单复制传统手机厂商的运营方式，而是将互联网元素纳入到传统手机共同体的构建逻辑中：在共生体的构建方面，小米手机引入小米网电商平台直销，取代了传统手机销售环节中渠道商的角色，仅渠道成本就比其他手机节约了20%左右；在具体的业务活动方面，小米手机也充分发挥互联网的优势，如强调互联网营销模式，通过小米社区、论坛与用户进行互动培养粉丝，利用微博、微信等社交媒体进行口碑营销将小米迅速推向全国，节约了品牌初期的市场营销广告成本，同时通过网上预约销售的方式降低库存成本与风险。

改造后的小米手机，研发、制造、维修、服务、市场渠道等方面全部加起来的费用只占了小米手机营业额的5%，而行业内手机相关成本要占到35%以上；加上小米手机在销售初期将利润让渡给消费者，使得小米手机获得了巨大的价格优势。2011年小米手机上市时以仅相当于同期同类硬件配置手机一半的价格推出，瞬间引爆市场。

小米手机初期的成功，使得其在商业模式空间中的设计拥有了更大的自由度：一是凭借手机硬件掌握了移动互联网的入口，巨大的手机销量带给小米近亿的用户，使得小米通过提供移动互联网增值服务获得持续的收入成为可能，这也是小米手机可以低利润销售手机的底气；二是小米官网已成长为中国第三大独立电商平台，借助这个有力的分销渠道小米可以销售更多的产品品类和品牌；三是凭借小米手机打造的品牌效应和电商平台的销售势能，小米通过投资的方式入股了小米手环、空气净化器为代表的25家智能硬件公司，这些硬件产品在丰富了小米电商销售品类的同时，也可以通过小米手机上的应用程序联系起来，形成具有销售和使用协同效应的智能硬件生态系统。目前，小米已经不是一个单纯的手机厂商，而是以手机为切入口逐步演化为软硬一体化的互联网企业，2014年年底小米高达450亿美元的估值也可以验证投资者对小米使用的是互联网企业的估值逻辑。

图2-3为手机行业的竞争格局图，该图能够帮助预测到下一步可能的竞争领域。小米手机在共生体空间中构建了"互联网手机"这一新物种，并

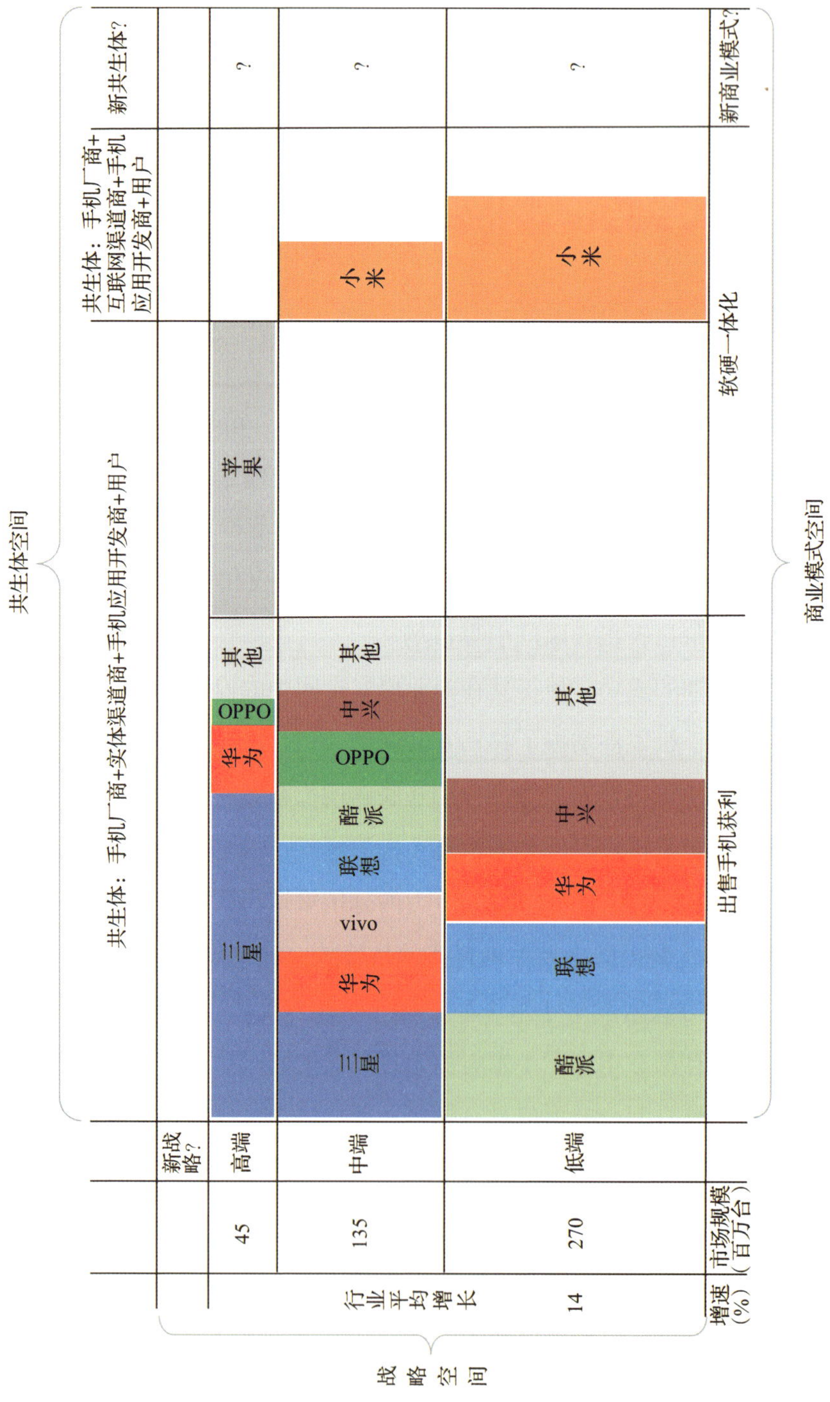

图 2-3　2014年中国手机领域竞争格局图

在短期内获得成功,但也留下了新的市场空白:同样是在"互联网手机"的共生体空间中,其战略空间中的高端手机市场以及中低端仍有巨大的市场空白,而这就成为小米与其竞争对手下一个争夺的焦点领域。极少有企业能够同时在三个空间层面获得垄断性优势,几乎每个企业在将竞争拓展至新的空间领域之后,都会留下大量的空白地带,率先抵达者将获得先发优势,而身后的空白市场则是留给后来者的机会,竞争将围绕着这些市场空白领域进一步向纵深发展。

苹果和小米的案例给我们的启发在于:如果仅就手机行业的战略空间而言,二者在既有的竞争逻辑之下都是没有资源能力优势的后来者。但它们选择跳出盒子,将看似战略空间内的无解命题,从三个空间之内找到了最优解,更多维的思考自由度既能解放自己,同时也使得传统手机厂商的优势在新的竞争规则下化为包袱。

新时代下的空间竞争

如今这个时代,面对纷繁复杂且日益加速的竞争局面,企业就像身处密林又迷失方向的军队一样,既不知道哪里会突然冒出咄咄逼人的竞争对手,更无从组织起有力的反击。这种面临竞争的无助感,使得企业领导者们陷入前所未有的焦虑之中,他们急需新的坐标系帮助企业在复杂环境中重新定位,摆脱被动与迷茫。三类竞争空间的划分让我们拥有了可以调节焦距的望远镜,能分析和预测企业及其竞争对手在不同空间下的各种潜在变化趋势。

传统的企业设计是从战略出发,将对客户价值主张的洞察转化为业务设计,然后通过组织架构、流程、制度等将企业的人、财、物等资源有效地组织起来,最终实现战略制定与执行的有机统一,企业设计一切的核心都是围绕企业本身展开的。

在三类竞争空间框架下,企业设计的视野需要超出战略空间之外,关注到商业模式空间和共生体空间的发展。随着企业间的竞争已经开始上升到商业生态系统和生态簇层面的竞争，处在一个健康、快速发展的生态系统或共生体中的企业如同搭上顺风车，能够产生加速发展的效果。一方面，企业所处的竞争环境、利益相关方的成熟度等要素之间的差异，成就了多种战略、商业模式和共生体的共存；另一方面，这些外部因素的差异也可能制约企业选择战略或商业模式的空间。所以，企业设计要有意识地站在三类空间的高度展开，超越企业自身的边界，通过积极有为的影响或者兼顾不同利益方的差异，实现最终效果的最大化。

需要提醒的是，对三类空间中竞争的洞察，可以帮助企业在竞争路径的选择中获得更大的自由度，但发现空间中存在的机遇和从空间获取收益是两件事情，从更多维空间中展开竞争也不是竞争获胜的保障。企业需要从三类空间的若干条机遇线索中，选取最适合自身优劣势和发展趋势的竞争路径。理想的状态下，这个竞争空间的选取应该符合足够大、易获取以及难以被取代的特点。

一个企业只能在企业家的思维空间之内成长，一个企业的成长被其经营者所能达到的思维空间所限制！空间识别与驾驭能力已经成为商业领袖的必备素质。只有那些在三类空间坐标参照中保持平衡视野，而且有着深刻理解的企业家，才能清楚认知到竞争的本质，通过新的企业设计成为新的王者。

原文题目为《竞争需要"三视角"打造"多维空间"战略》，作者为魏炜、滕斌圣、张振广，发表于《哈佛商业评论》2015年7月刊。

CHAPTER 3

第三章

机遇洞察
颠覆性思维创新图谱

走进新空间，发现新机遇！

毫无疑问，颠覆性创新已经成为近年来商界的流行词汇。人们将那些带来行业巨变或将领导者企业拉下神坛的案例通通归入颠覆性创新的范畴，从 IBM 的自我颠覆到苹果手机的横空出世，从令人津津乐道的特斯拉到正走向世界的优步，这一系列商业传奇故事都被人们打上了颠覆性创新的标签。但颠覆性创新理论大师克里斯坦森却不这样认为，他担心这种笼统的理解将损害整个理论的实用性。为此，他特意撰写了《什么才是颠覆性创新》一文加以澄清。具体而言，在位企业聚焦于高需求（通常也是利润最丰厚的）顾客改善产品和服务；新进企业聚焦于被在位企业所忽略的另一些细分需求领域，通过提供更合适的功能（往往价格也更低）获得立足之地。而在位企业忙于在高需求细分市场中追逐高盈利，无暇对新进企业做出回应。新进企业得以向市场高端移动，提供在位企业的主流顾客需要的性能；当主流顾客开始转向新进企业时，颠覆就发生了。如果说持续性创新是在已有的竞争维度上做"加法"的话，颠覆性创新则是反其道而行之，通过做"减法"获得在位企业所不可比拟的竞争优势。

以颠覆性思维拓展竞争维度

虽然颠覆性创新理论只是创新理论中的一种，但克里斯坦森为我们更好地理解竞争创新打开了一扇窗，启迪人们发掘与持续性创新不同的竞争维度，为商业竞争注入新的活力。如果我们将之视作一种颠覆性思维，我们就会发现当企业通过定义具有根本性差异的竞争维度，试图重构竞争格局时，颠覆都可能发生。不论是新进企业、在位企业还是跨界的竞争对手，都能主动进行颠覆性思考的尝试，而成功实施颠覆性创新的企业最终能够在新塑造的竞争格局中占据重要的席位。洞察新的竞争维度需要我们以崭新的视角解构竞争格局：当我们站在不同的高度对商业本质进行抽象，就可以发现企业间的竞争存在于战略、商业模式和共生体三个层面的空间，决胜每层空间的竞争逻辑不同，这也拓展出了多样的竞争维度。

重新定义需求

重新定义需求是在战略空间层面展开的思考，焦点企业（所要分析的目标企业，下同）从自身、客户和竞争企业三个维度出发，不断选择深得客户认可且竞争企业优势不明显的竞争定位，从而获得持续成长的竞争空间的一种创新角度。重新定义需求能够带来战略空间的颠覆，具体有两种思路。一种是对现有需求的内涵再定义，将业务推向新的高度：必胜客在国外是专业比萨店，进入中国后一直被认定为"快餐"，这就影响了必胜客的客单价，于是必胜客悄然转型为欢乐餐厅，走休闲餐饮路线，"欢乐"的定义带来了巨大的市场想象空间；现在的商学院都是定义为提供商科知识的，但如果我们假定来商学院的学生都已经具备了商业知识，商学院是提供解决方案的，那么商学院的整个价值创造的要素和组织结构都会随之发生调整。另一种是拓展需求边界，通过增加和创造在位企业未曾提供的元素，服务于新需求所创造的顾客或需求从未被满足的潜在顾客，从在位企业力所不及的增量空间展开竞争：太阳马戏团在保留了传统马戏的帐篷、小丑和经典杂技表演这些关键元素的同时，引入了戏剧的故事线索、富有艺术气息的音乐和舞蹈以及多套演出作品等新元素；同时去除了动物表演、马戏明星这些传统马戏中的昂贵元素，将成本显著降低，创造了一种与传统马戏和戏剧都迥异的现场娱乐形式；许多顾客在新的产品或服务出现之前并不能清楚地知道或描述自己的潜在需求，太阳马戏团的观众直到欣赏到这种充满戏剧风格的马戏后，才知道自己喜欢这种新的娱乐形式。

商业模式空间

商业模式空间则需要企业站在所处商业生态系统的高度思考，生态系统中不同利益相关方通过不同的交易结构组织在一起，商业模式就是基于利益相关方诉求的不同假设，对交易结构的一种设计安排。焦点企业在发现解决所在商业生态系统核心痛点、创造出生态系统的价值和效率改进空间的基础上，设计自身的商业模式：定位自己在生态系统中的角色，进而构建焦点企业的业务活动系统、盈利模式与现金流结构。商业模式空间中竞争维度的发掘可以概括为四种类型（见图3-1）。

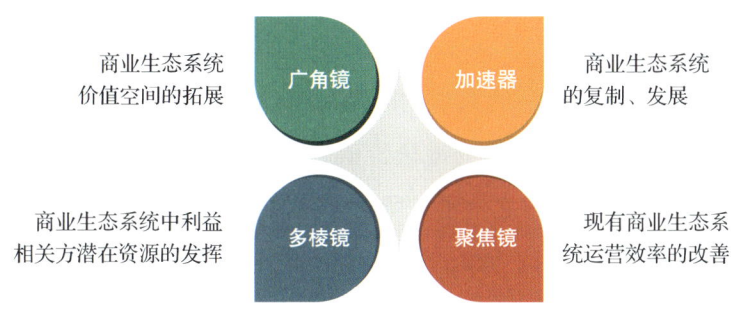

图3-1 商业模式空间下的四类竞争维度

第一种是透过广角镜拓展整个商业生态系统的价值空间。每个商业生态系统都是一个价值创造、传递和实现的闭环主体，通过引入新的利益相关方完善商业解决方案，使得小买卖变成大生意。我们可以从现有利益相关方着手，发现客户的客户、供应商的供应商、利益相关方的利益相关方，从而拓宽价值发现视野。2013年诞生的Zenefits是一种在线人力资源管理软件，公司总部位于美国旧金山。Zenefits公司为企业的人力资源管理（如入职、工资、福利、休假跟踪等）基础服务提供免费的云服务，但它通过提供保险服务获取佣金收入，如企业可以用Zenefits来为员工购买医疗保险。在这种情况下，Zenefits是保险经纪人，收取经纪人佣金。到2015年5月，Zenefits公司已在C轮融资中获得了由富达和TPG领投的5亿美元投资，估值为45亿美元。此外，站在利益相关方的视角再定义自身业务的价值空间，不同视角下的价值空间估值逻辑可能会有本质不同。如果我们把滴滴出行看作一种连接乘客与租车之间的更为有效的出行解决方案，固然没错。但如果我们把滴滴出行类的打车应用看成移动支付的一个入口，是培养客户移动支付习惯的有效闭环，那打车应用的战略价值就会凸显，因为移动支付和打车应用的价值空间根本不在同一层面。2014年爆发于滴滴与快的两个打车应用之间的补贴大战背后实质是争夺未来移动支付领域主导权的一场前哨战。透过广角镜这个视角，我们就可以找到适于自己的最佳估值方案，在融资过程中清晰地判断出是应该选择战略投资者还是风险投资者。滴滴和快的不约而同地选择了腾讯、阿里这样的战略投资者，正是因为投资方与被投资方都能认识到彼此间的价值是什么。滴滴与快的间补贴大战的剧本在引入战略投资者的那一刻已经写就；而当打车应用进入双巨头时代之后，二者对于移动支付的增量价值趋缓，价格战逐渐演变为消耗战，双方偃旗息鼓也就在情理之中了。所以，我们不仅要清楚自己的商业模式，还要理解利益相关方的商业模式，理解自己在别人的商业模式中所扮演的角色或作用，唯有做到这个深度或颗粒度，才能真正实现对利益相关方（或用户）的需求洞察。

第二种是透过多棱镜发现并利用商业生态系统中的沉睡资源能力。每个利益相关方的资源能力具有不同的价值属性,人们往往拘泥于在传统框架下思考,对商业生态系统内利益相关方的资源能力属性的看法相对固定,而对利益相关方的资源能力进行分解重构往往是商业模式创新的突破点。入选2012年《福布斯》美国小型公司100强的Medifast,这家减肥食品公司就是把他们的顾客变成健康教练,健康教练通过拓展新的客户获得产品销售分成。健康教练用自身的成功减肥经验帮助新的客户减肥,在促进产品销售的同时也能带给客户更好的消费体验。Medifast正是看中了每个顾客真实的减肥成功案例比明星代言更具有感染力,通过把自己的顾客变成产品宣传和销售的合作伙伴,以病毒传播般的速度构建起销售拓展网络。

第三种是透过聚焦镜提升商业生态系统的运作效率。商业生态系统是由不同的利益相关方以交易结构为纽带紧密联系在一起的。每个利益方的愿景目标、业务规模、风险承担能力各有不同,发展速度也不同步,这就要求我们不断检讨不同利益相关方角色和交易结构的设计,而这就为商业生态系统效率的改进创造了空间。我们可以从三个方面检视:一是在整个业务活动系统中,通过将活动环节切割重组,调整各个利益相关方的角色与资源的投入;二是结合各个利益方对结果的影响力与利益诉求,匹配盈利模式;三是设计推演各个利益相关方的现金流结构,保障商业生态系统现金流结构的顺畅,因为当今的商业世界互相影响,一荣俱荣、一损俱损,如果一家企业的现金流出现问题,有可能因此影响生态系统的健康发展。戴尔电脑的崛起是商业上的成功而非技术上的进步。在当时各业务环节已趋于成熟的电脑组装产业,戴尔电脑通过直销的商业模式,先获得顾客的订单再购买配件组装生产。戴尔取代了分销商的角色将销售的业务活动环节揽入怀中,先款后货的方式不仅降低了电脑配件的采购规模和风险,而且使得其现金流从初始投入运转就是正的且越来越健康。在技术更新换代极快的电脑产业中,戴尔的直销模式改善的是整个电脑组装商业生态系统中的成品与零配件的存货水平和周转速度,现金流的运转也更为流畅,这种做法重构了整个生态系统的成本结构和风险结构，戴尔电脑也在生态系统效率提升过程中成为最大赢家。

第四种则是通过加速器助力整个商业生态系统的复制与扩张。加速器可以同时打破整个商业生态系统价值空间天花板和效率瓶颈，帮助生态系统进入加速度成长的轨道。典型的加速器是金融工具的应用，金融如同生态系统中的润滑剂，将资产类资源的潜力释放并重新配置，降低了系统性的风险。金融工具的运用第一可以将固定资产活化，如担保抵押的固定收益融资，包括信贷、信托和租赁三个来源；第二是基于投资价值的融资，借助未来的资源，包括证券市场公开融资、VC/PE 两个来源突破时空限制；第三可以通过引入不同利益相关者的交易结构设计，有效控制风险（其方式有防控、分散、降低、转移、锁定、补偿等，以满足投资者的收益率要求和风险偏好）。新加坡企业凯德集团（曾用名嘉德置地）被称为亚洲最大的商业地产公司，它在新兴市场大城市的黄金地段新建商业物业。凯德集团将投资物业按发展阶段分为"培育期"和"成熟期"。培育期物业没有现金流入，而且风险比较高，但资本升值潜在回报空间也相对较大；在成熟期，物业有高端商户租赁，现金流入比较稳定，收益率稳定在 7%～10%，具有稳定的分红能力。为此，凯德集团采用了 PE+REITs（房地产信托投资基金）的地产金融模式，也就是在"培育期"即商业物业建设期，采用私募投资（PE/PF）方式融资，而在"成熟期"则采用 REITs 融资。目前凯德集团已是亚洲最大的房地产基金管理者之一，旗下共管理 5 支房地产投资信托和 16 支私募基金，管理资产总值超过 2 000 亿元人民币。通过对资产类型的分解和投资人的匹配，凯德集团摆脱了传统商业地产的重资产模式，助其全球化战略落地生根。

共生体空间

在共生体空间中，对不同的商业生态系统进行抽象，只留下不同利益相关方的角色和业务活动，我们就可以发现不同的价值创造逻辑。例如，优步解决人们出行需求的逻辑就是如何充分利用社会中闲置的私家车资源，而非买车、租车或使用出租车等传统解决方案，新的价值创造逻辑是判别一个新共生体的关键。只有处于一个具有蓬勃生命力的共生体之中的企业才有未来，能够带来共生体创造的竞争维度有三种。

第一种是利用革命性技术推动了共生体的进化。如汽车的出现颠覆了马车，电话的出现则颠覆了电报，互联网的出现更是颠覆了众多传统行业。这些划时代产品或技术的出现带给客户全新的消费体验或者是关键性能指标的突破性改进。电动汽车就是一款革命性产品，电动汽车的机械结构简单，没有发动机、水箱、油箱和传动轴等大件，其难点在于充电桩网络的搭建，而以特斯拉为代表的电动汽车一旦获得市场的认可，将改变整个汽车行业的垄断性竞争格局，这也成为特斯拉获得高估值的一个重要原因。

第二种是重置价值创造的商业逻辑。思路一是对现有的业务进行抽象，从更本质或者更大的层面设计全新解决方案。例如，酒店行业本质上提供的是住宿的需求，而解决住宿需求的方案是不是只有去酒店呢？Airbnb 给出的答案是酒店并非唯一的选择，当地居民家中的大量住宿资源也是解决问题的可选项，而且能使外来游客更好地了解本地人的生活和文化，而这种体验是酒店的标准化服务做不到的；循着这个思路思考，酒店行业的供求关系瞬间发生变化，而传统酒店业的竞争优势在面对 Airbnb 一类的竞争对手时也不得不重新梳理。思路二则是将两个及以上的共生体进行杂交，创造出新的商业逻辑。典型案例是互联网电商与传统零售业融合之后，形成的新零售兼具了两者的优势甚至有更佳表现，直接颠覆了零售业的竞争格局。

第三种则是趋势性力量的改变。这种改变必然要求新的价值创造逻辑涌现。人口结构、社会文化、政策变化等外部趋势变量的变化，使得人们的需求也更加多元，这便是新的共生体出现的土壤。在国内，高校资源与考生人数之间不平衡，随着国人收入水平的提高和国外大学趋于开放的国际化招生政策，留学中介机构成为应势而起的新共生体，提高了考生与国外高校之间的匹配成功率。

颠覆性思维创新图谱

持续性创新主要针对的是已满足和未充分满足的顾客,不断为主流市场中的现有客户提供新的、改进的产品和服务。当我们对持续性创新之外的各个竞争维度梳理之后,就能够获得一份完整的颠覆性思维创新图谱。颠覆性创新是从在位企业所轻视的低端市场切入、在上攻主流市场的过程中获得增长的能量。而重新定义需求的思路,要么是针对现有需求(见图 3-2 中持续性创新和颠覆性创新部分)进行需求内涵的再定义,要么是拓展需求边界、在增量市场空间中展开竞争。无论是持续性创新、颠覆性创新还是重新定义需求,竞争的思考都在战略空间展开。而商业模式重构和共生体创造则跳出战略空间之外发掘新的竞争维度,前者尝试从焦点企业所在的商业生态系统中找到未来竞争优势的源泉,后者则试图改进焦点企业所处领域的价值创造逻辑,这两种思维方式对整个战略空间中的各个需求领域都能产生颠覆性影响。

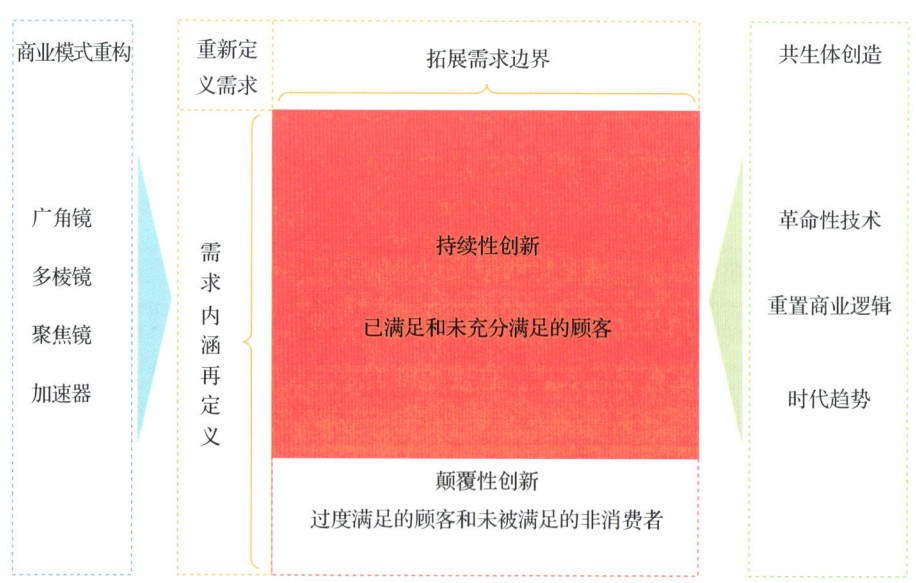

图 3-2 颠覆性思维创新图谱

不同的创新类型有着不同的适用条件,每种创新背后是对竞争格局的不同认知或假设的差异化。对于企业家而言，首先应对竞争格局进行判断和思考，尤其需要企业家对战略、商业模式和共生体三个空间的现状和未来的走势都有一个清晰的判断。在此基础之上，才是创新类型的选择——是持续性创新还是颠覆性创新？哪一个竞争维度是当前市场忽略却拥有潜力的？企业的优势与哪个竞争维度最容易产生协同？我们对不同创新类型的适用条件进行了分析阐述，帮助企业家们能够更为直接地找到适用的创新类型（见表3-1）。

表 3-1　不同创新类型的适用条件

多元视角下的创新类型	适用条件
颠覆性创新	• 在位企业具有垄断性优势且专注于高端市场 • 焦点企业能够在低端市场或未被满足的新市场切入，而且仍然能够获得足够高的利润率和成长速度
重新定义需求	• 焦点企业对市场需求有着独特而深刻的洞察，同时能够进行彻底的业务活动"配称"（fit），令竞争对手难以模仿
商业模式重构	• 当商业生态系统面临巨大变革时 • 当商业生态系统中利益相关方的实力发展速度不同步，不同利益方之间的相互关系发生变化时 • 我们对商业模式的探索认知更加深入，能够为现有的商业生态系统提供更为匹配的新商业模式时
共生体创造	• 价值创造逻辑背后的假设，如人口、文化等趋势性力量发生了改变 • 出现革命性新技术或新思路使得价值创造逻辑重置

当在位企业在主流市场具有垄断性优势且专注于高端市场时，颠覆性创新才会有施展的空间。此外，还需要焦点企业能够采用与在位企业不一样的技术或商业模式，使其在低端市场或未满足的新市场依然有足够高的利润率和增长速度，否则焦点企业只不过是占据了一块儿"鸡肋"市场而已。

重新定义需求更多地依赖于企业家对市场独特而深刻的洞察，他们不仅能够比竞争对手更为本质地理解需求，而且有能力让业务活动与新的需求定义相互"配称"，从而形成一道难以轻易跨越的竞争壁垒。

商业模式重构和共生体创造则超越了对企业间竞争的思考，而是从企业所处的商业生态系统或商业生态簇进行检视。当商业生态面临巨大变革时，如互联网时代的到来；或者是当这些利益相关方的实力发展速度不同步，不同利益方之间的相互关系发生变化时；抑或是我们对商业模式的探索认知更加深入，能够为现有的商业生态系统提供更为匹配的新商业模式时，以上三种条件下都为商业模式（或交易结构）重构提供了土壤。共生体创造则是直接改变价值创造逻辑，有可能是价值创造逻辑背后的假设如人口、社会文化等外部趋势性力量发生了变化，有可能是新的技术或思路带来了全新的价值创造逻辑，这都将从根本上颠覆既有的竞争格局。

竞争维度再定义的主动权是企业的一项关键优势，颠覆性思维创新图谱则可以帮助企业在更广阔的空间中发掘根本性差异的竞争维度展开奇袭，这种对竞争维度的创造性定义是创新的重要组成部分，驱动商界竞争走向高级与多元。以 2008 年中国电脑杀毒软件市场为例，当时竞争格局已经进入垄断竞争阶段，行业前三名为国内企业瑞星、江民和金山所牢牢控制，国外杀毒软件厂商如卡巴斯基、赛门铁克等聚焦在利润丰厚的企业级市场。长期以来，杀毒软件厂商一直以出售软件获利为核心商业模式，各家厂商之间的竞争维度集中在杀毒技术的升级、品牌的打造以及不定期推出价格战获得市场份额等方面。彼时的奇虎 360 看到了这个市场的潜力，但作为实力相对弱小的后来者，如果与在位企业展开直接竞争的话，成功机会渺茫。奇虎 360 还有三种方向选择：一是从重新定义需求思考，进入在位企业不擅长但仍有潜力的新需求领域；二是采取不同的商业模式，即使在位企业能够转向新的商业模式也要付出巨大的转换成本；三是创造一个新的共生体，新的共生体由不同于现有的利益相关方和业务活动构成，能够以全新的价值创造逻辑提供杀毒软件服务。

奇虎 360 最终以商业模式重构为手段，推出永久免费杀毒服务与瑞星等在位企业展开直接竞争：奇虎 360 采取杀毒等基础服务免费的方式积累用户规模，然后推荐用户逐渐使用 360 导航、360 搜索和 360 游戏等平台级产品，这样每天都会产生巨大的流量，最后通过在线广告和以网页游戏为主的互联网增值业务进行变现。作为后来者的奇虎 360 跳出了"瑞星"们设定的游戏规则：电脑杀毒软件的免费对于新崛起的奇虎 360 而言并没有失去什么，得到的却是可观的市场份额和活跃用户量，为这些用户提供互联网增值服务才是奇虎360盈利的主要来源。而瑞星等"主流"杀毒软件厂商的技术团队、市场渠道策略都是围绕着售卖杀毒软件展开的，收入成本结构决定了它们难以放手一搏。传统的竞争优势在新的竞争规则下都化为转型的包袱，瑞星们在免费的竞争压力之下进退失据，短短两年即失去了原本稳固的市场地位。奇虎360的商业模式重构是从在位企业的商业模式短板入手，令其很难反制或者需要付出沉重代价，以此获得发展的空间。

颠覆性思维创新图谱能够帮助企业家们从三个空间正确认识竞争格局，跳出原有思维框架的拘囿，系统发掘出那些具有颠覆力量的竞争维度，让商业竞争焕发出创造力。

原文题目为《多元视角下的颠覆性思维创新图谱》，作者为魏炜、张振广、朱武祥，发表于《哈佛商业评论》2016年8月刊。

CHAPTER 4

第四章

企业设计
明确企业的定位

企业定位，立世之本！

在不同空间洞察机遇的基础上，企业设计的目标就是明确企业的定位。企业的定位包括企业的价值来源定位和博弈竞争定位。本章分为两个部分，第一部分探寻的是企业与社会之间的关系，没有价值创造的企业都是泡沫，每个企业都要清晰地定义自己的价值来源，这是企业之所以存在的根本意义；第二部分则详细探讨了企业与竞争对手之间关系，没有竞争优势的企业，也将被对手超越替代。

企业的价值来源定位

在由腾讯新闻和网易新闻所把持的手机新闻客户端市场，今日头条是如何硬生生为自己杀出了一条血路的？在小企业众多、成长到一定规模就出现"分家"的外贸行业，利丰集团是如何打破规模天花板成长为拥有26 000名员工的世界级企业的？没有上市融资却走向全球的贵州企业老干妈带给我们的启发是什么？国内乳业龙头伊利为何要花大力气来赋能管理与其合作的利益相关各方？

当面对这些成功案例时，企业家朋友们心中难免升腾起疑惑："不同的案例都取得了成功但似乎又很难复制，赞叹之余不知该从中学习什么。"这种疑问的背后反映出新的时代迫切需要升级商业理论来解构日益多元的企业创新，帮助我们系统认知实践领域的突破。在对国内外众多商业成败案例分析的基础之上，我们发现成功的企业通常都能够把握住所处环境的价值创造来源，从而赢得属于那个时代的辉煌。

价值创造的四种来源

价值创造的来源是企业业务发展的驱动力，能够带给企业不同的竞争优势。根据不同的影响范围和作用机制，可以分为共生体、商业模式、战略和管理四类，其中前面三种关注的是业务活动的选择与配置，最后一种则是管理活动的优化。

共生体是价值创造的逻辑。当我们以俯视的视角观察商业生态系统时，就可以发现每个生态系统都遵循着独特的价值创造逻辑将资源、活动组织起来，完成从价值创造到实现的闭环。每个企业都有自己的愿景和使命，首先要回答的是自己存在的意义是什么，是如何为社会创造价值的。例如，任正非曾经谈道："华为多年来只做了一件事就是坚持管道战略，通过管道来整合业务和产业。通信网络管道就是太平洋，是黄河，是长江，企业网是城市自来水管网，终端是水龙头。当然，管道不仅限于电信，管道会像太平洋一样粗，我们可以做到太平洋的流量能级，未来物联网、智能制造、大数据将对管道基础设施带来海量的需求，我们的责任就是提供连接。"领袖级企业家要有跳出企业的大格局和视野，从共生体层面回答企业在整个价值创造的大逻辑中扮演了一个什么角色。只有当我们脱离一个个具象的生态系统或企业，进入到价值创造逻辑的抽象层面，才能展开商业本质的思考。

颠覆性创新多是来自共生体层面，这种创新的巨大能量要么来自革命性技术的进步，就像汽车对马车的超越；要么源自对价值创造逻辑的重构，就像 Airbnb 那样将当地居民家中的闲置空间也纳入到酒店行业的供给中来，居民家中无须太多地考虑房屋的折旧或租金，构建了一个由新的角色和业务活动组成的共生体；还有一种则是人口结构、社会文化、政策变化等外部趋势变量的变化带来的共生体的兴起，例如老龄化社会的到来使得养老地产开始引起关注。当我们分析今日头条的崛起势能时就可以发现，与其他手机新闻客户端以人工编辑来推送新闻不同，今日头条搭建的是一个个性化信息的"用户分析＋搜索＋推荐"的技术平台；前者更多是门户类网站的延伸，用户看到的是千篇一律的新闻，后者则能学会甄别用户的独特需求，只推送那些单个用户感兴趣的新闻。一旦实现了精准化推送，广告的投放就可以做到更为高效，这无异于挖到了金矿，极大地助力了今日头条的增长。今日头条的成功归因于其以技术创新为基础完成了价值逻辑的重置，将选取信息的主导权从编辑手中转移到了用户手中，并且让整个过程能够随着用户使用频次的增多变得愈加精准，从而获得了一个新共生体尤为宝贵的成长加速度。

每一种新的共生体都会带给人类需求不同的满足方式，所以共生体层面的竞争比拼的是哪种满足方式更受欢迎，到底一个共生体的出现带来的是价值空间的拓展还是价值创造效率的改进，或者是在哪个场景下实现了改进，如果没有在共生体层面回答清楚这个问题，这个共生体创新就失去了存在的意义。从资本市场的宠儿到弃儿，中国的 O2O 企业只有一年的时间窗口。资本虽然有能量让一个企业在更短的时间完成规模的蜕变，但前提却是这个业务本身是能带来效率提升或者说对社会是有价值的，否则规模越大、浪费越大。以上门美甲服务为例，假设一位美甲师每天在店内工作 8 小时，平均 1 小时服务 1 名顾客，1 天服务 8 名顾客；如果这位美甲师全职去做美甲 O2O，自主接单然后上门服务，每前往一位顾客家中来回里程耗时为半小时，依旧以 1 小时为服务时间，她每天可以服务的顾客实际只有 5.3 位，这意味着她的工作效率不仅没有提升，反而降低了。从顾客的角度来看，在家里接受服务可以更为自在且私密，同时可以省去往返半小时的路程时间。从企业运营的角度来看，上门服务能够把服务从店里搬到客户家里，节省了店面租金，美甲师的固定人工成本支出部分也可以转化为浮动的佣金部分。当我们站在整个共生体层面就可以发现，这个价值创造逻辑能够成功的关键在于：企业运营成本的降低和顾客对在家接受服务的新增价值能否持续大于美甲师工作效率的损失。当该假设不成立时，这类共生体存在的合理性就会受到挑战。所以当资本方的补贴停止之后，顾客不愿意为此承担更高的价格，且企业也不能拓展新的盈利来源时，美甲O2O 重新归于平淡也就在情理之中了。

  商业模式决定的是企业所在商业生态系统的结构效率。企业不是孤立的存在，而是与上下游合作伙伴、客户、政府、银行等不同利益相关方角色组成的生态系统共同创造和实现价值，这些不同的利益相关方各有其资源禀赋或擅长某类活动，以交易结构为纽带紧密组织起来。商业模式就是利益相关方的交易结构，优秀的商业模式设计能够最大化激发不同利益相关方的潜能，促进整个生态系统的良性发展。正所谓"好风凭借力，送我上青云"，随着企业间竞争的升级，一个有效运转的生态系统也能成为企业的竞争优势来源，这就是企业需要不断优化商业模式、改善其所处商业生态系统结构效率的原因。在外贸、律师、设计、畜牧业养殖等很多都被认为存在天然规模天花板的行业，公司规模很难做大。这些行业都存在类似的特点：受个体专业技能、努力程度影响较大；不容易监督管理；其发挥最有效率的人员规模一般都较小等，所以通常到一定规模后就会出现核心骨干出走另立门户的现象。但外贸起家的利丰集团却凭借其单边平台的商业模式走出了魔咒，2015 年的收入高达 188 亿美元。说利丰是一个平台，是因为它不仅为"供应商"和"客户"提供中介服务，还为客户提供整个出口贸易供应链内各种"多元化组合"的增值服务：这些服务涉及13个制造活动环节中的10个（产品设计、商品开发、原料采购、选择工厂、生产安排、付运安排、运输统筹、关税办理、本地分销统筹、总代理），通过提供不同的组合服务，帮助顾客降低采购成本、缩短交货时间、提高产品附加值。假如客户在产品设计、商品开发方面比较强的话，利丰就为其提供原料采购、选择工厂等环节的服务。为客户组合这些环节的，是利丰的销售、服务团队。利丰目前有数百个这样的"事业部制"团队：每个事业部团队一般由20人组成，包括管理、贸易、品质监控、船运等不同岗位的员工；事业部团队按客户的具体情况，组合1～10个环节，"为每一个订单打造一条最优的供应链，为客户提供最大弹性和最具竞争力的产品"；每个事业部团队的业务规模为2 000万～5 000万美元，超过5 000万美元，就必须分拆为两个团队单独运作，这样保障了公司平台对小团队始终存在足够的吸引力和控制力；事业部经理的主要收益，来自与业绩挂钩的提成。对事业部团队而言，利丰实质上为其建构了一个单边平台："平台"（利丰）提供品牌、金融支持、业务信息系统、人力资源等基础设施，整体上是一个有规模经济的专业化平台；平台上的"业务自主体"内部由多个环节组成，这些环节的组合存在范围经济。这种"平台+业务自主体"的设计，在改变整个生态系统的交易结构的同时带来的效率的提升，让不同的利益相关方在新的生态系统之下都找到了自己的位置。除了单边平台模式之外，像"剃须刀-刀片"模式、多边平台模式、连锁模式等商业模式的创新都曾极大地提升了生态系统的结构效率，企业也因此大放异彩。

　　战略的定位直接影响竞争效率。需求端、供给端以及性价比是决定战略定位的三个维度（见图4-1）。需求端是站在客户的角度思考，企业需要明确的是为哪类客户群体提供产品或服务，这类细分的客户群体有哪些需求痛点，客户对企业产品服务的价值感受或者是用户体验如何，其中最后这点体现了客户对产品服务的认可程度。供给端则是从企业的角度出发，企业提供的产品是什么，功能或成本如何，价值主张或者说是企业为客户提供的独特价值是什么。供应端的这三个问题是与需求端的三个问题一一对应的，企业需要不断站在供求双方的角度给出答案。性价比既是将供求两端连接在一起的桥梁，也是将竞争对手纳入比较的统一框架，客户通过对不同竞品性价比的比较做出购买决策，企业也不断追求以更有效的资源投入（成本）为客户创造更大价值。老

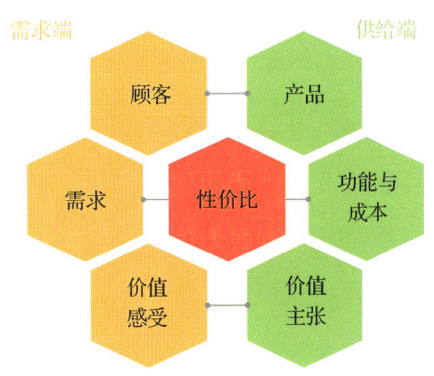

图4-1 战略定位的均衡视角：需求端、供给端与性价比

干妈的成功崛起与其战略定位密不可分：老干妈辣椒酱自身的产品风味和质量是其不断扩张的基石；选择以学生、司机为代表的大众客户群为目标对象；10元左右的价格实现了对调味酱行业的精准卡位，竞争产品低于这个价格区间很难获得利润，价格更高则只能面对有限的高端市场；老干妈在当前的战略定位之下获得了稳固的竞争优势，迫使竞争对手避开锋芒、选择新的战略领域。

除了提升产品的性价比之外，市场竞争格局的改变也能带来竞争效率的提升，美团和大众点评的合并等巩固了企业的市场地位，虽然这种举措对用户而言并不一定总能带来价值，但对企业而言可以避免持续在竞争中消耗更多的资源，从而更轻松地将竞争地位转化为实际利益。

管理决定的是执行效率。管理是由计划、组织、领导、激励及控制等职能为要素组成的活动过程。卓越的管理能够以尽可能少的资源投入（效率，efficiency）来最大化地实现组织目标（效能，effectiveness）。如果缺乏行之有效的管理，企业对于战略、商业模式和共生体层面的很多洞察都将失去保障；管理活动的创新作为一种价值创造来源，也能提升企业将愿景转化为现实的能力，进而提升竞争力。作为中国乳制品业的龙头，伊利近年来着力打造了全员、全过程、全方位的"三全"质量管理体系。在强化

企业内部管理之外，伊利在把控一级供应商的质量基础上，又追溯到一级供应商的上游，使其也得符合伊利的资质标准，才能为一级供应商提供相关的原料，然后一级供应商才能提供给伊利。不仅如此，伊利还建立了示范牧场，以示范牧场为培训基地，让所有在产业链条上的合作方、合作伙伴到这儿来，从如何提升管理水平、如何提升奶牛单产、如何保证奶源的品质这几个方面为他们进行培训。伊利将管理的触角延伸到整个生态系统的不同利益相关方，形成了伊利的管理优势溢出效应，提升了整个生态系统的效率与效能，这是一种管理视野与管理方法的创新，为伊利中高端产品的差异化战略定位提供了坚实的管理基础。

需要指出的是，技术创新扮演了为价值来源提供动力的角色。但是单纯的技术进步并不能带来商业的成功，技术的创新需要通过作用于价值来源的改进来创造商业价值。技术创新按照SPRU[⊖]分类法可以分为渐进创新、根本性创新、技术系统的变革和技术-经济范式变革。这四类技术创新都可以通过战略或管理的进步带来商业价值；而商业模式和共生体的改进通常受后两类技术创新的直接影响，与根本性创新潜在相关但无必然关系（见图4-2）。互联网技术是一场革命，原因就在于它的到来同时深刻地影响了四种价值来源：互联网带来了人类社会时空的拓展与自由，像谷歌、亚马逊、腾讯、阿里巴巴等都是一系列前所未有的新共生体走入人类社会；互联网带来了人与人之间的连接成本与交易风险的降低，释放出曾经被压抑的价值需求，使得为以交易结构设计为核心的商业模式拥有了巨大的重构空间，以压缩中介层级、平台化为代表的新商业模式不断崛起；互联网带来了社会传统利益相关方的权力结构的变化，如分散的消费者通过互联网的联系组织起来，消费者主权的崛起要求企业在战略空间追求更极致的用户体验；在管理领域，移动互联技术的成熟也带来类似于钉钉这样移动

[⊖] SPRU是英国苏塞克斯（Sussex）大学的科学政策研究所（Science Policy Research Unit）的简称，它是一家著名的技术创新研究机构，这种分类法是该研究所于20世纪80年代提出的。

办公平台，极大地改进了管理效率，同时改变了传统企业内部的组织运作方式。当我们理解了价值来源与技术之间的相互关系时，就能为技术的发展指明方向。不幸的是，许多企业割裂技术进步与价值来源的关系，偏执于技术创新本身。例如，施乐研发中心的研发能力超强，但由于不能把技术创新转化为商业价值，任由技术创造的价值耗散，投入了大量的研发成本，却没有一个好的商业模式或战略来获取价值，这种优势就是"无效优势"，最终反而会成为企业的负担使企业走向没落。

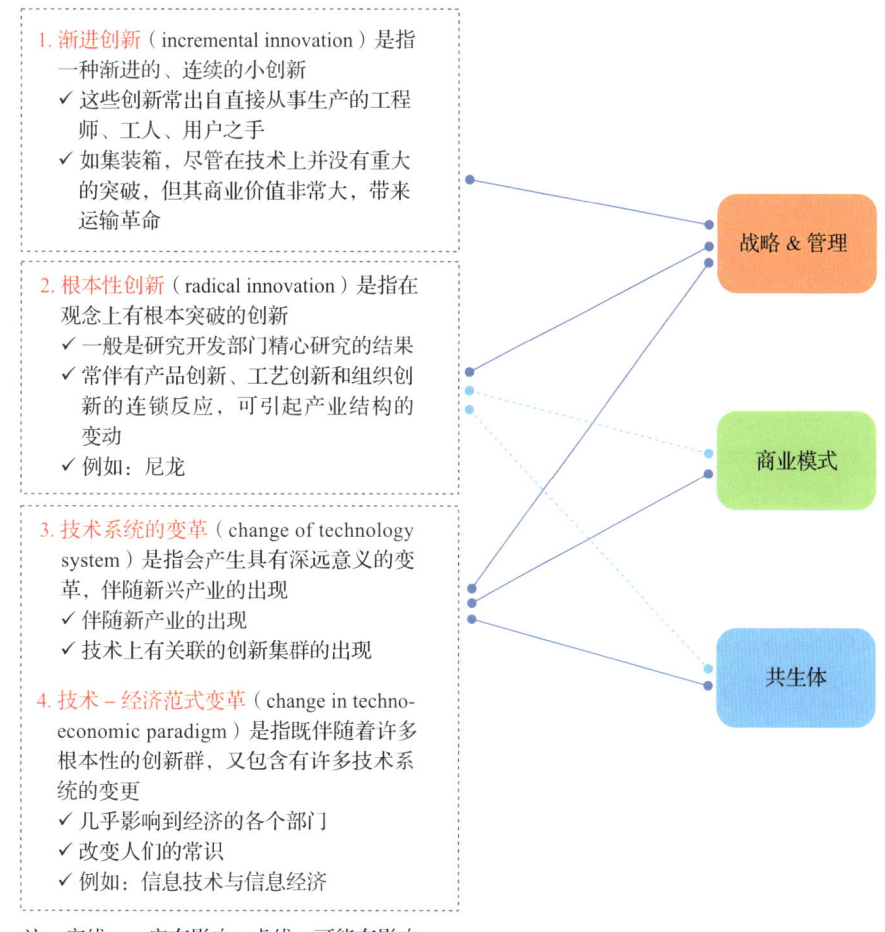

图 4-2　技术创新对价值来源的影响

如何衡量四种价值来源

四种价值创造来源建构起一个层次分明的分析框架,可以帮助我们更好地理解日趋复杂而且多变的商业世界。有效认知只是第一步,接下来我们应该分析每种价值来源关注的核心问题以及如何衡量每种价值来源(见表 4-1)。

表 4-1 不同价值来源的核心问题与衡量指标

	共生体	商业模式	战略	管理
核心问题	• 价值创造的逻辑是什么 • 有哪些已经呈现迹象,但我们却未察觉到的变化	• 能否通过调整或引入新的利益相关方扩大整个生态系统的价值空间 • 生态系统中是否存在沉睡的资源能力未被充分挖掘显现 • 能否通过交易结构的再设计提高整个生态系统的运营效率,或者加速生态系统的扩张	• 为哪一类客户提供独特的价值主张 • 不可取代的竞争优势是什么	• 以共生体、商业模式和战略作为输入,我们在管理上的核心差异或流程优势是什么 • 关键岗位上是否有合适的人才 • 员工是否知道其工作目标并围绕其展开工作
衡量指标	• 共生体的价值空间(天花板)	• 整个商业生态系统的总投资回报率 • 商业生态系统经济规模增速 • 利益相关方的转换壁垒	• 企业的投资回报率 • 收入增长率 • 现金流	• 差异化的业务运营关键指标 • 关键岗位人才的板凳深度①与流动性 • 行动导向的企业文化

① 板凳深度:球赛中替补队员坐在板凳上,所以"板凳"指代替补队员;深度指代实力;板凳深度指总体实力。——编者注

站在共生体层面思考,企业就要从全局的视野思考整个价值创造的逻辑是什么,企业在这个宏观的价值创造逻辑之下扮演的角色是什么,帮助企业回归到最基本的商业本质来思考;此外,企业家还要保持对现有价值创造逻辑面临的趋势性的挑战保持敏感,例如互联网的到来、人口结构的变化会对现有的行业产生什么影响,放眼到全球来看呢。一旦企业家对这两类问题失去深度的思考和敏锐度,仍然按照惯性制定每年的业绩增长目标和年度预算,就很有可能在某一年陷入崩盘式的业绩下滑。随着移动互联网、云计算等技术的到来,各个商业领域的共生体变化的节奏与强度正经受着巨变,这是对商业世界假设的重置,进而会冲击到商业模式、战略

和管理的各个层面，所以我们要升级之前的商业知识结构体系，这也是在新的时代背景下共生体层面的思考变得重要的原因。衡量共生体的指标是整个价值空间的变化。例如，互联网电商在中国市场上的价值空间最大能到多少，对传统渠道的价值空间又会产生何种影响，这两种共生体或价值创造逻辑的平衡点在哪里。

商业模式层面关注的重心则是如何将商业生态系统的潜能充分发挥出来。处于一个健康运转的生态系统，既能为企业已有的竞争优势进行加持，又可以为企业的增长带来加速度。当竞争优势外部化的红利足够大时，企业就需要将生态系统的优化纳入到自己的视野中来统筹考虑。商业模式是生态系统良性运转的灵魂，具体而言，它思考的是能否通过调整或引入新的利益相关方扩大整个生态系统的价值空间；现有生态系统中是否存在沉睡的资源能力未被充分挖掘显现；能否通过交易结构的再设计提高整个生态系统的运营效率，或者加速生态系统的扩张。第一个问题关乎生态系统的价值潜能，是开放式的思考；后两个问题则是现有生态系统的效率潜能，关注如何让已知利益相关方及相互之间的合作达到最优。具体的衡量指标有三个：一是商业生态系统的总投资回报率，这不是针对某一个具体的企业，而是将生态系统作为一个整体，评价其是否带来整体效率的改进；二是商业生态系统的经济规模增速，这个指标值良好表明生态系统自身的成长性良好，抑或是利益相关方对生态系统的发展有着充足的信心、愿意不断投入资源；三是利益相关方之间转换壁垒，转换壁垒越高意味着彼此之间的融合越紧密，提升转换壁垒的做法包括形成双方互补的资源或能力、彼此共享的知识或运作规则、基于协作需要的特定投资以及双方累积起来的默契或信任。

战略层面要回答的则是企业从客户和竞争对手的角度出发如何定义自己的问题。企业的资源终归是有限的，而且专长的领域也各有不同，所以企业需要做出取舍：一是发掘产品的价值主张与客户群体的需求痛点（及价值感受）之间的平衡点，找到价值创造最大化价值洼地；二是尽量避免直接或潜在竞争对手对价值洼地的觊觎，构建起不易跨越的竞争壁垒，如此一来企业可以专心于客户价值的创造，而较少分神于企业间的竞争。企业、客户、竞争对手这三者之间的匹配越精准，获得的可持续增长和投资回报就越高，企业的价值也越大。战略最重要的意义也正在于此，通过持续的深度思考始终保持"做正确的事"。具体到战略层面的衡量指标：现金流关注的是企业的运营可持续性，收入的增长率衡量业务是否在健康的轨道上，投资回报率则是对资源投入产出效率的衡量，优秀企业在这三个关键指标上应该领先于竞争对手。

管理层面关注的重心则是如何将企业的共生体、商业模式和战略的定位有效转化为现实。第一是配称，企业需要将组织与流程设计、资源与精力的重心分配等与其独特的价值定位有机结合起来，没有实现管理层面的配称就很难获得市场竞争的优势；第二是执行，执行的落地有赖于人才，既需要从管理到专业岗位上都有胜任的任职者，又要求他们追求高绩效地投入。管理层面的指标更为个性化，因为要反映出共生体、商业模式或战略的特殊要求，或是不同行业的常用指标会有差异。除此之外，关键岗位的板凳深度和流动性是组织人才队伍健康度的有效度量，优质人才的持续净流入是业务运营不断改善的先行指标；而行动导向的企业文化则是组织活力的观察窗口。

灵活运用四种价值来源

我们用10个核心问题和10个关键指标对四种价值来源进行了更为系统的刻画。当我们得到了这些问题和指标的答案之后，就奠定了灵活运用不同价值来源的基础，为此我们归纳了五种方向。

第一，拓展认知商业世界的思考自由度：升维思考与归零心态。

本质上来讲，每个企业都是这四维价值来源的投影。自由来自对维度的拓展，升维思考的意义在于打开了企业的自由度，让多维空间的资源能量潜力为企业所用。所以当企业家朋友们能够自觉地从四种价值来源思考企业及竞争对手的价值定位时，就可以获得"通透"的认知。在某个单一维度难以解决的问题，通过升维思考就能轻松化解。在国内的畜牧养殖行业，养殖成果极其依靠农户的责任心，如果企业希望通过管理的手段达到目标，那将是一项复杂的工作，绩效管理、奖惩制度甚至是企业文化的宣导都需要但未必能尽如人意。雏鹰农牧则将管理难题转换为商业模式问题，改变了与农户之间的交易结构设计：将自有畜禽交给农户在公司养殖场进行养殖，农户在统一封闭管理之下养殖，公司在各个养殖环节设定稳定的价格并按照养殖成果向农户支付养殖利润。如此一来，无须频繁低效的过程管理，农户自身就能尽到勤勉责任。

获得思考自由度的前提是归零心态。传统的商业理论分析逻辑多是从企业的现有边界出发，这其实在思考的初始点就已经蕴含了某种假设，即企业的资源能力有哪些、客户对象是谁都已基本确定的前提展开，这种不易察觉的假设反而会成为限制，思考的成果至多是约束条件下的最优解。归零心态非常像佛家在修炼的过程中所追求的"无我无相"："无我"即在意识里、心里"我"已经完全不存在了，对企业家而言则是要先放下从企业出发的视角；"无相"即连外表的皮囊色相都没有了，即企业要学着放下已有的资源能力、过往的成功经验与知识结构等，这些有可能成为迈向下一阶段的障碍。企业家只有回归本真，才能获得发现价值的全新视角；只有破除企业的既有边界，才能获得思考的真自由。例如过去我们的理论框架多是强调以客户为中心，或者从所拥有的核心资源能力出发；现在，如果我们回到价值的本源，就能发现价值的创造是多向性的，企业大可不必拘泥于现有的客户选择，许多企业通过客户的转换获得新的发展空间；即使没能为客户带来更多的价值，提升了利益相关方的协作效率也能赢得竞争优势……在已是一片红海的中国农业复合肥市场，研发出"增效节肥"新配方的亿兆生物科技公司，并未采取投资建厂、规模扩张的方式，而是变传统概念中的潜在竞争对手为合作伙伴，将已有的复合肥工厂转变为亿兆指定的配方肥生产厂。这些复合肥生产厂先和亿兆签订协议，得到"亿兆·大丰收"的品牌和产品配方技术授权，亿兆将配方化肥浓缩料送到复合肥厂进一步加工。成品生产出来后，亿兆先以成本价结算给工厂，大大降低了合作工厂的现金流压力。同时，亿兆授予复合肥合作厂家在其销售半径中的独家总代理权，工厂利用自身在当地的渠道销售产品后，工厂可以获得毛利75%的分成，而亿兆只拿走毛利的25%，这种分成方式可以最大限度地调动当地复合肥厂商的销售动力。亿兆的盈利模式也发生了变化，一是销售配方化肥浓缩料给合作工厂获得产品毛利，二是获得产品销售后的毛利分成；亿兆的现金流不是投在固定资产上，而是投在流动资金上，极大地提高了资产回报率；而且亿兆可以在短期内即获得了合作厂商的产能和销售渠道，提升了亿兆的品牌影响力和产品的覆盖度。合作的复合肥生产厂也获益匪浅，它们的过剩产能和当地渠道的控制力都因为亿兆新的配方和品牌而得到释放，整个合作过程中都能获得现金流的即时补充与可预期的利润回报，这些合作厂家终于可以为摆脱之前大量成品库存而松口气了。新化肥的用户是最大的受益者，他们获得了有品牌保证的、性价比更高的复合肥，还降低了化肥的使用量，他们以更环保的方法让农田里的作物获得肥料营养成分的吸收。亿兆的实践给我们非常重要的启发：所谓"功成不必在我"，亿兆没有只从"我"的角度出发分析和解决问题，而是从各种潜在的利益相关方的角度思考，借复合肥厂商的"力"成就了自己的"势"，以资源整合的手段短短两年间就完成了规模与效益快速扩张。一念之间，效果却天壤之别；放下自我，才能收获宽广的格局视野。

第二，企业家的使命是定位企业的价值来源。

企业的使命是创造价值，企业家的使命是定位企业的价值来源。传统的认知体系中将企业创造的价值与企业收入简单等同起来了。但如果分成两步来看，企业首先是在生态系统中创造了足够高的新增总价值，然后利用不同商业逻辑将创造的价值转化为焦点企业收入。例如某抽油烟机的制造商，一是它要制造出品质卓越的产品，这是其为生态系统创造价值的基础；二是将产品出售给经销商，由后者销售给用户。当抽油烟机制造商的价值与收入转化效率不变时（即都是通过销售产品获得毛利），做大生态系统新增总价值创造就成为可能选择。所以抽油机制造商才愿意投入额外资源培训经销商，经销商的销售能力增强，进而拉动了抽油烟机的出货量。所以企业是在"生态系统新增总价值的最大化"与"价值转化为焦点企业收入的最大化"两者之间找到平衡。

决定一个企业是否是这个行业的开创性领袖，并不一定是其技术的领先性，而是其是否率先完成了对四种价值来源的清晰定义，树立这个行业价值创造的"范式"。福特不是第一个制造内燃机汽车，但是其发明了T型车，同时以流水装配线大规模作业代替传统个体手工制作，支付员工较高薪酬来拉动市场需求等，以低廉的价格使汽车作为一种实用工具走入了寻常百姓家，美国亦成为"车轮上的国度"。自此之后，其他汽车厂商也纷纷以福特的模式为榜样；可以说，福特为整个汽车行业的运作"定了型"。一方面，四种价值来源确定之后的"范式"将成为整个共生体中主流的效率结构；另一方面，一旦"范式"建立，所有的利益相关方也会向这个效率结构靠近，进入到生态系统的繁荣阶段。作为最先为四种价值来源确立"范式"的领袖企业将获得极大的先发优势，其竞争壁垒最为深厚，因为这个时代的竞争维度都是它定义的，它的各维度价值创造的效率更容易达到最优，而且完成了多种竞争策略的储备，对潜在的挑战者进行压制。所有的追随者在这种"价值创造范式"下的追赶会异常辛苦，需要在现有的价值创造来源之下持续地改进累积竞争优势，而且只有当行业领导者犯错时才偶有翻盘的机会。

后发企业若要实现成功颠覆，就要避开既有的"游戏规则"，重新定义竞争维度和价值来源。在中国的PC机杀毒软件时代，作为国外软件的卡巴斯基凭借其优秀的杀毒软件产品和深耕企业级市场，在中国的杀毒软件市场分得一杯羹，这是卡巴斯基在战略空间的胜利。奇虎360则以"免费"为武器，直接将瑞星、金山为代表的杀毒软件的盈利来源破坏掉，将免费带来的流量导引至360浏览器等变现工具，通过把竞争升维到商业模式空间颠覆了竞争格局。在PC杀毒领域难以实现崛起的猎豹（前身就是金山网络）软件则把企业的资源投入到手机App应用领域，并以海外市场为切入点，凭借"清理大师"这款杀手级应用再次崛起，则是将主战场从PC机拉入到手机领域，在共生体层面实现逆袭。

第三，获得竞争维度的压倒性优势，发现"成功的必然"。

迈向伟大的企业一个特征是在一到两个价值来源获得压倒性的优势，具体表现在如市场空间、成本、效率、用户体验等某个方面能呈现出数量级的提升；同时在其他价值来源方面没有明显的短板。强大的价值来源为企业提供了成长驱动力，即使出现了一两次决策失败或者组织能力短板，也能凭借增长势能顺利跨越，如此一来，企业的成功成为必然。谷歌的搜索引擎在信息爆炸的互联网时代革命性地提升了信息搜索效率，且搜索的准确性具有不断提高的潜质；而以点击广告付费获得收入的商业模式也为谷歌贡献着源源不断的现金流。谷歌在共生体和商业模式层面的绝对优势为其带来了巨大的自由度（收入、利润和现金流），使其容错度更高，即使出现类似于谷歌眼镜等项目的投资失败，也不至于伤筋动骨；而其在管理领域的创新也可以将精力放到如何变得更为卓越，而不用太过于考虑成本的增加。所以当我们去学习成功企业时，需要首先理解其价值来源的主要动力是什么，而不是将其商业上的成功简单化地理解为各个领域的成功。当我们去分析一个企业是否有成长潜力时，也要回归商业本质，判断其投入的资源成本与其带来的价值来源效率改进是否匹配。

第四，从多维价值来源出发提升竞争优势。

价值创造的主体可以分为两类：一类是具体的企业，它是我们关注的焦点；另一类则是企业所在的生态系统，生态系统中的各类利益相关方在协作中完成了价值创造的完整循环。我们在横轴选取战略和管理空间的参考指标作为企业维度的指标，纵轴选取共生体和商业模式空间的参考指标作为生态系统维度的指标，如此一来就构建出一个"企业－生态系统改进矩阵"（见图4-3）。相对于竞争对手而言，企业和生态系统的效率指标差异就可以形成四种组合,其中(企业强,生态系统强)的组合自然是企业追求的目标。例如与英特尔研发、制造芯片并销售的商业模式不同,移动终端芯片领域的巨头 ARM 则是把技术授权给其他半导体制造商,从中收取少量的授权费。在 ARM 这种商业模式下,基本上全球主流半导体公司都与 ARM 达成协议,采用 ARM 的芯片架构与技术,把重心放在

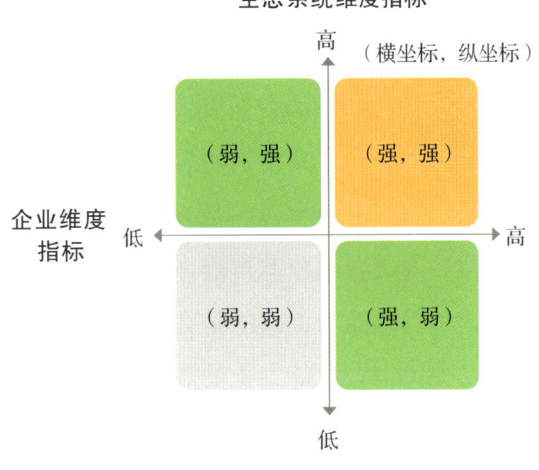

图 4-3　企业–生态系统改进矩阵

生产与销售上;而 ARM 收取的授权费则继续再投入到研发中,如此反复。售卖知识产权的模式让 ARM 处于整个行业价值链顶端,授权企业的盈亏都与它无关;ARM 保持着自己在技术领域的领先性,同时充分发挥生态系统的资源潜力,从而进入了企业与生态系统双强共赢的状态。

分析矩阵可以帮助我们定位企业和生态系统的状态,四种价值创造来源则提供了改进路径的可行思路。对纵轴的变革提升主要是针对利益相关方。一是重构共生体,重新设计更具价值创造效率的共生体构成,例如共享经济就是对传统价值创造逻辑的一种颠覆,它拥有新的收入成本结构,它摒弃了传统共生体的初始巨量投资的准入门槛,而是以现有资源的边际成本为评估投资回报的计算基准,改进了整个社会的资源使用效率;二是改变利益相关方的商业模式,例如京东把物流从合作改变为自建,苹果把应用软件部门改变为外部合作的 App 开发团队等,其利益相关方的模式跟传统模式相比都有很多差异;三是改变利益相关方的战略,例如让供应商的原材料采购从大规模、低毛利市场改为小规模、高毛利市场,提高供应产品的品质要求;四是提升利益相关方的能力,培养、匹配资源等,例如提高合作伙伴的供应链管理能力、财务管理能力等;五是替换利益相关方,

发现更好的利益相关方组合，例如大型购物中心（Shopping Mall）可以通过调整替换品牌供应商来提升人气与盈利水平。从横轴出发，企业可以通过设计商业模式、改变战略、提升管理能力三个不同的层面提高自身的效率。一是改变焦点企业的商业模式，例如，对于新零售企业而言，增加线上渠道的利益相关方，丰富消费者的购物场景，形成线上与线下零售的协同互动，扩大了整体销售额的基础；二是改变焦点企业的战略，如调整零售企业定位，围绕着细分客户群体的生活方式增加高毛利的产品组合；三是提升企业的管理能力，指的是在战略、商业模式确立之后的情况下，企业提升自己在关键资源能力上的表现，例如提升采购效率、存货周转率、应付账款周转率等。

企业应平衡好自身与生态系统的利益，避免过于追求自身利益的最大化而导致生态系统利益的持续损害，从（强，强）组合走向（强，弱）组合。国美、苏宁家电渠道商在最初成立的时候，由于自身的品牌效应不强，但生态系统中家电供应商的品牌效应更占优势，议价能力更强，所以位于（弱，强）区间里；进入到第二阶段，当国美、苏宁为代表的渠道商实行店铺数量快速增长，品牌效应建立，渠道商与供应商的关键资源能力相当，双方进入（强，强）区间；第三阶段，国美、苏宁的店铺资源及品牌效应达到一定程度，而家电供应商的品牌影响作用变弱而自身又缺乏其他销售渠道时，国美、苏宁的议价能力倍增，不断压低产品进价、延长回款周期，使得家电厂商的利益大大受损，双方摩擦不断进入了（强，弱）区间；到第四阶段，当以京东为代表的外部新型渠道不断发展，或者以格力为代表的家电厂商自建销售渠道，使得供应商对于国美、苏宁的依赖降低，议价能力提升，最终坠入（弱，弱）区间。反观美国、中国香港地区的零售企业，不断追求的是整个生态系统效率的提升，从沃尔玛、山姆会员店、Costco（好市多，会员制仓储俱乐部的创始者）到7-ELEVEn、塔吉特等不同的实体零售业态分布，从产品组合、库存管理到物流效率都力求做到极致，所以互联网电商的崛起在美国、中国香港地区扮演的只是实体零售电商的有益补充的角色，而远没有达到颠覆的程度。

深度思考对于当今时代的商海搏杀意义越来越大：每个企业都是四种价值来源的投影，企业家既要能分析出竞争对手的主要价值来源是什么，又要能对自己企业的价值来源的投影组合做出预测和决策。失去这个基础的判断与洞察，企业不知自己存在的独特价值和意义是什么，即使成功也多是侥幸；当面对新的商业或管理热点时，便会跟风般地随波逐流，几经商海洗礼之后难免凋零。正如孙子在《形篇》中所说："故善战者，立于不败之地，而不失敌之败也。是故，胜兵先胜而后求战，败兵先战而后求胜。"

原文题目为《定义价值来源，创造竞争优势》，作者为魏炜、张振广、朱武祥，发表于《中欧商业评论》2017年2月刊。

博弈竞争定位

竞争格局的颠覆性重构正成为商业世界的常态。无论是对市场的掌控力还是领先的时间长度上，占据领导者位置的在位企业表现得都不如以前那般从容；在位企业的那些三年或五年的战略规划，在新进企业充满想象力和灵活性的竞争之下，也开始显得有些左支右绌。随着互联网时代的到来，企业的创造性得到极大地释放，通过综合运用战略、商业模式和共生体三个空间的竞争维度，企业间竞争的节奏、强度和破坏性达到人类商业史中前所未有的高度。而经典的管理工具如SWOT分析、五力模型等多是基于静态竞争格局的大背景展开，试图帮助企业找到最适合自己的竞争位，但对竞争对手的关注并不充分。商界竞争在本质上是一场多轮博弈，是相互之间的动态较量，这迫切要求相应的对策分析工具能够从博弈互动的角度出发，预测彼此较量的可能走势,并为下一步的行动迅速给出方向性指引。

博弈雷达(game radar)是针对企业间竞争博弈关系的分析、对比、预测和决策工具,它以靶心企业、相对市场影响力和竞争转换成本三个要件构建起竞争格局的坐标系,分析、对比市场中不同竞争对手的相对位置,在此基础上预测竞争对手的走势并决策选择可能的竞争策略(见图4-4)。

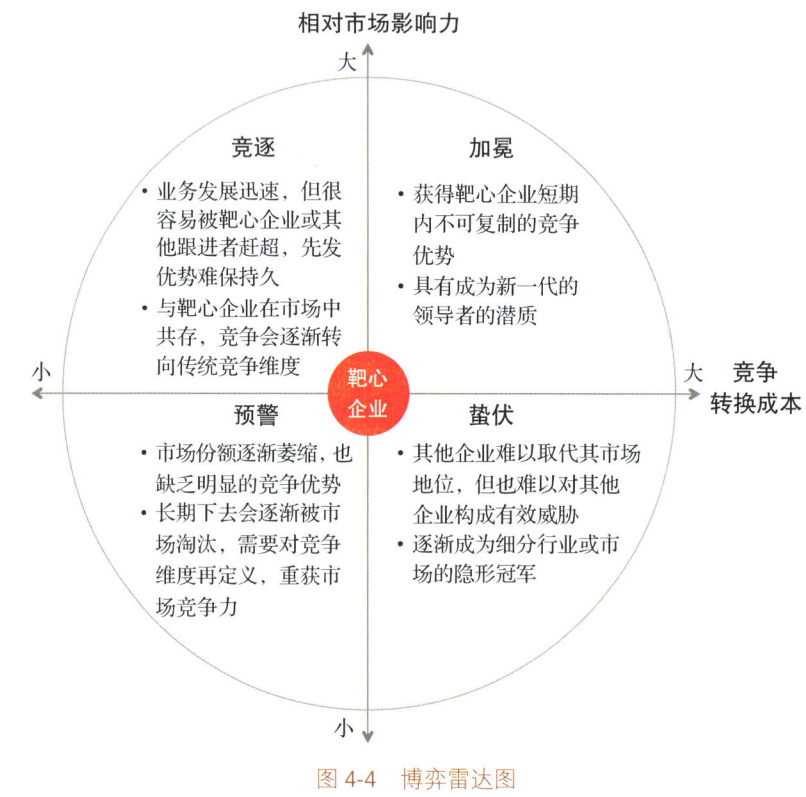

图 4-4 博弈雷达图

靶心企业处于博弈雷达坐标系的中心位置,它的选择可以结合焦点企业在竞争中是处于进攻还是防御的角色进行调整。如果焦点企业属于资源或实力相对弱小的一方,希望通过主动进攻获得成长,建议靶心企业选取为领导性在位企业,因为在位企业能够代表整个市场的发展趋势,焦点企业可以在博弈雷达图中找到自己的相对位置和下一步努力的方向。如果焦点企业本身就处于市场领导地位,建议靶心企业可以设置为焦点企业自身,这样焦点企业就能观察到不同竞争对手处于哪个象限，从而采取针对性的对策。当然，焦点企业也可以选取自己的直接竞争对手作为靶心企业。靶心企业的选择将决定博弈雷达中不同竞争企业的分布，焦点企业可以将在位企业、自身和直接竞争对手变换作为靶心企业，这样能够帮助焦点企业转变视角、更清晰地认知自身所处的竞争格局。

博弈雷达图的纵轴是相对市场影响力，即焦点企业与靶心企业之间的市场影响力差值。市场影响力的指标值等于企业的上期市场份额与当期销售增长率之间的乘积。当期企业的销售增长率衡量的是企业在需求端的表现，这个值越大预示着企业的市场前景越好；上期市场份额代表着企业的竞争实力，也是企业对市场控制能力的一种体现；考虑到不同企业的销售额基数不同，尤其小企业的初期销售增长率可能非常高却没有实际可比性，乘以市场份额起到一定的校正作用，让每个竞争企业都能回归到公平可比的状态。如果我们对二者的乘积公式进行简化就能发现，市场影响力的值意味着企业当期新增销售额（量）对市场总额的冲击力有多大；换句话说，市场影响力值越大，表示企业在增量市场赢得了更多的顾客的认可，冲击或颠覆现有在位企业的机会也就越大（见图4-5）。

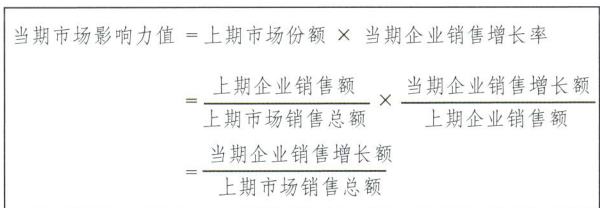

图4-5　市场影响力值的计算公式推导

博弈雷达图的横轴则是以竞争转换成本来衡量，竞争转换成本越大意味着靶心企业与焦点企业所定义的新竞争维度正面竞争时要付出更多的努力。竞争转换成本是从供给端展开的分析，当焦点企业定义了新的竞争维度对自身而言是相对优势，但使得靶心企业的原有竞争优势被大大削弱甚至成为负资产，这种竞争不对称落差越大，靶心企业就越难有效反制，焦点企业也就获得了更大的发展空间和时间。准确地评估转换成本既需要从战略、商业模式和共生体三个空间范围内思考涉及哪些利益相关方，也要具体到每个利益方愿不愿（意愿）、能不能（能力）和行不行（是否采取行动）三个环节的可能障碍。

我们以四种状态对博弈雷达图中的四个象限分别进行了命名，并以在位企业三星手机作为靶心企业为例做了说明。

第一象限我们称之为"加冕"，焦点企业有非常大的可能性将现在市场中的靶心企业取而代之，成为新一代王者。此时的焦点企业要利用独特优势的机会窗口，把握好市场节奏，争取初期的每一步都对靶心企业形成杀伤力或者累积优势。典型案例是苹果手机，它一经推出便获得市场热捧，而且新的商业模式也令诺基亚、三星等在位企业难以模仿；彼时苹果手机面对的就是一个等待收获的广阔市场，顾客为了第一时间拿到最新款的手机甚至不惜彻夜排队。

第二象限我们称之为"竞逐"，焦点企业获得阶段性先发优势的竞争维度很容易被模仿，但焦点企业可以凭借着先期攻城略地形成的增长势能顺势成长为一个重要竞争对手。靶心企业与焦点企业谁也不能消灭对方，大家比拼的重点又会回到相似的维度上来。典型案例是华为、OPPO、联想等国内品牌手机，无论是产品特点、品牌宣传还是渠道，每个品牌的手机各有其优势，不同品牌之间相互比拼赶超。对于第二象限的焦点企业，我们建议其利用自己对快速竞争节奏的熟悉以及组织的灵活，迭代升级自身的商业模式，重新定义新的竞争维度；或者是持续强化自身的组织核心能力；也可以保持快速成长，以求在更大的规模水平下构建属于自己的竞争壁垒。

第三象限我们称之为"预警"，这一象限的企业并不太妙，企业竞争维度的创新既没有与在位企业有效区隔，也未获得市场的认可。典型案例是大可乐手机，2014年12月"大可乐3"型号的手机曾经在京东创造了25分钟内众筹1 650万元的纪录，彼时大可乐采用"一次众筹终身免费换新"的方式，承诺给1万名参与众筹的用户每年免费换一次新机。但面对竞争升级的国内互联网手机市场，走廉价机路线的大可乐手机最终在2016年3月宣布破产。建议这个象限的企业不要沉迷于自己所定义的竞争维度，而是以归零心态检视自身对市场和客户的假设，重新设定自身的竞争维度，或者及时退出竞争避免更大的损失。尤其是在快速增长的大市场，如果焦点企业不能以超越主流厂商的速度发展，将会被迅速边缘化。

第四象限我们称之为"蛰伏"，这类企业更聚焦服务于小众市场，虽然难以被消灭，却也会遇到成长的天花板。目前的锤子手机可以算是典型代表，以情怀著称的锤子手机有着独具的匠心和粉丝用户群体，但整体销量和增速都难言理想。此类企业应思考自己的定位选择，是聚焦于细分市场，还是以主流市场为最终目标。如果是后者，则需要焦点企业重新评估创新带来的转换成本并解决它，或者是采取步步到位的发展路径逐渐走向更大的市场。

每个企业都力争处于或逼近第一象限，这就要求企业投入更多的精力思考、定义新的竞争维度。但如果企业的领导者们对竞争空间的层级结构理解不到位，不仅难以洞察创新性的竞争维度，甚至对其他企业的竞争举措都缺乏正确的认知。我们认为，竞争存在于三个层面的空间：战略空间中，焦点企业需要平衡与客户和竞争对手之间的关系，在充分发挥己方优势（与竞争对手相比）的同时为目标客户创造最大的价值；商业模式空间探究的是商业生态系统中，是否存在更有效率的交易结构将包括焦点企业在内的各种利益相关方组织起来，例如同样是互联网电商，淘宝是"平台"模式，京东采用的是"自营＋平台"模式，而唯品会则采用了"自营＋特卖"模式，不同模式的盈利来源不同，对利益相关方的资源能力要求也不一样；共生体空间中则力求发现价值创造的基本逻辑，是否出现新的利益相关方角色与新的业务活动来实现需求的满足，如相对于实体零售门店，互联网电商就是一个新的共生体物种，电商不需要商品陈列的实体店和导购员，新增了送货到家的物流活动和在线支付等业务活动，从而成为一种全新的零售渠道。每层竞争空间的视角不同，决胜的竞争维度也各有差异，企业家也可以在不同空间的思考推演中获得更为广阔的自由度和创新的灵感。

通常来讲，企业定义的竞争维度涉及的竞争空间越多，越容易获得更大的市场影响力，其他企业也需要付出更多的竞争转换成本。在实践过程中，企业会将不同空间下竞争维度综合使用，在力争获得需求端认可的同时，亦降低供给端同质化所带来的竞争压力。苹果公司推出的 iPhone 手机就兼具了产品的领先性和商业模式的独特性。硬件方面，苹果公司以软一体化的商业模式对供应链进行控制：对于手机芯片这种直接决定产品的整体表现的核心硬件，苹果公司直接投资于芯片的设计，但芯片的生产采取的是 OEM 方式；提前数年垄断性采购零部件或技术，在降低采购成本的同时限制竞争对手获取新技术；更具前瞻性的做法是直接投资于关键零部件生产的机床，如购置铝铣床、激光抛光机以及工业机器人等；为了确保关键部件的品质和可控性，苹果甚至会为供应商指定其上游供应商和产品供应标准等。软件方面，"iOS +App Store + iTunes" 出色表现与使用的唯一性直接屏蔽了其他手机的竞争，而通过整合硬件、系统、应用软件、内容所带来的卓越消费体验，也带动了手机硬件的销售。苹果公司的视野超越了战略空间，对不同空间中竞争维度的控制也收获了丰厚的回报，不仅令其他竞争对手难以简单抄袭模仿，也成为其多年来一直维系高端品牌定位而不坠的关键。有趣的是，不同的创新竞争维度可以相互促进，新产品有时需要新的商业模式与之配合才能发挥作用，而新的商业模式也会对产品的发展方向加以引导：谷歌的成功不仅仅来源于其搜索技术的强大，更在于按点击付费这一商业模式的推出；在此之前，谷歌也不知道如何将搜索技术进行变现，使其成为一门财源滚滚的生意。

原文题目为《透过博弈雷达，决胜动态竞争》，作者为魏炜、张振广、朱武祥，发表于《哈佛商业评论》2016 年 9 月刊。

CHAPTER 5

第五章

路径选择
评估转换成本，制胜企业创新

走对路，才有出路！

伟大的机遇洞察或产品创新并不等于商业上的必然成功，就像20世纪90年代摩托罗拉公司推出的铱星计划那样，看上去能改变人类生活的革命性创新却只留下一个落寞的背影。一项商业创意从提出到获得市场认可是一段很长的旅程，选择一条成功率高的路径尤为关键。正如建造鸟巢体育馆的过程一样，我们不仅需要令人眼前一亮的效果图，还需要严谨细致的施工图。创新的实施路径规划就是企业将创新转化为现实的"施工图"。

在过去10年中，我们曾帮助过百余家不同行业的企业应对变局。我们发现，许多企业管理者乐于投入巨大的资源去发掘机遇或是创新产品，却将实施路径的规划简单地划归于执行的范畴，似乎发现问题并找到答案就等于解决了问题一样；而当执行团队对实施路径有着不同认知时，也会令最终的实施效果大打折扣。另一方面，管理分析工具也有意无意地忽略了路径规划，像五力模型、蓝海战略等更适用于对竞争格局的分析与方向的指引，具体的实施路径因为现实环境的复杂性而难以展开具体分析，只是简单地将其归为企业自身需要解决的问题。这样，缺乏系统分析的实施路径规划就成为管理上的一个盲点，虽然这一环节有可能决定了整个企业创新蓝图的成败。

其实，企业的创新只是硬币的一面，创新落地所带来的转换成本则是硬币的另一面，如果不能准确地评估转换成本，创新的价值增值空间也将被转换成本黑洞所吞噬。因此，路径规划的核心在于将创新带来的价值增值空间与转换成本有机匹配，兼顾价值与风险，从而提升最终的成功率。

何为创新的转换成本评估

转换成本衡量的是在创新目标实现过程中各利益相关方所付出的代价。比如，微软推出新版本的 Office 软件，成本不仅包括其自身研发和市场营销成本的支出、电脑硬件尤其是 CPU 和内存的支持，还包括新软件的受欢迎程度，以及用户的学习使用成本等。如果微软不能就这些关键利益相关方的转换成本做出妥善评估和应对，将影响到新版 Office 软件的市场表现。

随着社会分工的进一步细化和互联网等新技术的崛起，整个商业生态在不同利益相关方之间的互动、重构中呈现出创造性的多元特征。越来越多的企业创新落地需要外部利益方的共同改变才能实现。结合创新的影响范围，转换成本也需要从三个层面进行考虑。第一层是企业内部的转换成本，主要包括为开展创新活动而需要的资源、流程、价值观的调整。第二层是企业所在的商业生态系统层面，创新活动的落地需要企业外部合作伙伴的协同调整，生态系统中的利益相关方可能要购入新的设备、转换新的角色或盈利模式。第三层则是商业生态簇层面，商业生态簇下存在不同的商业生态系统，像零售业中的沃尔玛为代表的超市、7-ELEVEn 为代表的实体店商以及京东商城为代表的互联网电商就分属于不同的商业生态系统，它们的业务活动、利益相关方角色甚至盈利模式等都会存在显著差异；当企业的创新是开创性的或者颠覆性时，现有的商业生态系统难以有效支持到新业务甚至成为负资产，这就需要构建一个能够支撑全新的业务活动系统的商业生态，为此新的利益相关方角色、资源能力、盈利模式和现金流结构都要重新设计。以汽车生产企业为例，如果其创新活动是推出一款性能更高的汽车时，转换成本主要产生于企业内部的研发、生产工艺与市场营销活动，像生态系统中的分销、物流等合作伙伴所需变化几乎可以忽略；如果汽车企业想要推出一款定位高端的汽车品牌，则需要做出转换的不仅是企业内部，汽车经销商也须新开与品牌形象相匹配的4S店，还要提供与之配套的金融解决方案等；假设汽车企业下一步的计划是推出一款纯电动汽车，转换成本就要涉及三个方面的计算，若是企业内部的电动汽车项目就需要在既有的汽柴油车系列中争取资源支持，原有生态系统中的维修服务商需要培训维修人员，生态簇层面还要构建一个分布合理的充电桩网络以及电动汽车的核心部件如电池、电机的供应商体系，新供应商、充电桩网络的建设商和运营商都是原有生态系统中没有的新角色。

具体到三个层面中每一个利益相关方，驱动它们配合企业的创新目标进行转变，也要考虑三个环节的转换成本：一是利益相关方对创新的认知和意愿问题，创新的主导实施者需要为各方指明方向，与犹疑者进行坦诚的沟通，他们是否知道新的创新带给自己的机遇与风险是什么，是否了解自己未来需要调整的方向，是以欢迎还是抵触的心态面对创新带来的改变，例如柯达研制出了全世界第一款数码相机，却在自身的犹豫和迟疑中错过了数字影像时代；二是利益相关方的资源和能力能否有效地支持到创新的要求，创新的主导实施者需要提供必要的资源与耐心（时间）去帮助利益相关方成长，微软就针对网络工程师、系统管理员、系统工程师等推出微软认证的服务，这些微软认证的系统工程师（Microsoft Certified System Engineer）可以基于微软的产品为企业提供设计、实施和管理商业解决方案的能力；三是利益相关方能否将这种变化落实到具体的行动中来，有转换意愿和能力未必预示着会有最终行为的变化，创新主导实施者需要了解这种行动障碍背后的原因才能提出有效对策，有可能对于利益相关方而言转变的紧迫性还不够高，或者是他们不想当转变的急先锋，抑或是这种转变会为利益相关方带来连带效应，例如即使有性价比显著提升的大型设备推出，企业也不会在原有设备折旧摊销完毕之前急于更换，因为这会影响企业当期的利润报表。概括来讲，我们可以将每个利益相关方的转换成本归纳为愿不愿、能不能、行不行三个环节，这三个环节是递进关系。对于焦点企业而言，需要评估利益相关方配合创新进行转换的障碍主要源自哪一环，并提出解决对策，而焦点企业为解决方案所付出的努力就是创新带给利益相关方的转换成本（见图5-1）。

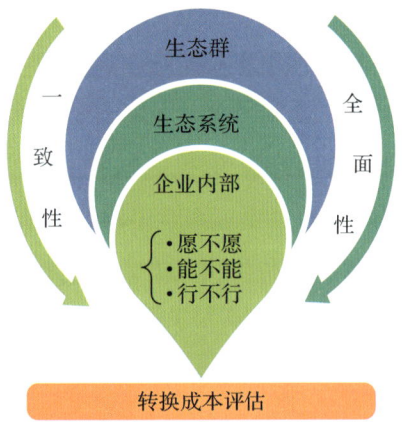

图 5-1 转换成本评估模型

最后，我们需要针对转换成本进行创新的"一致性"和"全面性"检验，保证转换成本评估的准确。"一致性"检验的核心是把握方向与节奏。一方面，内外部利益相关方对创新方向的理解不同，很容易导致南辕北辙；另一方面则是节奏的掌控，不同利益相关方的规模、能力有差异，将制约创新的价值创造的高度，创新主导者要想清楚优先发展哪个利益方角色，必要时还要通过自建、投资、补贴等手段降低风险，增加参与方的投资信心。

互联网电商业务的发展就是以书籍为代表的标准化程度高的品类切入，逐步培养买方的网上消费习惯，吸引卖方的参与，完善电子支付环境，促进物流行业的发展等一步步发展起来的。"全面性"检验则保证每个利益相关方都纳入转换成本评估的视野，通常企业都会对创新所引起的主要利益相关方的变化予以足够的重视，并提出预案；但常常忽略那些在业务活动系统中力量不大、却对新的价值主张落地起着关键性作用的利益方。米其林轮胎曾在 20 世纪 90 年代试图推出一款革命性产品——PAX 系统防爆胎，采用这款轮胎的汽车即使爆胎后仍然可以继续行驶 200 千米，足以令司机找到修理厂修复轮胎，汽车安全性能的提升绝对抓住了用户的痛点；而且新轮胎还能够极大地提升胎面寿命和燃油效率。为了创新产品的顺利推出，米其林整合了轮毂、胎压计等，从一个产品制造商转变为系统集成商；在 2000 年，米其林甚至与固特异等其他轮胎制造商建立联盟，将这一技术授权给它们；此后，米其林陆续与奔驰、奥迪、宝马、劳斯莱斯、本田等汽车公司签下大合同，巨大的成功指日可待。但到了 2007 年 11 月，米其林公司却正式宣布 PAX 系统的项目失败了。因为汽车维修商并没有做好准备，修复新轮胎需要它们投资全新的设备并培训新的维修人员，而整个轮胎修复市场的四分之三份额还是传统的旧轮胎，维修厂商没有足够的动力做出这种转换。而如果没有足够大的轮胎修复网络的话，防爆胎的价值主张将大打折扣。米其林为防爆胎这一革命性产品付出的巨大努力，最终却因为忽略了维修厂商这一并不起眼的角色而付诸东流。

实地调研可以帮助企业更为准确地评估转换成本，也是评估过程中的一个必要步骤。走访、试点和替代方案等都可以快速、低成本地验证企业初期的假设与判断，从而及时校正思路、加速迭代。对于米其林的 PAX 项目而言，如果初期采取试点的方式有困难的话，至少应对各个利益相关方进行实地走访调研，了解各方采取行动时的顾虑在哪里。假设米其林 PAX 项目团队调研发现汽车维修商对投资新设备犹豫不决，完全可以通过每年轮胎修复业务量保底承诺、轮胎修复价格补贴或者是为维修商提供融资租赁获得设备等方案；甚至是将汽车维修商定位于单纯提供轮胎更换业务，而轮胎的修复服务则由区域维修中心集中提供，当然这样的话商业模式也将调整为轮胎整体解决方案的提供商，米其林可以自己来做或者是引入新的利益方运营这项业务。及早发现潜在问题，就可以提前做出对策储备，从而提升整个项目的成功概率。所以说，在巨大的投资决策之前，这种实地调研评估转换成本的步骤就显得尤为必要。

实施路径的规划决策

以电动汽车为例，我们将在本文介绍一个实用的框架，通过四个步骤来帮助企业思考创新实施路径的规划。通过路径的规划既可以校正企业在创新过程中的前期发现，也有利于企业内部就下一步的工作统一认识，从而提升创新成功的概率。

步骤一：描绘初始目标状态

当企业推出一项创新时，我们需要澄清这项创新落地时的目标状态是什么，从而帮助我们了解未来的方向。目标状态的描述中通常涵盖三个方面的内容：一项创新从价值创造、价值交付到最终实现的全景图是什么，这其中涉及哪些可能的利益相关方，它们的业务活动环节有哪些；推出创新的焦点企业的盈利来源是什么；整个过程中的现金流结构是什么。这三个方面内容的描述可以帮助企业描绘出创新之后的整个商业生态系统运行逻辑。企业在创新落地的过程中可能会涌现出新的想法，我们建议将这些想法融入目标状态的澄清中来，这样既可以了解新想法在目标状态全景图中的位置，也可以迭代出不同的全景图版本。

假设焦点企业决定面向最终用户推出一款电动汽车，在整个价值实现的全景图中，不仅需要供应商、整车厂商、经销商到最终用户这些主价值链上的利益相关方，电动汽车完整价值主张的落地还需要像银行、充电网络、维修厂商、二手车交易商以及政府这些生态系统中的利益相关方。作为整车厂商，通过出售电动汽车获得高于成本的毛利作为利润的来源；其现金流结构也是以前期的投资为主，在电动汽车销售完成后实现整个现金流的循环（见图 5-2）。

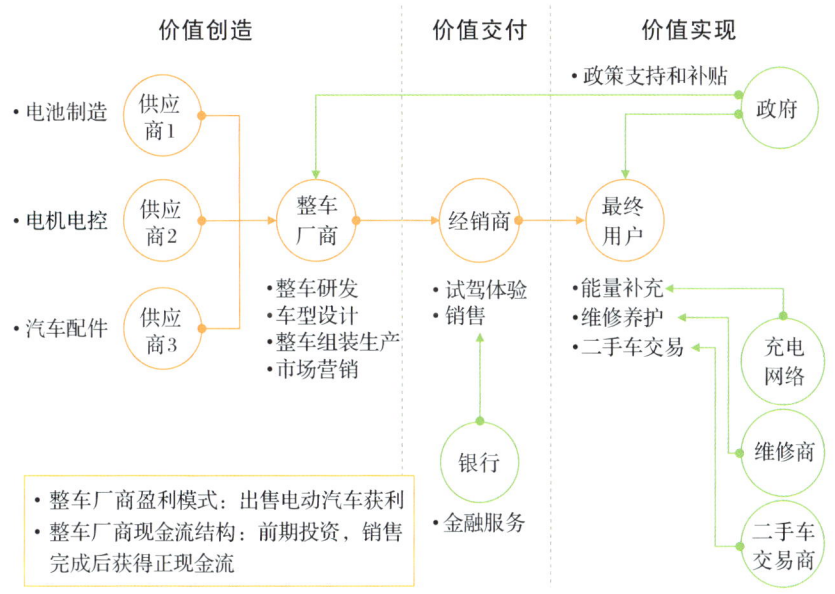

图 5-2　电动汽车价值实现全景图

步骤二：评估转换成本

价值实现全景图为我们提供一个创新落地时的可能图景，结合前文给出的转换成本评估框架，我们可以就创新实施过程中各利益相关方的转换成本进行评估。以电动汽车为例，其涉及的主要利益相关方包括以下三个层面。

焦点企业层面，如果是传统车企的内部电动汽车项目，转换成本包括：电动汽车属于全新的技术体系，传统企业的许多经验或资源难以借用，例如电动汽车短期内难以对收入和利润做出显著贡献，所以很难获得内部资源的倾斜；以及传统车企领导层的思维模式的转换。如果是电动汽车新建企业，虽然其没有转换成本的历史包袱，其难点则在于从资金技术实力到品牌影响力的全面弱势。

从传统汽车的生态系统层面出发，主要的利益相关方包括供应商、经销商、最终消费者和政府，其中转换成本较大的是经销商和最终消费者。对于传统汽车经销商来说，电动汽车的产品结构相对简单，由于没有发动机、变速箱和冷却系统等，维修保养大大简化，利润空间比之传统汽车也大为减少，因此传统汽车经销商对于电动汽车的兴趣不大。而对于消费者而言，转换成本的难点却在于行动障碍，比如充电桩的普及、售后维修保养以及二手车价格等都会影响消费者的购买决策。

从汽车的生态簇层面出发，电动汽车的普及需要新的利益相关方角色出现，如电池和电机的供应商、充电网络的建设与运营商、维修厂商等，其中充电网络的建设与运营商转换成本最高，从某种意义上决定了整个电动汽车市场的进展，这一系列问题都有待解决。

所以对于电动汽车而言，如果将其推向最终用户市场，需要对这三个层面的转换成本做出妥善应对。需要注意的是，转换成本是门槛值，如果没有达到门槛值，则利益相关方的行动不会发生；而创新带来的价值增值则可能是持久的，这里存在一个投入与产出时空上的错位。所以对于创新主导者而言，必要时需要在初始条件下一次性投入跨过转换成本的门槛，借助资本或金融工具的力量扭转这种错配。以滴滴出行为代表的打车软件，在推广阶段就借助资本方的力量对司机端和乘客端进行强有力的补贴，在形成两端的大规模用户群体的同时亦改变着利益相关方使用习惯，否则这种创新的落地周期将会大大拉长甚至夭折。

步骤三：规划可选路径

路径是将企业的创新转化为商业现实的方式。只有唯一的路径谈不上科学决策，而且每条路径都是价值创造与转换成本的一种组合，也能达到不同的实施效果。这就要求我们规划不同情境下的可能路径，以便我们能够从中挑选出最满意的那条。

路径的规划需要回答"谁来做"和"怎么做"的问题。企业首先需要结合上一步中转换成本的评估，选择具体的实施主体。是由焦点企业为主去推动创新，还是在焦点企业内部设置相对独立的创新业务经营体，抑或是投资、参控股一个新建企业完成创新的使命，不同的创新实施主体意味着不同的转换成本组合。在明确实施主体之后，具体路径方式的选择可以归纳为如下四种（见图 5-3）。

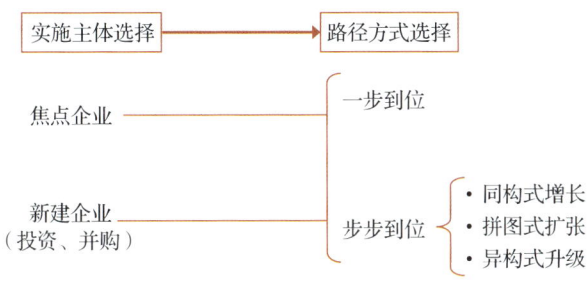

图 5-3 规划可选路径示意图

"一步到位"的路径是指以终为始地直接展开布局，通过推出系统对策降低转换成本，以创新产品的完整价值主张来满足目标市场的需求。电动汽车的代表性厂商特斯拉采取的就是一步到位的实施路径。鉴于传统汽车 4S 店或经销商过高的转换成本，特斯拉直接绕过这个模式，通过在城市中心自建体验店、网上预约试驾和网络预订实现销售。与此同时，它为有需要的车主准备了优惠的贷款计划及融资租赁方案，车主在一定条件下还可以享受特斯拉保值承诺。针对用户的"里程焦虑"，特斯拉提供了三种解决方案，一是通过专用的特斯拉充电连接器使用户可以在家或办公地进行充电；二是特斯拉投资建设全国性的超级充电站网络，为车主提供"快进快出"的免费充电服务；三是目的地充电，即特斯拉与购物中心、写字楼、银行、酒店等商业体合作部署充电桩，使用户能够在到达"目的地"后按需补电。电动汽车维修保养相对简单，特斯拉直接提供电池保修。特斯拉以高端最终用户市场为目标，将许多高转换成本的业务活动直接内化。特斯拉一旦成功将崛起为新的汽车巨头，但其前期也需要承担巨大的投资压力以及等待终端用户转换认知的耐心。

当一步到位面临巨大的转换成本时，能够分解转换挑战难度的步步到位的路径就成为可行的选择。商业模式是利益相关方的交易结构，我们以商业模式的相似性与否作为标准，可以将步步到位具体细分为两类：第一类是同构式增长和拼图式扩张，这一类并不改变一步到位式的商业模式逻辑，但是通过规避短期内转换成本难点迈出第一步；第二类是异构式升级，通过商业模式的调整升级改变当前的转换成本结构。

一项创新在开始时难言完美，同构式增长主要聚焦于认可创新产品的核心价值点，且对现存不足并无痛感的局部市场，积聚市场能量，逐步完善。比亚迪电动汽车就是从城市出租车市场切入的。出租车主要活动范围在城市内，其充电桩网络布局的压力大大缓解；当地政府也支持清洁能源交通工具的应用，相对私人用户而言政府更加关注清洁能源的正外部性，也愿意通过政策补贴等举措帮助电动汽车落地；此外，广大市民也可以便捷地获得电动出租车的乘坐体验，从而扩大了比亚迪电动汽车的潜在客户群体规模。时空电动更是将电动汽车的应用场景设置为物流企业的二级快递配送和最后一公里的投递：一方面，电动汽车 300 千米的续航里程完全满足快递用车的需要，而且比同级别的汽油车节约 30% 的使用成本；另一方面，时空电动面对的是企业级客户，销售、充电、售后维修环节的成本都大大下降。比亚迪和时空电动扬长避短，以企业级客户为切入点逐渐扩展至主流市场；这种路径选择使得作为新生事物的电动汽车转换成本得到很好的控制，从而使得电动汽车的投资回报周期大大缩短，风险也得到有效屏蔽。

当创新的产品或服务是一系列价值主张的集合时，拼图式扩张路径的思路是由不同主体分别推出不同价值主张的产品，把一门大生意切分成两门或多门互补的生意，最后像拼图一样推出完整的价值主张，这条路径将降低单一主体存在的运营压力。正如同汽油车的生产与加油站网络运营这两大环节的关系一样，电动汽车的生产与充电桩网络建设运营也可以协同发展为两门互补但独立的生意。

异构式升级的着眼点则是商业模式的调整，当目前生态系统下的商业模式带来的转换成本过高时，我们可以通过商业模式的演变升级，降低利益相关方的交易成本，来推动创新的落地。在上海，EVCARD电动汽车分时租赁是借助物联网技术实现的一种新型汽车分时租赁服务模式，实现了用户任意时间自行预订、任意网点自助取还的用车需求。特斯拉是通过出售汽车获得收入和利润的商业模式，EVCARD则是以租金作为收入和现金流的来源。相比而言，成功地租给用户比卖给用户的转换成本小得多。但是EVCARD也要承担起前期投入巨大、回报周期漫长的风险，如何快速进入规模经济成为关键。

两类实施主体、四种可选路径代表了不同的发展思路（见图5-4）。一步到位的路径虽然直接，但也有可能转换成本最高。最短的路径并不一定是最快的，步步到位的三种替代路径则通过拆解、迂回的方式，一步换作两步甚至三步走，以多样化的路径设计换得空间，最终达到目标状态。创新落地的路径规划是企业战略层级的思考，亦能获得战略级的回报。

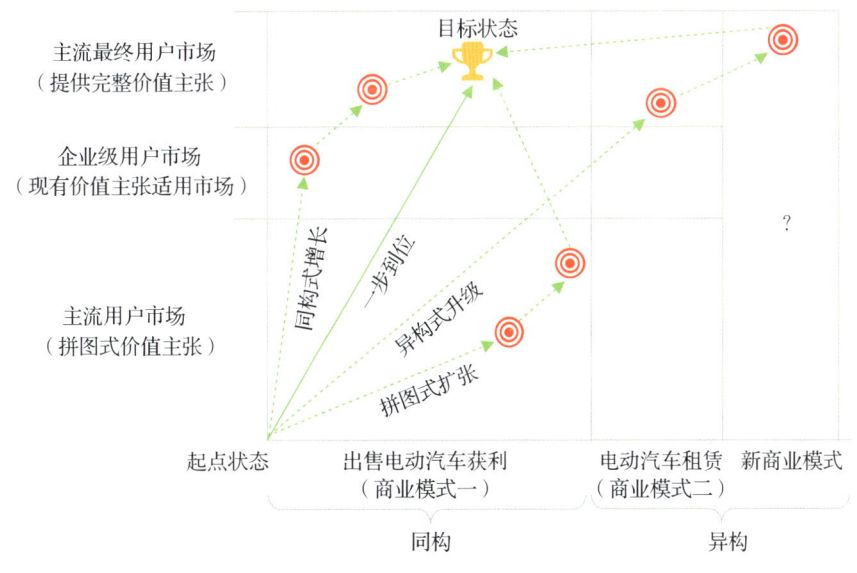

图 5-4　电动汽车可选路径规划示意图

步骤四：基于标准进行路径的选择

当存在多条路径选择时，企业需要建立明确的选择标准。通常而言，选择的标准可以从四个方面予以考量。一是价值增值空间的大小，不同路径带来的价值增值空间的前景会有差异。二是转换成本的高低，它衡量的是企业实现创新成功所面临的挑战大小，或者说是成功的概率。三是衡量阶段性成功周期长短的关键里程碑：利益相关方的主动投资或参与意愿的强化，或者是生态系统的网络效应或规模效应的初步显现，这是创新成功概率的一个重要转折点；当生态系统中出现正的现金流，则这项创新的存续性问题得以解决；生态系统中开始出现正的利润，则预示着可以持续发展。四是焦点企业自身的战略诉求、实力以及对风险的偏好程度，这将影响焦点企业的最终决策模式。概括来讲，具备了价值空间大、转换成本低、速赢及必胜决心四个条件的路径，成功概率会大幅提升。

特斯拉直接针对最终私人用户群体，可能颠覆的是整个汽车行业，带来的价值增值空间最大，但其实现的难度也最大，周期更长，属于高价值增值创造、高转换成本的组合。一般来说，价值增值空间越大，越容易跨过转换成本的门槛值，例如在大型装备的出售使用过程中，就可以引入金融租赁降低初始投资的门槛，引入保险机构为运营风险提供保障，新的利益相关方的引入可以将风险、收益进行更为合理的安排，前提则是价值增值空间够大，能提供共赢的解决方案。比亚迪和时空电动切入企业级市场更为稳妥，获得成功的先手之后依然需要和其他可选路径配合下好后手棋。英特尔和微软曾作为拼图式扩张的软硬件双引擎推动了整个电脑行业的发展，电动汽车企业与充电网络运营两类企业如何为对方注入发展动力将成为成败的关键。EVCARD 相当于换了一条发展跑道，运营维护好生态系统中电动车企、用户、政府、金融机构之间的关系、掌握好发展节奏才能踏上增长的节拍。同样面对电动汽车这一革命性的创新产品，不同企业按照自己的标准选择了不同的发展路径，企业也需要发展出不同的组织能力来与之匹配。一个繁荣的创新性市场能够同时容纳下多样化的落地路径，而只有走对路的企业才能拿到通往最终市场的门票（见表 5-1）。

表 5-1　电动汽车路径选择评估

规划的路径	价值增值空间	转换成本	关键里程碑
一步到位	大	高	• 利益方投入度：低 • 正现金流：长期 • 正利润：长期
同构式增长	中	低	• 利益方投入度：高 • 正现金流：短期 • 正利润：短期
拼图式扩张	中+	中	• 利益方投入度：高 • 正现金流：中期 • 正利润：中期
异构式升级	小	低	• 利益方投入度：中 • 正现金流：长期 • 正利润：中期

综上所述，企业创新落地的路径规划是一个科学决策的过程。我们围绕目标状态评估可能的转换成本，基于不同的假设规划出不同实施主体、多条路径以供选择，企业也透过选择标准更清楚地了解自己付出什么样的努力和面对什么样的风险之后可以期待何种结果。需要提醒的是，步骤一中的目标状态不是唯一最终状态，我们在规划过程中的每一步都可以对目标状态进行调整，前后四步骤的彼此调校的过程本身就能帮助我们理清思路、明晰诉求；企业在转换成本评估与路径规划的环节要走出办公室，通过实地调研获得利益相关方的真实想法，必要时以试点的方式检验市场的反应，这将有力提升路径规划的成功率。创新殊为不易，因此更值得我们以审慎的路径规划将其潜力发挥至最大。

路径规划拓展竞争思路

企业间的竞争不是仅限于对创新和高效执行的追求，在其他战略执行中，通过路径规划也可以达到事半功倍的效果。不同路径的选择亦提供了多种成功的可能，在丰富企业竞争自由度空间的同时，也满足了市场的多样性需求。

商业世界从来是以结果论英雄，最早推出创新以及专长于执行的企业未必是最后的赢家。今天，企业间的竞争已经渗入到创新、路径规划以及执行的每一个环节。企业是时候从埋首于创新和赶路的状态中抬起头来了，认真审视推行创新所带来的转换成本，规划哪条路径才能将创新潜能发挥到极致、指导执行。毕竟，走对路，才有出路！

原文题目为《评估转换成本，制胜企业创新》，作者为魏炜、张振广，发表于《哈佛商业评论》2016年3月刊。

CHAPTER 6

第六章

执行匹配
跨越新时代竞争的三大鸿沟

没有执行,一切归零!

几乎是一夜之间,竞争的新时代走到了我们的面前。如同有着赫赫战功的正规军遇上了飘忽不定的游击队一样,那些曾经在商海中搏杀并获得成功的企业家们也感到熟悉的竞争环境似乎又变得陌生起来,一时陷入了茫然与无措。企业家们的直觉并没有错,的确,新时代的竞争法则正发生着质的改变。这种变化不仅猛烈冲击着企业和竞争格局,更深刻改变着我们对商业世界的传统理解。

新时代竞争的特点主要体现在三个方面。一是竞争的空间层次更加丰富,竞争的主体从一个个具体的企业升级为不同的商业生态系统,如腾讯和阿里巴巴两大互联网企业的强大不仅仅是自身实力的直接体现,更是来自其所在生态系统的繁荣。二是竞争的时间密度升级,新时代竞争下的企业三五年经历的变化甚至比传统竞争下的企业数十年的进程还要显著,从2011年8月发布第一款手机到2014年在国内手机销量夺冠,小米手机只用了两年半的时间;不仅如此,企业间的竞争节奏也在加快,三年为周期的企业战略规划已经不像以前那样适用,无论是传统竞争对手,还是新兴甚至是跨界竞争对手,都按照自己的节奏对市场发起冲击,以至于从企业的角度来看,似乎无时无刻不在面对不知来自何方的竞争,企业家的掌控力和安全感大大下降。三是影响的深度和广度加大,在新时代的竞争之下,颠覆行业霸主、重塑竞争格局已经成为常态;更重要的是,从智能手机到电动汽车,从淘宝、微信到滴滴出行,兼具创新与抱负的企业带来的是人类生活方式的深刻变革。

面对新时代竞争,有两类典型的对策。对策一是归纳思维方式的应用,假定外部商业环境存在的客观性并对其进行归类处理,重点是提升企业对商业环境模式识别和应对的能力:以BCG(波士顿咨询公司)推出《战略的本质》一书为代表,作者按照可预测性、可塑性和环境严苛性三个维度将商业环境分为经典型、适应型、愿景型、塑造型和重塑型五类,围绕每一类的环境要企业制定并实施与之相对应的方案,这种对策下企业的角色更多是被动地应对。对策二则是演绎思维的延伸,假定新时代下的商业运行逻辑已经发生了质的变化,如此一来,企业要提升的是自身对新时代竞争的分析和驾驭能力,在新的理论框架指导下洞察竞争的本质,提升企业对可预测性、可塑性的掌控能力,并围绕其展开企业活动的设计,这就像人类探索太空的前提是以爱因斯坦的相对论为理论指导,而不是对牛顿力学理论体系进行升级。选择第二种对策更具主动性但也更具挑战,需要企业跨越三大鸿沟:统一商业语言、构建商业思维模式以及匹配执行活动(见图6-1)。这也是本文将要呈现的主要内容。

第六章 执行匹配：跨越新时代竞争的三大鸿沟

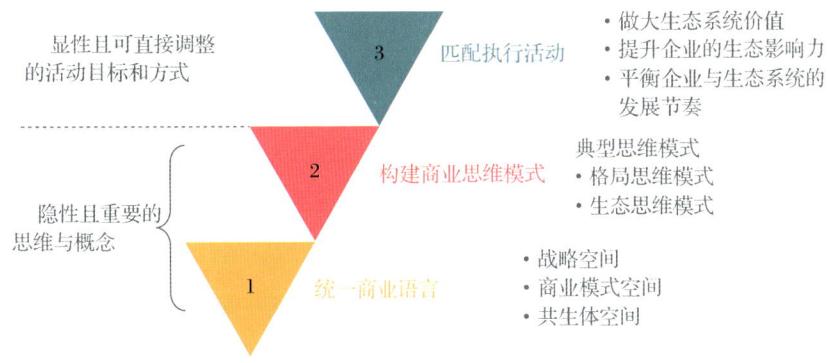

图 6-1 跨越新时代竞争的三大鸿沟

统一商业语言

管理者通常认为，企业内战略决策层与执行层之间的割裂是造成战略难以落地的重要原因。但有趣的是，我们发现企业经营层内部对战略内涵的理解差异比他们想象得要大，尤其是在企业的创始人和职业经理人组成的团队中，这种分歧更为显著，企业创始人对业务的分析并不经常从五力模型、SWOT 等分析框架着手，却往往更具对商业本质的洞察力。此外，战略这个名词本身也难以满足时下企业的需求：一方面，战略的定义非常丰富，每个人理解的战略定义本身都存在不同；另一方面，战略一词在商业环境更加不确定、充满创造力的今天，本身的解释力也在下降。以上原因造成了企业经营层对战略层面的思考难以深入地展开，企业内部的战略经营会议的产出目标模糊化且效率越发低下，逐渐蜕化成一种关于企业未来探讨的务虚会，抑或是成为公司级工作任务的分配会。所以进入竞争的新时代，建立起一套通用的商业语言是所要跨越的第一大鸿沟。

站在不同的高度，可以看到截然不同的世界。人们对商业世界的认知结构或商业语言体系的差异，也与视角的不同紧密相关，所以我们首先要明确是从哪个视角出发来观察商业世界。企业所在的竞争环境存在企业自身、商业生态系统和商业生态簇三层主体，从每层主体的视角出发可以看到战略、商业模式、共生体三类截然不同的竞争空间。

三层竞争空间的划分为企业认知和分析商业世界提供了框架。只有熟悉和理解竞争空间，才能理解当前竞争的核心维度、关键控制点和竞争潜力等不同概念。为了取得竞争的成功，企业的经营团队首先要拥有相似的竞争理解和视野，知道彼此是在哪个空间展开思想的争锋。缺少重要统一的商业语言，高质量的决策研讨、计划、准备、组织实施的难度就会非常大；而战略、商业模式、共生体等核心概念的滥用（误用）都会增加企业内部的沟通管理成本和效率。

构建商业思维模式

在统一商业语言之后，企业需要跨越的第二大鸿沟便是构建新时代下的商业思维模式。商业思维模式是企业经营团队对商业本质的分析逻辑或思考习惯，反映的是经营团队对竞争的洞察力与商业环境的判断。商业思维模式并不显性存在，却直接影响着企业的经营行为；而且思维模式的差异也常常成为企业经营团队分歧的重要来源，通过理清、明晰经营团队成员的思维模式，可以有效地促进经营团队达成共识。典型的思维模式包括格局思维模式和生态思维模式。

格局思维模式是建立在企业对三个竞争空间的理解和驾驭能力基础之上的。空间之上即为格局，企业需要清楚地认知到自身如何从三个空间获得竞争优势。具体可以分为两种思考路径。第一种路径是从战略空间出发，企业先思考自己能够解决客户的哪些痛点或带来何种问题，发现竞争对手所忽略的薄弱环节，然后随着企业规模的增长逐渐扩展到商业模式空间和共生体空间，探寻外部需要做何种调整来适应战略空间的变化，这种从企业内部到外部、从局部到全局的思考方式，我们称之为焦点思维。第二种路径则是从共生体空间出发，先看在生态簇层面存在新物种出现或演变的可能，然后具体到商业生态系统中寻找价值和效率最大化的方式，最后聚焦到企业的商业模式与战略设计，这种从上到下、从宏观逐步聚焦到企业层面的思考方式，我们称之为顶层思维。

焦点思维更符合思考习惯，企业从一个个需求痛点或产品问题出发，更容易展开具象化的针对分析；但是这种思考路径是以外部商业模式和共生体给定为假设前提，容易局限企业的思维，使企业过早地把资源和精力陷入局部的精进或竞争中去了。顶层思维更加抽象且并不易掌握，建立从共生体空间和商业模式空间从外到内思考的习惯非旦夕之功，且思考的广度和复杂度也因为三个空间的出现成倍增加。但顶层思维具有两个方面的优势，一是三层空间能够提供更为全面的机遇集合，二是企业从三层空间之下可以透彻地看到企业业务的终局状态，这样就可以评估从当下状态到终局状态下的哪条路径最佳，减少了企业的试错成本。这就如同围棋对抗，那些将棋盘看成相互关联作用的整体，站在全局的高度布局谋篇，且能够走一步、看两步、想三步的棋手更容易击败那些只知道看一步走一步的对手。

三层竞争空间都是相互关联的，每一空间的决策与行动对其他空间都有影响。成功的企业家必须对战略、商业模式和共生体之间的区别与联系有着充分的了解，自由驾驭两种思考路径，进而达到随心所欲不逾矩的境界，逐渐培养起企业家对焦点问题的敏感度以及宏观视野的格局感。

生态思维模式关注的则是企业如何看待自身与商业生态系统中不同利益相关方的关系。新时代竞争的到来使得竞争的优势来源从单一的企业转向了商业生态层面之后，生态思维模式的重要性也就凸显出来。我们从企业对待生态系统的态度和商业模式的复杂度两个维度出发，对中美互联网企业进行比较分析，可以发现两类不同的生态思维模式（见图6-2）。Facebook的投资并购沿用的是纵向收购逻辑，围绕着加强自己的基础、深挖用户的体验：一类是为了弥补自身在移动领域的用户及数据的不足，Facebook原本定位倾向于社交分享，但缺乏即时通信数据这一刚性需求，因此Facebook收购了WhatsApp和Instagram，在满足了自身对于数据量以及数据维度要求的同时，也占据了即时通信的有利位置，增加了与用户接触的黏性；另外一类是为了提升Facebook本身的产品技术实力和产品体验，收购对象大多数为具有技术能力的小型公司，通过收购完善自身性能，以提升用户体验。例如，通过收购Onavo帮助用户将智能手机数据消耗最小化，这样一来Facebook可以提升用户的流量效率、收集用户数据来观察应用趋势。Facebook的商业模式自从其上市之初至今都非常清晰：凭借其超过17亿的活跃用户及其对真实用户信息的精准掌握，Facebook受到了广告主的青睐，其广告收入在2016年上半年已经占到总收入的95%以上。与Facebook同为社交网络的中国人人网的投资或并购采用的则是横向收购逻辑，人人网先后投资了人人游戏、电商网站人人爱购、职业社交网站经纬网、视频网站56网、地图导航类的图吧以及互联网金融类的大学生分期购物平台人人分期，人人网的投资就相当于Facebook同时投资了Groupon、Zynga、Polyvore、LinkedIn、YouTube、Garmin和Lending Club！人人网的商业模式也更为复杂，以社交网站带来的流量为起点，人人网在2015年广告收入只占约20%，超过一半的收入来自包括人人游戏、视频社交平台我秀在内的互联网增值服务（IVAS），还有20%的收入来自互联网金融服务，每一块业务都有相对独立的商业模式。人人网短期内进入诸多领域，不仅对公司业务的现金流造成极大的压力，而且其投资的如游戏、团购、视频领域都是激烈竞争的业务，当已有游戏进入成熟期而新游戏没能跟上、团购和视频网站持续大幅亏损时，对公司利润影响巨大进而拖累公司股价，限制了公司进一步募资发展的能力。

不止于此，如果我们放眼于中美的互联网巨头企业就可以发现一个有趣的现象（见表6-1）。以BAT（百度、阿里、腾讯）等为代表的中国互联网企业都致力于培育或做大自身所主导的整个生态系统，其投资或并购的方向是与自身业务具有横向协同效应的企业，通过商业模式的创新将已经积累起来的流量优势进行变现，可以说，每个核心企业的生态系统都是围绕着从流量的获取到变现这条主轴展开，结局是虽然百度、阿里、腾讯等各家的互联网切入点不同,但最终的商业生态系统的结构布局却都很相似——阿里在努力做社交,腾讯也成为电商京东的战略投资者,百度则控股了糯米团购,原本分别占据交易、社交、中文搜索三大截然不同的互联网领域的企业进化为三个相似的生态系统之间的比拼。反观美国的互联网巨头,虽然谷歌的业务覆盖范围已经非常广泛,从搜索、广告、地图、YouTube、安卓、Chrome、Google Play 等软件产品,到谷歌眼镜、无人汽车、Chromebook 笔记本和 Nexus 手机的硬件产品,谷歌通过各种方式试图将世界上可以数字化的信息抓取过来,当有人对这个信息感兴趣的时候,谷歌力争成为你的最佳搜索引擎选择,利用对搜索结果旁边的广告位竞价来挣钱,它的商业模式是非常简单清晰的,直至今日谷歌收入的 90% 以上也来自广告收入;我们很难想象谷歌投资一家团购网站或游戏公司。美国的互联网企业也有生态的概念,但其打造生态系统的主导思想是持续强化自身业务竞争力的纵向并购为主,并不追求大而全的生态模式,通过开放接口与横向企业链接,以市场交易的方式结算;结局是更容易在细分领域涌现出世界级的企业,而且很多企业的团队规模也不需要很大,如 WhatsApp 被收购时估值高达 190 亿美元,但其团队只有 50 名员工。

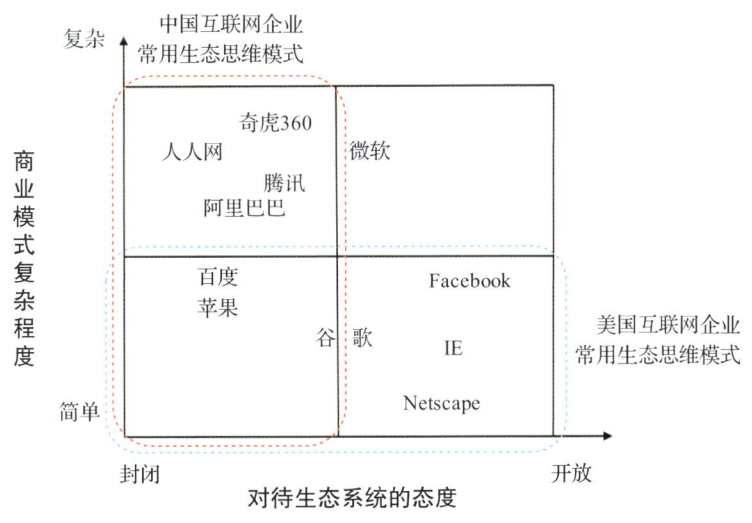

图 6-2　生态思维模式分析矩阵

表 6-1　中美互联网企业生态思维模式差异分析

	中国互联网企业	美国互联网企业
特点	封闭式不兼容接口，小公司成长到一定规模后要在几个接口内多选一	开放式兼容接口，小公司容易借助大公司成长
	商业模式复杂，基于用户需求驱动的商业模式构建	商业模式简洁，基于商业模式驱动的技术与产品开发
影响	单一企业多样化，商业生态同质化	单一企业专业化，商业生态多样化
	碎片化需求与供给，柔性强，以模仿性持续创新为主	结构化的需求与供给，柔性弱，颠覆性模式更容易产生

这两种不同的生态思维模式各有特点。中国的互联网企业的生态思维模式兼具生态的封闭性与商业模式的复杂性的特点：中国互联网企业巨头更看重自身所处生态系统的全面性和完整性，倾向于对生态系统内部的企业开放互联接口，这种排他性就迫使许多成长中的企业要么从现有巨头中几选一建立稳定的绑定依附关系，要么努力构建一套以自己为主导的生态系统，就像乐视、奇虎360所做的那样；在商业模式层面，中国互联网企业更具创新和探索精神，多是围绕其所专长的一类用户群体提供全面的解决方法，试图抓住每个可能的盈利点，这样做的优点是能够从生态系统整体考量而允许局部的亏损，一个有趣的比喻就是所谓的"羊毛出在猪身上"，但结果是商业模式比较复杂，以至于华尔街的投资人都很难理解。相对而言，美国互联网企业的生态思维模式更加开放且商业模式也相对简单：美国互联网企业各有其专精的领域，彼此向生态系统中的合作伙伴开放兼容式的接口，不同利益相关方通过市场交易的方式形成合作，在大的生态之下不同企业间互补式地展开合作，这样即使是小的企业如果有其专精的领域也可以在开放的生态中获得成长的空间；美国互联网企业的商业模式相对单一，更注重在现有的商业模式下驱动技术和产品的开发，力求扩大自身所在专业领域的领先优势。

中美互联网企业的生态思维模式各有千秋，在不同思维模式的指导下企业最终的导向会出现不同的结果。中国的互联网企业逐步走向"单一企业多样化，商业生态同质化"，美国的互联网企业则会走向"单一企业专业化，商业生态多样化";如果做一个形象的比喻，中国的互联网生态更像是由一个个相似的灌木丛生态组成，而美国的互联网生态整体则是由类似于大树、小草等异质的生态构成。中国的互联网生态满足的是围绕特定用户群碎片化的需求，更具柔性，以逐步演进和模仿性的方式创新成长；美国的互联网生态则是技术或产品驱动的、面向广大用户群体的结构化需求与供给，但柔性弱；美国的互联网企业更容易崛起，也更容易被颠覆。

企业的生态思维模式是相对稳定的，但不是一成不变的；思维模式一变，格局天地也会大有不同。曾经的腾讯可以看作中国互联网的缩影或镜子，有QQ、腾讯新闻网、视频、微博、拍拍、QQ音乐、游戏等，只要市场上什么火爆，腾讯自己一定要搞，以至于遭到声讨。腾讯看到一个新的应用，首先是内部研发，研发赶不上进度就直接挖团队，再不行就直接收购对方。腾讯的侵略性如此之强，以至于风投在看互联网项目时经常要问创始人一句话：假如腾讯进入这个领域，你有什么办法足以抵挡？但在2011年，腾讯正式推出开放平台战略，马化腾在腾讯开放大会上宣布了"扶持所有合作伙伴再造一个腾讯"愿景。以此作为腾讯思维模式从封闭到开放的转折点，2011年时，腾讯公布的开放平台数据十分简单：应用中心上线页面浏览量突破5亿，单款应用月收入超过1 000万元；而到2015年，腾讯开放平台实际已经到了用亿元作为计算单位的级别：移动端日流量超过2亿，第三方总收益超过100亿元，青腾创业营一期学院项目总估值半年间从280亿元跃升到近1 000亿元……2015年，从腾讯开放平台获得帮助的上市公司达到20家；腾讯的市值也从2011年的517.5亿美元飙升至2016年8月的近2 500亿美元，是当年市值的5倍。

值得提醒的是，企业的思维模式与其所在的商业场景密切相关。如果商业场景中的其他企业奉行的是封闭的思维方式，单一企业如果实行绝对的开放就将削弱自身的竞争优势。企业需要识别不同商业场景下所适用的商业思维模式，并做出必要的调整。在华人圈中大热的手机应用微信，其功能几乎涵盖了人们的日常生活，从聊天、分享照片到打车、付款、购物，甚至是预约挂号等一应俱全；但当微信走向全球，其业绩却乏善可陈。而在海外市场取得不俗业绩的猎豹移动、妈妈咪呀等 App 其思维模式也更接近于国际市场的特点。当然，思维模式也会塑造商业场景，尤其是当一个新的行业或共生体出现后，会出现多个相互竞争的生态系统，背后则是思维模式的竞争，而不同的思维模式也将成为最大的竞争壁垒。

思维模式深刻地影响着企业的思考逻辑与行动指向。虽然思维模式无所谓优劣，但我们需要在决策前理清我们的思维模式是什么，存在哪些分歧，这更利于做出高水准的决策。随着竞争节奏的加快和竞争强度的提升，企业间比拼的不仅仅是坚决彻底的执行力，更是对商业本质的洞察与思考。企业经营团队需要与下属分享关于业务前景、竞争举措和适用条件等问题的思考，这样有利于进一步压缩各级管理者的决策周期，获得共享思维模式的红利。

匹配执行活动

跨越新时代竞争的第三大鸿沟是与之匹配新的执行活动。当竞争优势的来源逐渐从企业自身转移至其所在的商业生态，企业的行动逻辑必然也需要随之调整：此前企业行动的目标都是直接围绕企业价值的最大化展开的；现在企业的行动逻辑则要兼顾三个方面，一是如何使得所在生态系统的价值创造空间最大、成长的速度更快，二是在健康的生态系统中提升企业对生态系统的影响力，最大化企业的价值，三是节奏的把握，即如何平衡前两个方面的关系，企业需要拿捏好"做大蛋糕"与"切蛋糕"的分寸，实现企业与生态系统协同发展。

企业若要帮助做大整个生态系统的价值空间。一是企业可以引入多元化的利益相关方，促进整个生态系统的繁荣，例如 IBM 的 CVC（公司风险投资，corporate venture capital）模式就是"产融结合"（产业布局与金融资本结合）的典范：在资本层面，IBM 提供投资资金作为独立风投的有限合伙人，独立风投给予 IBM 利润回报，同时把投资项目推荐给 IBM 的风险投资集团（VCG）；在业务层面，如果业务单元认为该项目符合其战略需要，由风险投资集团（VCG）对创新公司进行收购，而创新公司则可以进入到IBM的协作创新体系，利用IBM的技术、专家资源来促进创新技术的研发，并获得IBM销售渠道的支持。因此，创新公司的成长既可以为IBM带来新的技术和方案，也将带动IBM现有业务的发展，给IBM带来更多的销售量和利润。二是可以考虑如何帮助现有生态中的利益相关方壮大成长，如奔驰作为豪华车的品牌代表，在保证自身汽车产品的领先性之外，奔驰还选择与怡安翰威特合作，由后者为4S店的关键岗位任职者进行资格认证和培训发展，奔驰通过赋能于4S店经销商合作伙伴，确保在市场、销售和售后三个环节能够带给消费者一致的高端品牌体验。三是通过为利益相关者设计商业模式、围绕为客户的用户设计产品等方式，在增加生态系统需求的同时带动自身产品的销售，例如经济欠发达的赤道几内亚既缺乏通信设备又缺乏运营经验，中兴在进入该国时就为赤道几内亚提供通信人才培养服务，同时以其综合知识服务积累为基础，辅助赤道几内亚进行产业孵化和项目前期运营，这为中兴赢得了长期绑定的合同。

企业在生态系统中寻求自身价值最大化的过程中，需要思考明确自身在整个生态系统中所扮演的角色以及发挥影响力的方式，换句话说就是控制什么以及如何控制。

在明晰生态系统中的角色定位的过程中，企业则需要两种反直觉的思考。一种是将生态系统的价值创造与企业的盈利来源分开进行思考。通常而言，企业的价值创造与盈利来源是一致的，如汽车厂商通过出售汽车获得收入来源。但生态系统走向价值最大化的过程与企业的价值获取有时并不一致。猪八戒网就重新设计了自己的盈利模式，作为中国领先的服务众包平台，每天都有超过一万家的企业、媒体等在猪八戒网上发布需求，服务的交易品涵盖创意设计、网站建设、网络营销等多个领域，同时有近百万的服务商在这个平台上提供定制化的服务解决方案；开始时，定位于平台的猪八戒网采取抽取20%佣金的方式获利，但这种盈利来源实际上制约了整个生态的活力；2015 年，猪八戒网正式取消了佣金，服务商在平台可以赚到更多，而猪八戒网则转向为平台上积累的大量中小企业提供商标注册、代账、法务等服务获得收入，此举使得整个平台的交易量和猪八戒网收入都获得成倍数的增长。猪八戒网的案例启示我们，把生态系统整体的价值创造做到最大，在此基础上企业盈利模式的设计相对可以更具灵活性和创造性。此外，掌控生态系统中的关键盈利环节也很重要：在 2012 年及以前，虽然新浪微博的用户活跃度和影响力非常高，但盈利来源却并不强劲，一个重要原因就是微博广告的投放平台"微博易"与新浪微博并无关系，这就像是新浪微博修建了高速公路但收费站却由他人所控制了；现在，新浪微博推出了"微任务"，投放广告的企业必须通过它来"选择微博账号进行商业有偿信息的微博原发或转发"，此举极大地提升了新浪微博的商业变现能力。另一种则需要长程思考，不要仅从现在出发，而要前瞻性地预判那些能决定生态系统未来价值创造的关键点，具体包括：稀缺资源，不能随着生态系统的成长而同规模扩张甚至是不变的资源，如商圈中的黄金地段；在供给侧可以实现边际成本持续下降的环节，如在整个电脑生态中，IBM 最早扮演着统治者的角色，但是它把 DOS 操作系统外包给当时规模不大的微软公司，而操作系统的软件特征使其一旦开发成功其边际成本极低，微软迅速攻城略地，以远超于生态的成长速度扩张为世界级的企业；在需求侧能够实现边际价值递增的环节，如生态系统中的平台控制者，平台之上每增加一个消费者或生产者，都能带来更大的边际价值，吸引更多的参与者加入其中，就像淘宝网所做的那样。

具体到如何控制方面，企业可以通过所有权控制与业务活动控制两个维度综合使用，强化自身对生态系统的价值创造有贡献的总影响力。

所有权控制按照程度的不同可以分为控股、参股和非所有权三种状态；在生态系统中，企业间建立股权控制的关系，获取资本投资收益并非需要考虑的第一要素，更重要的是通过参控股进入对方企业董事会，进而影响其业务活动与我方相向而行；所有权控制是一种交易成本非常高的控制活动，进行所有权控制时通常具有要么是目标企业的业务活动是生态系统未来的控制关键点，要么是双方企业建立联盟性质的合作、共同应对未来的业务风险，抑或是目标企业的业务活动在市场上缺少足够充分的竞争、存在信息不透明，企业需要进入董事会参与其决策过程。

业务活动控制分为完全由企业内部自己经营的绝对控制，完全通过外部市场交易进行的无控制以及介于前两者之间、借助软性影响力展开的相对控制。相对于所有权控制而言，业务活动控制的手段更加多样而且灵活、以市场为主导控制方式一般总交易成本更低，但是需要更多的智慧。纵观波音公司的整个发展历程，本身就是一个不断调整业务活动、改变对整个生态系统控制力的过程。最开始，波音通过"垂直一体化"的方式生产飞机，从设计、零部件制造到总机组装，绝大部分工作都由波音独立完成。到了中期，波音开始把一些不重要、替代性强的零部件交给供应商去做。在这个阶段，波音慢慢将自己局部解放出来，把更大的精力放在"整机设计"和"关键环节的控制"上，自己担任一个"中央集权"的角色：用一整套"技术标准"和"供应链管理规则"与供应商合作，比如"波音777"给"电子部件供应商"的规则说明书，就多达 2 500 页，其中对每个部件都给出了精确的要求和详细说明。此时，供应商是被动的，只是按规格设计、生产，最后汇总到波音。后期，波音将自己从"集权者"的角色中释放出来，让"供应商"在一个平台上相互交流和协作，自己则承担起"平台的维护者、监督者、推动者和支持者"的角色。波音不再把所有技术都当成"绝密文件"，除了部分非常尖端的技术外，波音对合作伙伴开放所有技术资料和数据。波音还建造了一个名为"全球协作环境"的实时协作系统，要求所有合作伙伴都必须使用。通过这个系统，"波音787"的设计，由日本、俄罗斯、意大利和美国的"设计伙伴"共同完成，团队中的成员可以在任何时间、地点，对设计图进行访问、检阅和修订。这使波音制定的条条框框大幅简化，"波音787"给"电子部件供应商"的规则说明书只有20

页。按价值来算,"波音787"的数百万个零部件中,波音自身只负责生产大约10%——"尾翼"和"最后组装"。其余的生产,由全球的"合作伙伴"完成,涉及美国、日本、法国、英国、意大利、中国等多个国家和地区的供应商。为了运送这些"模块化"的机体部分,波音改造了3架747客机,使其能运送这些"模块",波音称之为"梦幻运输机"。最后,波音员工将完成最后一道工序——组装成总机。采用"模块化生产"后,波音787的组装周期只有3天,比之前足足缩短了两个星期。波音以更大的商机为愿景,吸引供应商共同承担风险,投入到参与早期"设计"和"预生产"环节;"供应商"比波音更了解自己工厂如何生产最有效率,以及如何让自己生产的零部件更好地支持波音的整机制造。假如用图形来表示其业务活动结构,第一阶段的波音是"线型结构";第二阶段是"星型结构",波音处于结构中心;第三个阶段,则是分布式交流协作的"网状结构"。大趋势就是绝对的"硬控制"力越来越弱,但相对的"软控制"力越来越强,效率也越来越高。

所有权控制与业务活动控制两种控制手段各有优劣,企业可以根据情况的不同综合选择控制工具,最大化企业价值。当腾讯在2011年决定将其生态思维模式转向开放时,其对生态系统的控制手段也随之进行了调整。在此之前,腾讯追求的是绝对硬控制,用自己亲自组织资源去做的方式进入目标拓展领域;腾讯虽然强大,却很难做到涉及的领域个个都有优势,如拍拍网、腾讯搜搜等。此后,腾讯则是调整为相对软控制,通过战略投资进入目标企业,同时强化自身与目标企业的业务互动,这种转变从腾讯先后投资的京东、大众点评等重量级收购都可以看出,如腾讯2014年战略投资京东,将自身的电商业务并入京东,同时向京东提供微信和手机QQ客户端的一级入口位置,以助力京东在移动电商领域的发展。这种转变不仅有利于腾讯聚焦于自身的核心业务,而且能够通过联手其他互补领域的强势利益相关方,共同做大生态系统,腾讯与生态系统的关系也从之前的彼此竞争转换为协同共进(见图6-3)。

在生态发展的节奏控制中，需要平衡企业与生态系统的关系，其中有两个发展的关键里程碑值得重视。首先是尽早达到最小生态系统，即生态系统已经能够在没有外力的支援下完成从价值创造到价值实现的完整循环，这意味着这个生态系统的商业模式已经经过实践的检验，具备在竞争中生存的能力。尤其对于一个具有开创意义的商业模式或共生体而言，率先达到最小生态系统尤为重要；为此，当生态系统的外部利益相关方数量或质量难以达到要求时，企业有时就必须承担起构建整个生态系统的重任，像特斯拉就不得不将其很大一部分精力和资源放到充电桩网络的建设上来，否则其电动汽车的销路也将大受影响。第二个里程碑则是生态系统创造的整体价值规模快速增长，这里既体现在不断涌现出新的业务活动及利益相关方角色，也体现在越来越多的客户、资本进入到生态系统中来，为生态系统持续注入活力，如随着汽车的生态系统的发展，汽车金融、二手车交易等新的业务活动就开始活跃起来而且业务收入和利润占比也不断扩大。仅由少数企业组成的生态系统很容易遇到发展的瓶颈，因为企业的边界终归是有天花板的，而且少数企业的控制也会抑制整个生态系统的多样性与创造力。虽然少数企业对生态系统的绝对控制力在下降，但生态系统整体价值实现倍数级的增长能带给企业的利益更大，两个里程碑之间体现的正是企业"收"与"放"的艺术。

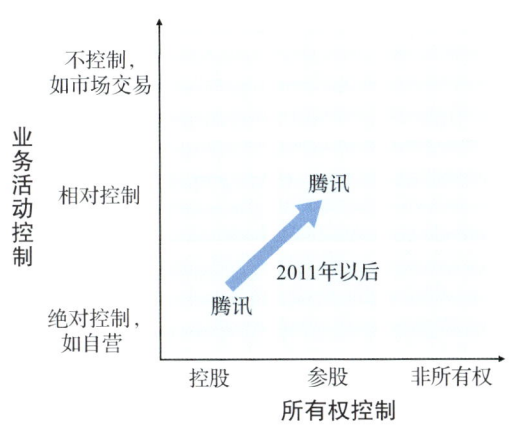

图 6-3　企业在生态系统影响力矩阵

高通的发展历程就是与整个生态的发展息息相关的。在高通刚介入CDMA的时候，大多数市场利益主体的眼光都放在GSM这个技术和市场应用都比较成熟的2G标准上，许多电信设备商对CDMA并不感兴趣。怎样扩大CDMA的市场，并使之最终成为市场各方都采纳的3G技术，这是摆在高通面前亟待解决的问题。初期的高通大包大揽，集电信运营商、设备商、技术开发商、终端设备商于一体；做手机，做基站，既是高通的主动选择，也是无奈之举，高通希望由自己去催熟这个市场，先把蛋糕做大，自己才有希望得到最大的一份。随着生态系统的成熟，高通在享受高盈利的同时也一步步地卖掉了非主要的业务，手机部卖给了日本京瓷，基站部则卖给了爱立信。即使是最核心的芯片技术，高通也是只研发不生产。之后，高通建设了开放式研发平台。通过这个平台，高通激励合作伙伴开发更有市场前景的杀手级应用，为CDMA的市场应用提供源源不断的动力。在整个发展历程中，高通始终贯彻的是"为CDMA建立共生共荣的生态圈"的方针。换言之，高通致力于为所有CDMA圈子的利益相关者建立一个可以共同盈利、持续发展的业务系统：从一开始的技术研发，到后来的标准制定，充分体现了高通把握市场脉搏的高超能力；特别是最后敢于卖掉已经成功的手机部和基站部，专心做标准的制定者，实现重资产经营到轻资产运营的关键转型，更是神来之笔。

事实上，企业无论规模大小，都有一个以其为中心的生态系统，所以每个企业都应建立自己的生态思维和行动标准。企业可以主动寻找到自身在生态系统中的独特位置，同时也可以成为其他利益相关方生态系统中的关键角色。同行业的众多生态系统和其中的类似角色虽然是竞争关系，但同一生态系统中的不同利益相关方角色之间可以成就彼此而非完全的相互竞争，从而可以最大限度地激活利用整个生态系统的资源潜力。

我们必须认识到，如同核武器的到来改变了人类的战争一样，新时代竞争的到来也是商业世界一个质的飞跃。我们需要的不仅仅是对原有商业知识体系的修修补补，而是全新的商业语言、思维模式和执行活动与之匹配，只有跨越这三大鸿沟，企业才能创造出前所未有的新权力，获得更大的行动自由，从而达成引领商业世界未来趋势的使命。

原文题目为《跨越新时代竞争的三大鸿沟》，作者为魏炜、张振广、朱武祥，发表于《哈佛商业评论》2016 年 11 月刊。

CHAPTER 7

第七章

时间驾驭
竞争中的时间奥秘

做时间的主人，而不是奴隶！

"时间就是金钱"，这句谚语获得了广泛的认同。但有趣的是，为什么时间没有像金钱那样成为企业间竞争的稀缺资源呢？一种可能的解释是，每个人、每个企业都平等地拥有 24 小时/天，时间虽然是资源但无法差异化，所以也就难以带来独特的竞争优势。果真如此吗？我们发现成功的企业家往往能够参透时间的奥秘，巧妙地借助时间的力量赢得先机。

时间的特性

时间有其绝对性的一面。作为任何活动所不可缺少的基本资源，时间具有不可逆性，它既无法取代也不能蓄积，更重要的是，时间的供给毫无弹性。从顾客的角度来说，一旦消费所需的总时间达到上限，时间就变成了刚性硬约束。例如在特定的休闲时段，顾客选择了看电影就要放弃去餐厅吃饭，所以电影院和餐饮业两个看似不相关的行业就要为顾客的"时间份额"展开竞争。而且时间成本会随着消费能力的提升而变贵，特定的时段就像商圈中的繁华地段一样变成商家必争之地。所以，商家需要有构建消费场景的能力，规划自家的产品或服务在顾客的时间消费中的角色。但若仅限于此，时间只是企业深化理解商业本质的一个新维度，还不足以成为企业竞争优势的来源。

当然，时间也有其相对性的一面。一是从不同的视野高度出发，不同空间内发生可观察变化的时间周期也会有差异，如从微观世界的原子运动到宏观宇宙空间中的斗转星移，时间周期也随着观察主体的变化速度由短变长。二是不同企业主体之间的相对时间周期是有快慢之分的，例如企业的市场反应可以比竞争对手更快，这样就获得相对的竞争优势。

虽然企业可以投入资源去获得技术、人才等独特的竞争优势，但时间的绝对性决定了我们很难通过努力获得更多的时间。但如果换个视角，我们可以强化对时间的驾驭，通过创造时间相对性的差异性来获得新的竞争优势。正如乱弹琴时发出的是噪音，但若按照琴谱则能弹奏出美妙的乐曲；如果有乐队指挥，不同的乐器相互配合则能演奏出气势恢宏的交响乐。时间就如同商业世界的乐谱：按照时间周期的不同，可以分为时间节奏的控制与时间趋势的判断；还有最关键的一点是对于时机的把握，时机就如同在歌唱的过程中既不要抢拍也不要慢拍，一旦不合拍都会造成对韵律美感的冲击。当商业世界中的不同利益相关方都基于时间的乐谱行事时，时间韵律的变化就能创造性地焕发出巨大的能量。只要我们能够理解时间的奥秘，比竞争对手更好地驾驭时间，时间就能作为一种竞争资源走进商业领袖的视野（见图 7-1）。

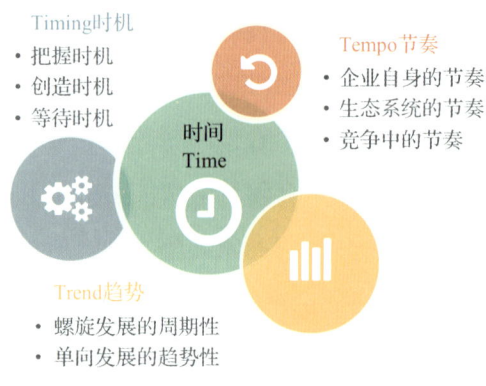

图 7-1　时间驾驭的 3T 模型

时间节奏的控制力

正如马拉松的关键在于成功的配速一样，每个组织也要力求找到属于自己的时间节奏。当企业找到属于自己的节奏以后，组织内的每个利益方都会自觉地跟上时间节奏，不同的组织部分通过更好地配合进而发挥出更大的潜力。随着规模的成长，企业在商业生态系统中的影响力也会日益变大，如同湖水的涟漪扩散开来一样，企业也会逐渐与外部的合作伙伴形成共振，时间节奏如同无声的号角一样将不同的角色组织起来，按照一致的步点向前推进。时间节奏体现的是企业的控制力，卓越的企业在找到自己节奏的基础上，会逐步建立调整节奏的能力并力图扩展时间节奏的控制范围。英特尔就是时间节奏控制的大师。英特尔的创始人之一戈登·摩尔（Gordon Moore）在 1965 年提出了摩尔定律，即半导体芯片上集成的晶体管和电阻数量每隔 18～24 个月便会增加一倍；换言之，每一美元所能买到的电脑性能，将每隔 18～24 个月翻一倍以上。英特尔的伟大之处在于，它将论文中摩尔定律变成了现实：一方面，公司的工程师们在时间周期的召唤下，目标一致地展开技术和产品的创新；另一方面，英特尔公司以每 9 个月一座的频率建造新的芯片生产厂，英特尔的首席执行官安迪·格鲁夫曾经谈到，"我们常常会提前两年准备好所需的生产厂，也就是说在产品真正开始生产之前，在我们还不能够肯定行业的发展状况之前做好必要的准备。"快速、稳定、可持续的时间节奏为英特尔公司带来了巨大的竞争优势，几个时间周期下来就将 AMD 为代表的竞争对手甩在身后。但产品性能的快速提升也会带来新的问题：如果整个生态系统的发展速度跟不上英特尔的步伐，就会出现冗余的运算能力，英特尔的芯片也就难有足够的市场需求了。于是，一个由微软、英特尔软硬件巨头组成，但双方都不承认的"Wintel"联盟浮出了水面，即每当微软发布新的操作系统，英特尔的芯片也会有大的更新，二者的协同效应会让用户明显感觉个人电脑性能和体验大幅提升。"Wintel"联盟不仅是指它们占据了个人电脑市场 90% 以上的份额，更是指英特尔的芯片（硬件）与微软的 Windows 系统及应用（软件）两者进行最佳结合、协同更新，进而拉动了整个产业。最终，摩尔定律成为整个生态系统的时间节奏，代表了信息技术进步的速度。

移动互联时代之下的时间节奏加快已经成为共识，这使得时间维度在竞争中的地位越发重要；否则，企业即使是拥有核心资源能力等一手好牌，也会被那些反应迅速、快速迭代的企业所替代。例如与跨国企业相比，国内本土企业的决策链条短、市场反应速度快，在快节奏的时代背景下更容易获得优势。当企业可以利用自己的时间节奏打乱竞争对手的节奏时，就获得了竞争的先机。一旦掌握了时间节奏的主动权，胜利的天平将会发生倾斜。中国古代的军事战略家孙子曾在"势"篇谈道："故善动敌者，形之，敌必从之；予之，敌必取之。"所谓"动敌"，即采取主动作为而使敌方陷于被动，以至于一切行动均在我方控制之下。去哪儿网创始 CEO 庄辰超就以价格战为竞争手段，通过时间节奏的控制，硬是将由携程和艺龙控制的在线旅游代理商（OTA）市场变成三足鼎立的格局。庄辰超在价格战时关注三点：第一，明确每次战略目标，如阶段性目标的市场份额是多少，可以锁住多少飞机座位和酒店床位的独占资源，以及成功之后如何持续锁定资源；第二，以最短的时间获得目标市场份额后及时终止价格战，这样才能控制住价格战投入的资源与效果；第三，每次价格战都要有退出计划：假设开始计划准备投入1亿元，实际投入后如果竞争对手跟进也打价格战，可能就达不到预期的市场份额，所以每次价格战都需要有一个退出计划，比如计划是打一个季度，目标是使市场份额达到10%，然后占住资源，如果两周后进展远远不如计划预期，那就要及时取消计划。在对价格战周密部署的基础之上，去哪儿网掌握了时间节奏控制的主动性，调动竞争对手被迫参与进来。因为何时发动价格战的时间节奏控制权在我，自身投入的资源、预期目标和竞争对手的反应都在预案之中；而被动的价格战非常容易落入对方的战略意图中去：如果别人一打你就反击这是不行的，因为你并不知道别人的战略目标是什么，会造成资源的浪费。

借助时间趋势的发展动能

如果我们把时间周期的跨度拉长，就能发现时间发挥作用的方式发生了变化，具体可以分为单向发展的趋势性和螺旋发展的周期性两大特征。伟大的公司引领并推动潮流趋势，聪明的公司识别并顺应趋势的作用力，这样就能获得趋势能量的加速度。

所谓单向发展的趋势性，是指随着时间的推移而呈现出的指向明确的变化。例如复星判断中国快速增长的中产阶层的消费需求和生活方式将不断升级，于是复星系资金先后投资了希腊时尚品牌Folli Follie、全球领先的激光美容品牌Alma Lasers、意大利高端定制男装Caruso等，对未来可能受益于此领域提前布局，满足中国中产阶级对富足、健康、快乐的需求，以期获得时间的溢价。

周期性的趋势变化是指事情的发展会随着时间的推移而出现规律性的变化。企业面对周期性的趋势可以进行有针对性的部署，从而获得跨时间周期的溢价。壳牌石油就借助时间周期的力量，凭借其出色的金融战略一跃成为世界第二大的石油公司。1972年，壳牌石油当时的CEO皮埃尔瓦特成立了一个情景规划小组，该小组认为能源危机并非天方夜谭；在当时欧佩克还没有成立的情况下，几乎所有的西方炼油企业都认为中东地区的石油是无限供给的，当时皮埃尔瓦特就提出能源危机很快会到来。所以壳牌在 20 世纪 70 年代初期就开始现金储备，这样在 1973～1974 年石油禁运导致油价飙升的时候，壳牌成为唯一一家有足够资源储备过冬的大型石油公司。在 20 世纪 80 年代上半期的时候，渡过石油危机的西方发达国家进入了一个相对繁荣的时期，各大石油公司利润状况都很好，所以就进行了大规模油田收购，但是壳牌没有这么做，它着力于储备现金降低负债率，以至在 1986 年石油价格崩落的时候，其他石油公司纷纷陷入财务危机，急于出售资产，壳牌成为这一次石油危机中的最大赢家，它在这一次石油危机中以低价收购了大量的资产，这些资产为它奠定了未来 20 年的成本优势。壳牌逆周期现金并购战略就是行业波峰时候少投资，波谷时候多投资；核心就是时间周期和金融资源配称。周期性首先意味着产品价格的高波动，如石油价格从低谷到高峰 10 倍的价格波动；而石油公司的股票的价格是与石油的产品价格联动的。所以为了实现在周期波谷时候增加投资的战略，企业必须在波峰的时候储备大量的金融资源，但其成本就是财务效率的浪费：因为其实即使像壳牌这样的石油公司，也没法预测石油行业什么时候进入低谷，所以它会在很长时间内都储备大量的金融资源（现金资源）等待某一天的石油价格的回落，导致它从长期看是处于一种金融资源的冗余状态。逆周期现金并购战略只适用周期性行业，因为只要这个行业产品价格波幅大于因储备金融资源而导致的财务效率浪费，这种储备金融资源套利机会的战略就能够为股东创造价值，套利低估和利用高估的换股战略联合使用就能带来加速扩张。

时机的把握、创造与等待

在商业世界中，许多具有领先潜力的公司都输在了"时机"两个字上。无论是优步还是 Airbnb，这些共享经济代表企业的崛起都与并不景气的经济环境紧密相关，因为人们迫切需要拓展新的收入来源。面对捉摸不定的时机，企业可以做些什么呢？我们可以按照成熟条件的不同将时机划分为三类。

第一类可以称之为时机的把握,此时市场正处于爆发的前夜,可以形象地称之为"风口"。其主要特征是需求爆发的拐点已经来临,市场发展的方向已经确认;或者是在供给端进入到规模经济的通道,此时企业应专注于增长,力求获得更大的市场份额,以期在下一阶段的竞争格局中获得领先的位置。小米手机的崛起就与智能手机向中低端用户的普及阶段密切相关。

第二类则可以称之为时机的创造(加速转换),此时市场的热度距离爆发仍有一段距离,或者是商业生态系统中一两个环节还没有打通,导致产品的价值潜力不能充分地发挥出来,具有野心的企业可以扮演更为主动的角色,解决潜在的问题从而引领潮流的走向。对于前者,企业应以开放的心态视竞争对手为合作伙伴,共同做大市场,就像王老吉与其他凉茶品牌共同撑大凉茶的市场规模,使之成为中国软饮料市场中的一个重要品类。对于后者,企业则可以通过为利益相关方赋能、设计新的商业模式等举措解决制约市场的瓶颈。例如数字影院和3D技术的到来不仅带来了电影影像呈现质量的革命,而且节省了大量成本,一个胶片的电影拷贝介于2 000~3 000美元,还不包括在全国范围的胶片拷贝的运输成本;但是电影院的老板们却因为数字投影机的高昂成本而对3D影像技术踟蹰不前;解决问题的办法是在生态系统中引入一个新角色——数字影院集成商,该集成商来支付设备的初始费用,并协助技术的集成与维护,电影院每播放一场数字电影,就由(新技术的最大获益方)电影制片公司支付一笔约1 000美元的虚拟拷贝费;这一举措极大地推动了数字影院的大规模采用,以2009年卡梅隆的3D大片《阿凡达》为例,首映两个月后,其6.01亿美元的美国票房收入的81%来自3D电影票的销售。

第三类我们称之为时机的等待,此时市场的需求仍在培育之中,而制约发展的短板也不是企业一方的努力所能够解决的,企业只能关注市场的发展,静待时机的到来。一个失败的案例是线上娱乐公司Z.COM,在

2000 年前后美国宽带的普及率还非常低，人们如果要在网上观看视频还需要下载解码器，非常不便，这家公司坚持到 2003 年走向倒闭。但两年后，Adobe Flash 解决了解码器的问题，同时宽带在美国的普及率也提升到了 50%，YouTube 也顺势而生。无论是解码器还是网络宽带的普及率，都是 Z.COM 难以独立解决的挑战，此时的等待也就成为最为明智的选择。

时间的驾驭：节奏、趋势与时机的统一

在苹果公司走向成功的奥秘手册中，对时间的驾驭能力始终是一个未曾缺席的武器。在乔布斯再度掌控苹果公司之后，其逐渐实现了对进入时机、节奏控制到发展趋势三者的统一。

1998 年，韩国的世韩（Saehan）公司推出了第一款 MP3 播放器，不久市场上就涌现出一系列 MP3 产品。但这个市场一直没有如人们所预期的那样火爆，直到 2001 年 iPod 产品走向市场之前，在美国大约有 50 款 MP3 在销售，总销售量只有 24.8 万台。从 1998 年到 2001 年，苹果公司花了三年的时间等待最佳的时机：一是不仅仅是提供设计时尚、操作简单的硬件设备 iPod；二是随着美国网络宽带的普及，苹果公司也找到了轻松获得内容资源的"钥匙"。最初，iPod 通过与电脑相连接，进行 MP3 内容的快速下载和管理。到 2003 年 4 月，苹果公司的 iTunes 音乐商店上线，下载一首歌曲售价 99 美分。iTunes 音乐商店使得唱片商获得了分成收入，它们旗下艺术家们的知识产权得到了保障，用户们也得到了合法、便捷的音乐来源。虽然苹果公司从歌曲的销售中获利有限，但在 iPod 设备却获得强劲的销售增长，到 2008 年，它已占据了 48% 的 MP3 市场份额。不只是 MP3 领域，在图形化界面、智能手机、平板电脑等领域，苹果公司也不是率先推出的先行者，但却引领和推动了潮流，成为重塑竞争格局的新王者。

苹果公司在时间驾驭领域的另一个重要成就，是在以苹果公司为核心的生态系统中建立起"以我为主"的商业节奏。每年的 10 月，苹果的主打产品 iPhone 新品发布会都会如约而至；而在此之前的 6 月，则会召开苹果

全球开发者大会（WWDC），大会的主要目的是苹果公司向研发合作伙伴们展示最新的软件和技术，每年大会都指明了苹果今后整个的生态系统的发展方向。一旦形成相对稳定的节奏，无论是对苹果公司的内部员工还是外部的利益相关方、用户，都传递出清晰的信号，各方就像听到战场上的鼓点一样了解了自身应有的进度，将资源潜力都最大限度地激发出来。而对于竞争对手而言，为避开 iPhone 新品的锋芒，纷纷选择在 10 月之前发布自己的新款手机；但苹果公司是按照自己生态系统的能力设定的节奏，当竞争对手的能力不足以支撑相似的节奏时，几轮下来就会疲惫不堪。典型如三星手机的 Galaxy Note 7，在产品的隐患没有充分排除的情况下抢在 8 月发行，结果发生多起爆炸事件，不得不进行全球召回，对品牌形象造成了极大的伤害。可以预见，如果苹果公司把时间节奏作为竞争武器，将 iPhone 的新品发布时间提前，将对整个手机行业竞争格局产生巨大冲击。

苹果公司抓住了移动数字浪潮之下的新趋势，通过整合硬件、系统、应用软件于一体提供极致用户体验，进而带动硬件设备的销售，并围绕着不同的应用场景拓展新的产品系列。预测到浪潮的来临是一回事，能够踏浪而行是另一回事。乔布斯在 2008 年接受《财富》的访谈时曾经谈道："事情的发展速度其实十分缓慢，这你也知道的。确实如此。这些一波接一波的技术热潮，你早在它们发生之前就能够预见到了。你需要做的，只是精明地选择站上哪一波热潮的风口浪尖。如果你站错队，那么你就会浪费许多精力。但是如果你走对方向，它呈现魅力的速度也是相当之缓慢。这也许要耗费数年之久。"

可以说，对时间的主动驾驭能力是乔布斯留给苹果公司的一份隐秘而宝贵的遗产。以苹果、微软、英特尔为代表的世界顶级企业，都围绕时间建立起隐秘的竞争优势。主动地管理时间能够带来一种新的世界观，企业的同仁可以站在上帝视角，设定理想的时间轨迹，形成组织内部的紧迫感，以自己的时间之钟影响他人，进而扰乱竞争对手的节奏，从而获得人才、资本、技术等软硬实力之外的巧实力。

资本是时间穿梭机

现实世界中并没有能够穿越到未来的时间机器。但在商业世界中，企业却可以借助资本获得未来的能量：当企业的商业计划获得资本市场的青睐时，就能按照估值从资本市场融到相应数量的发展资金。换句话说，企业可以借助自身未来可能成就的规模体量参与到现在的竞争中来，但资本在获得风险回报的同时也帮助企业跨越了时间的硬约束。以小米公司、滴滴出行、饿了么为代表的企业能够在短短两三年内确立竞争格局，与资本的助力密不可分。

对于企业而言，能够获得资本的支持固然可喜，但也要遵循资本的逻辑。被打上时间印记的资本要求投资企业按照设定的时间轨迹达到预定目标，否则就会出现估值的坍塌。这里有两个条件：一是达到预定目标，这一点是对估值的商业逻辑在现实世界进行验证，资本能加速商业远景向现实的转换，但不能改变商业的本质，如果企业的业务本身不能真正地创造价值，资本的到来只不过是延续了企业的生存期，最终会化为泡沫消失，那些靠资本输血、补贴用户获得短暂繁荣的商业项目，因为并未带来实际的用户价值或效率的改进，所以也会随资本的退潮而走向终结；二是按照预定的时间轨迹推进，企业的商业计划落地的过程中会受到很多因素的干扰，如自身的执行力、市场的竞争激烈程度、政策的走向等。这两个条件其实颇具挑战性：对于前者，有些企业在实践的过程中会发现自己的商业计划并不理想，为维持运营就会接连推出新的商业计划，通过推高估值来实现资本的持续投入，极端情况下前后都是不相关的商业计划；对于后者，企业可能会因为资本的注入，主动或被动地加快自身的时机节奏或催化时机的出现，最终导致自身的时间系统失灵、功亏一篑。换个角度思考，一旦企业获得资本的助力，将会冲击到现有竞争格局，竞争对手的应对之策也可以因应调整。例如，通过改变行业的时间节奏轨迹，使得竞争的激烈程度上升，从而扰乱对方的商业计划落地，使其估值缩水。从目前来看，亚马逊在资本和时间的平衡颇为成功：虽然亚马逊每年都处于盈利与亏损的边缘，而且亏损的年份显著大于盈利的年份，但是资本市场却不断给予亚马逊很高的估值，到 2016 年其估值已经超过 3 500 亿美元；每当亚马逊增长趋缓时其 CEO 杰夫·贝佐斯就会推出新的业务增长点，从最初的卖书到全品类的扩张再到走向国际、Prime（亚马逊会员体系）的建立，从对物流领域的大举投入到 Kindle 系列电子书的推出再到 AWS（亚马逊云服务）的快速发展，关键是亚马逊做到了贝佐斯所描绘的前景。

　　时间的驾驭是一种创造权力的艺术。顶级企业之间的竞争已经逐渐从资源、技术、资本等可以观察的有形竞争，上升到可以感知、意会却无法量化衡量的无形竞争，时间就是其中一个隐秘而重要的竞争要素。你可以感觉到来自竞争对手的压迫感和整个生态系统的律动感，但如果缺乏对时间的敏感性，就会随波逐流，失去引导竞争的机会和手段。中国企业在不断做大做强自身的软硬能力之外，应打开时间视角提升竞争能力，并凭借商业智慧培育出自身的巧实力。

　　原文题目为《基于时间的竞争：节奏、趋势与时机》，作者为魏炜、张振广、朱武祥，发表于《哈佛商业评论》2017 年 5 月刊。

中 篇

CHAPTER 8

第八章

Valve
生态系统的构建范本

Valve 旗下 Steam 平台是目前全球最大的数字娱乐发行平台之一，游戏玩家可以在这个平台上购买、下载、更新 PC 游戏或 VR 游戏，同时也可以进行评论、分享甚至上传改编后的游戏作品。Steam 平台在游戏行业中并不算年长，从 2003 年正式发布至今仅仅过了 13 年，但却深刻地影响了整个游戏行业。它挖掘了 PC 游戏数字发行模式的潜力，颠覆了游戏领域实体零售渠道称霸的局面，成长为主导的 PC 游戏发行方式。它还创造了玩家、平台、游戏厂商和独立开发者等共同组成的商业生态，并布局 VR 游戏等前沿领域。截至 2016 年底，Steam 平台上的游戏数量已超过 12 000 款[⊖]，远远

⊖ 资料来源：Steamspy，https://steamspy.com/。

高于同类平台，例如育碧的 Uplay 平台和艺电的 Origin 平台分别有约 300 款和 600 款游戏、GOG 游戏平台也仅有 1 800 多款⊖；Steam 平台的活跃账户总数超过 2 亿，最高同时在线用户数超过 1 300 万⊖。如果没有 Steam，很难想象现在的游戏市场是怎样的光景。这一切，还要从 Valve 开始谈起。

Valve 1.0（1996～2002）：PC 游戏研发

伴随着微软 XBox 的推出，欧美主机游戏市场从前期的黯淡徘徊中逐渐复兴。微软、索尼、任天堂成为主机游戏市场的霸主，艺电、育碧、暴雪等现在耳熟能详的厂商也开始成为游戏市场上的重要角色，但电脑端的 PC 游戏仍然在晦暗中摸索。1996 年，加布·纽维尔（Gabe Newell，被业界称为 G 胖）这位在微软工作了 13 年、以主开发身份领导 Windows 操作系统前三个版本开发的微软第 271 号员工，与他的前同事麦克·哈灵顿（Mike Harrington）共同创办了 Valve 公司，又被称为 V 社。

Valve 在创立之初主要从事精品 PC 游戏的研发。受到当时人气颇高的《终极毁灭战士》等游戏的启发，加布·纽维尔招募和创建了游戏团队，着手研发射击类 PC 游戏《半条命》。当时还没有免费的游戏引擎，加布依托在微软工作期间建立起的行业人脉，获得了 id Software 公司的 Quake 引擎授权；邀请科幻小说家马克·莱德劳（Marc Laidlaw）编写游戏剧情；并且找到雪乐山在线（Sierra Online）担任游戏发行商。尽管是 Valve 的第一款游戏产品，《半条命》没有走低成本的路线，而是按照高质量标准来制作，1997 年公司内部评测认为产品还不够出色，就推倒重新制作。1998 年这款游戏正式发售，优质的剧情故事、画面表现和声音特效使其取得了轰动性的成功，成为第一人称射击游戏的经典作品。除此之外，Valve 还研发了《Prospero》《Ricochet》等一些作品，并收购了《军团要塞》的开发商

⊖ 资料来源：Origin 官方网站, https://www.origin.com；uPlay 客户端；GOG 官方网站, https://www.gog.com。

⊖ 资料来源：Steam Game and Player Statistics, http://store.steampowered.com/stats/。

Team Fortress Software 公司。

从商业模式的角度来看，Valve 在这一时期的业务系统相对简单，但也不乏创新之处，例如提供对自研 PC 游戏 MOD 的支持。MOD 是 modification 的缩写，中文被称为模组，主要是指游戏玩家根据自身对游戏的理解和设想，对原有游戏进行衍生改编，制作成新的作品开放给其他玩家。Valve 从 1999 年开始对最好的 MOD 提供支持，大名鼎鼎的射击类游戏《反恐精英》最开始就是《半条命》的 MOD。Valve 当时的盈利模式与其他游戏研发商一样，主要是 PC 游戏的付费下载。加布·纽维尔和麦克·哈灵顿虽然在创办 Valve 之前并未涉足过游戏研发，但是在微软工作期间建立起来的行业人脉帮助他们获取了这一时期的关键资源能力，包括核心研发团队、Quake 游戏引擎授权、雪乐山在线游戏发行能力等。流传在行业中的一句老话叫"V 社出品必属精品"，创办初期的优质作品《半条命》和《反恐精英》开始培育 Valve 的用户群体和行业声誉。

从共生体的角度来看，生态系统所涉及的角色包括游戏引擎研发、PC 游戏研发、PC 游戏发行、MOD 开发以及玩游戏。Valve 在这一阶段仅支持自研 PC 游戏的优质 MOD，但在当时已经是相当先进的理念。游戏研发不仅可以是封闭的、商业化的行为，也可以是由富有激情和能力的玩家共同参与创造的过程（见图 8-1）。

Valve 2.0（2003～2006）：PC 游戏研发 + 数字发行

在主机游戏市场逐渐繁荣的过程中，在电脑上游戏客户端运行的 PC 游戏却由于多方面的原因，发展得不温不火。首先，当时 PC 的性能仍较弱，运行速度及画面表现与主机仍然有差距。其次，PC 游戏市场饱受盗版游戏的困扰。另外，PC 游戏的安装和更新都不是很方便，用户操作起来比较麻烦。比如玩家在某台电脑上安装了游戏后，并不能在其他电脑上玩；游戏发布补丁或更新版本后，玩家需要花费额外的时间进行更新，整个过程比主机游戏烦琐得多。

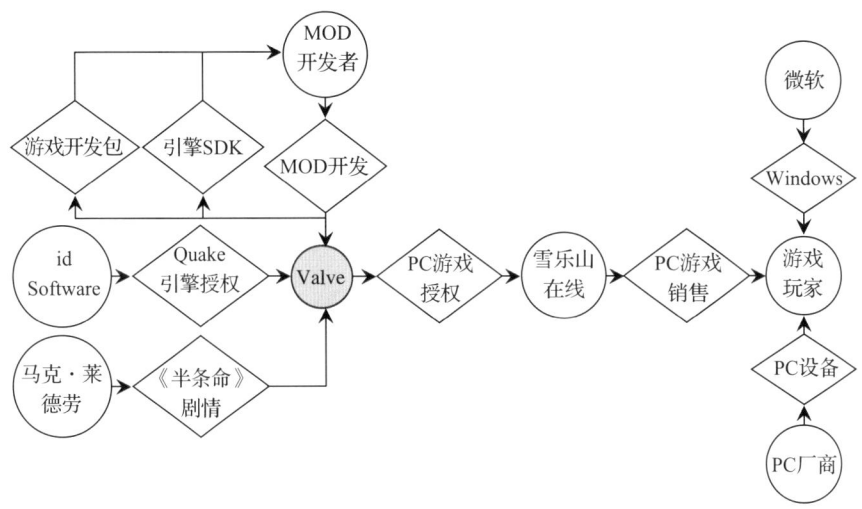

图 8-1　Valve 商业模式 1.0（1996～2002）

Valve 公司搭建的 Steam 平台，就是把握了用户对 PC 游戏安装及更新的核心需求，在此基础上逐渐发展起来的。这个平台由 BT 下载的发明者布拉姆·科恩（Bram Cohen）操刀设计，能够使 PC 游戏玩家顺畅迅捷地购买、下载游戏；只要是在 Steam 上购买的游戏，无论是在哪台电脑上，用户都可以登陆 Steam 账号直接下载运行；同时，Steam 通过数字版权管理系统确保平台上的所有游戏均为正版。2002 年，Steam 以"Grid（网格）"及"Gazelle（羚羊）"为计划代号，于游戏开发者大会（GDC）中首次亮相。同年首个 Steam 客户端发布，主要功能是精简 PC 游戏的更新程序，并为《反恐精英》1.6 版本进行公测。2003 年 9 月 12 日，Valve 正式发布 Steam 平台。

Steam 平台准确地觉察到了 PC 游戏发行的战略机会，但也受到其他竞争者的压力。线下实体销售渠道已有成熟密布的网络，而线上平台中艺电的 Origin、育碧的 Uplay、暴雪的 Battle.net（又称战网）等都出身名门，有着较好的实力基础。Steam 是如何在竞争中脱颖而出，并逐渐发展为 PC 游戏发行领域霸主的呢？那就不得不提到它在这一阶段对商业模式的重构。

Valve 业务系统的第一个核心模块延续了原有的 PC 游戏研发，在《半条命》《军团要塞》《反恐精英》等产品的基础上，又进一步研发了《半条命 2》

《胜利之日》《反恐精英：起源》《反恐精英：零点行动》等优质产品。《半条命2》这款 2004 年发布的游戏，截至 2016 年底仍然保持着 metacritic 媒体评分的最高纪录 96 分[⊖]。

业务系统的第二个核心模块是自研游戏的数字发行。在发行 Valve 自身这些高质量的游戏产品时，Valve 在当时游戏以传统的 CD/DVD 为载体、以实体商店为销售渠道的局势中，创造性地选取了线上分发平台的模式。Steam 平台是数字化发行的先行者，从某种意义上来说，今天的 App Store、Google Play、Netflix 都是沿着它脚步的后辈。Valve 通过建立精品游戏内容与 Steam 平台的强绑定，将玩家导入至 Steam 平台。《半条命2》是推动 Steam 平台发展的游戏产品之一，这款科幻题材的第一人称射击游戏于 2004 年发布，吸引了众多玩家的关注。Valve 规定《半条命2》的所有玩家必须安装 Steam 平台并注册账户后，才能够玩这款游戏，后续所有的升级更新也必须通过 Steam 平台完成，使得这些玩家成为 Steam 平台的首批用户。与此同时，Valve 并没有将自研游戏的发行局限于通过 Steam 平台进行数字发行，也懂得借力于其他渠道，例如《半条命2》这款产品就与颇具实力的艺电达成合作，由对方负责代理发行盒装零售版本以及 Xbox 版本。

业务系统的第三个核心模块虽然现在看来不足为奇，但在当时却具有革新性的意义，就是代理游戏的数字发行。Steam 将平台分发能力对几乎所有类型的游戏开发者开放，无论是市值几百亿美元的游戏研发大厂还是由一两个人组成的独立游戏开发团队，都可以将游戏产品通过 Steam 平台进行分发，只需付给 Steam 30% 的收入作为分成。对于游戏研发大厂来说，将线下分销渠道占总收入 70% 的分发费用显著地降低到 30%；对于独立开发者来说，意味着不用与高门槛的线下分销渠道打交道，无论他们的作品多么独特或小众，都有可能触及喜欢它的用户。截至 2015 年，就有累计超过 4 500 个独立游戏在 Steam 上发售，其中 2014 年超过 1 850 个，2015 年

⊖ 资料来源：Metacritic, http://www.metacritic.com/browse/games/release-date/available/pc/metascore?view=detailed。

超过 2 500 个，远远超过其他 PC 游戏发行平台。当时其他一些 PC 游戏发行平台没有采取这种开放模式，如 1996 年起暴雪开始运营的 Battle.net，始终只分发《暗黑破坏神》《星际争霸》《魔兽争霸》《守望先锋》等自身研发的产品，没有任何一款由第三方研发的游戏。而 Steam 平台引入了第三方开发者这类新的利益相关方，并以合理的分成比例维护交易结构的稳定。

Valve 盈利模式也在此基础上得到了丰富，除了自研游戏获得的收入外，还会获得代理游戏收入的 30% 作为分成。此外，Valve 的关键资源能力也有所变化，在积累了引擎方面经验后，开发出新一代的 Source 引擎，在物理系统真实性和画面渲染效果等方面有飞跃性的提升；《半条命 2》等自研 PC 游戏以其优异的产品品质吸引玩家，为 Steam 平台带来初始流量；而 MOD 开发者群体源源不断的高质量创作，成为自研 PC 游戏的绝佳补充（见图 8-2）。

从共生体的角度来看，生态系统所涉及的角色包括游戏引擎研发、PC 游戏研发、主机游戏研发、PC 游戏发行、主机游戏发行、MOD 开发以及玩游戏。相比于前一阶段，Valve 所占据的活动环节拓展到了游戏引擎研发和主机游戏研发，并通过 Steam 平台切入了 PC 游戏发行领域，Steam 平台的商业传奇拉开帷幕。

Valve 3.0（2007～2012）：玩家 + 平台 + 开发者生态

2007～2012 年，Valve 在战略层面并没有大的调整，而最新市场环境恰恰说明公司前期的战略决策是富有远见的。PC 的性能得到了大幅度的提升，在运行速度、画面表现及其他体验方面可以与主机媲美；《DotA》《魔兽世界》《英雄联盟》等对战类 PC 游戏兴起。Valve 敏锐地发现了这一趋势，邀请 Icefrog 加入创作了 DotA 续作《DOTA2》，成为影响一代游戏玩家的游戏作品，也成为拉动 Steam 平台用户增长的重要驱动力。

Valve 在商业模式层面的探索则更加积极和活跃，从 2007 年起开始推行 Steam 平台社区化，加强玩家之间的交流和互助。首先是落实了关系链

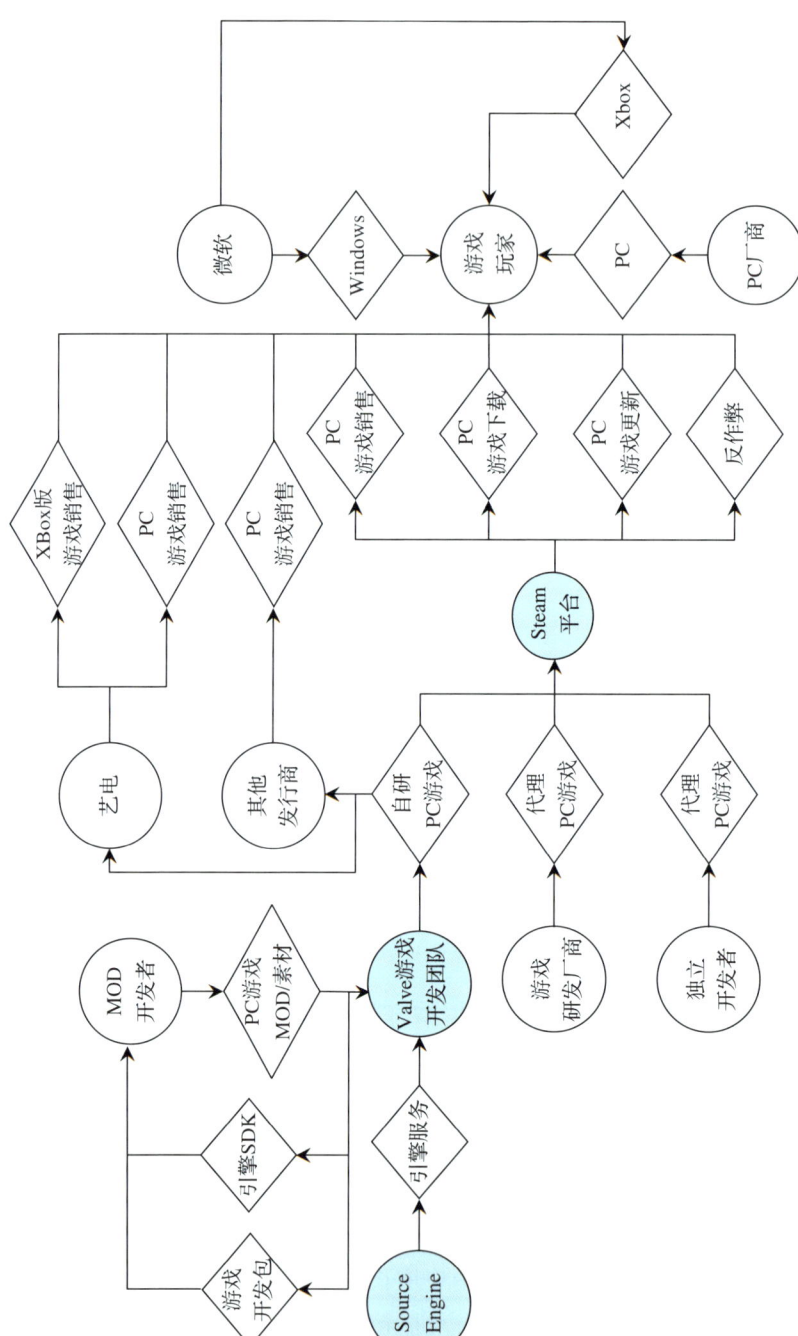

图 8-2 Valve 商业模式 2.0（2003～2006）

的沉淀，游戏好友可以添加到好友列表中，方便与朋友一起玩耍。其次是搭建游戏信息攻略板块，玩家可以在"游戏指南"页面中创建游戏或软件的攻略，分享给其他玩家，截至2016年10月已有47万份游戏指南被创建。此外还提供集换式卡牌（Steam Trading Card）功能。玩家在购买某款游戏后，在游戏过程中可能会随机掉落针对这款游戏的虚拟卡牌。一旦集齐一套卡牌，就可以将它们合成为游戏徽章，获得100点社区经验值来提升Steam用户等级，同时还可以得到聊天表情、个人资料背景页以及游戏优惠券等可交易物品。再集齐一套卡牌可以升级徽章并获得更多物品。这个功能的一个关键点是，玩游戏到一定的时间，最多只可以获得游戏卡牌总数一半数量的卡牌，而另外半套需要玩家通过购买补充包或与其他玩家交易得到，促进了玩家之间的社交。

庞大且活跃的玩家社群为业务系统的进一步丰富带来可能。Steam社区市场是一个游戏物品C2C交易平台，全球玩家都可以在上面自由买卖，但是买家需要交物品价格的10%给游戏开发商、5%给Steam平台，共计15%作为交易费。相比于其他第三方的游戏交易集市，Steam社区市场的安全性高，降低了玩家被骗的风险，卖家通过交易获得的钱仍会在Steam钱包中无法提现，只能用来购买Steam平台上的游戏或其他物品。此外还有玩家对游戏素材及MOD创作。2011年，Steam平台推出创意工坊（Steam Workshop），玩家可以在上面放出自己创作的、与Valve自研游戏有关的素材或MOD。Valve对于MOD的支持变得更为体系化。截至2015年1月，仅《军团要塞2》《DOTA2》《反恐精英》几款产品的游戏内素材创作就已分给创作者5 700万美元[一]。

Steam平台对于游戏研发厂商、独立开发者的重要性也逐渐提升。一方面是由于Valve向游戏开发者共享了一系列的游戏研发、发行和运营服务，统称为Steam Works，比如多人对战游戏的玩家匹配、反作弊、实时运

[一] 资料来源：Steam Blog，http://store.steampowered.com/news/?feed=steam_blog。

营数据统计等。另一方面,玩家能够通过社区传递给游戏开发商真实的反馈意见,帮助他们降低研发成本。2012年8月起,Steam平台推出青睐之光(Steam GreenLight)功能。独立游戏开发者只需要交纳100美元的注册费用,就可以创建关于自身游戏的介绍页面,通过该页面向玩家展示正在研发过程中游戏作品的设计思路及当前版本,Steam平台上的用户可以对这些游戏进行投票来表示"青睐",所获投票排名前100位的游戏就可以上架Steam平台。青睐之光使游戏开发者在产品正式发布前了解到用户的需求或偏好,从而对游戏进行有效优化;使Steam平台能够挖掘出具有潜力的优质产品;使潜在用户获得对游戏产品创造过程的参与感,这与小米手机兴起时所倚重的用户社群有异曲同工之处。

伴随着业务系统的丰富,盈利模式也从自研游戏收入和代理游戏分成,进一步拓展到交易平台交易费、独立游戏开发者缴纳的青睐之光注册费等。在这个阶段中Valve的关键资源能力,包括优质且开放的开发者服务(包括引擎服务、开发服务、发行服务)、庞大的玩家基础以及出色的社区运营能力。2009年Steam平台的用户数就已增长到2 500万,游戏数超过1 000个,拉开了与同类游戏发行平台的差距(见图8-3)。

从共生体的角度来看,商业生态所涉及的角色又进一步得到了丰富。玩家除了纯粹地玩游戏,还可以与其他玩家交流互动、评论游戏、分享攻略、交易游戏商品,甚至可以收集集换式卡牌来提升在Steam平台中的成就,与PC游戏相关的乐趣得到了丰富。开发者除了采用传统的用户调研方法外,还能够通过Steam平台获得玩家真实的反馈意见。

Valve 4.0(2013~2016):客厅娱乐+VR+其他

2013~2016年,Valve在战略层面进行了拓展,包括地理区域维度和业务领域维度。从地理区域维度,Steam平台从欧美市场逐步向其他国家和地区拓展,通过一系列本地化措施加强在其他区域的运营。例如在支付方式上,2015年11月4日开始支持人民币、港币、新台币、卢比结算,支持

第八章 Valve：生态系统的构建范本

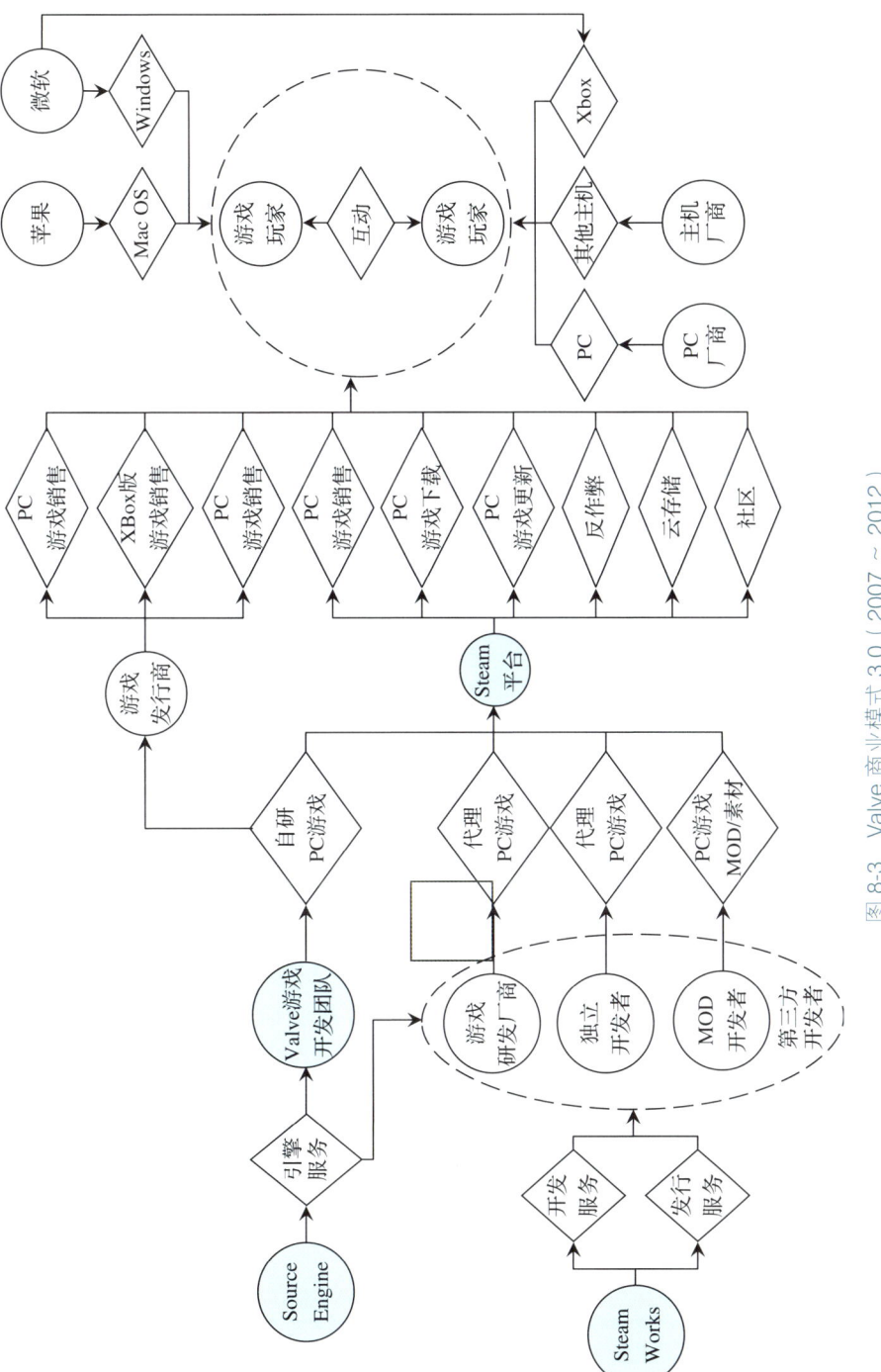

图 8-3 Valve 商业模式 3.0（2007～2012）

银联支付；2016年10月29日起支持微信支付，使用户能够更加愉快地购买游戏。又比如在定价策略上，颇有心机地将中国大陆、俄罗斯、巴西等设定为低价区；2016年度大作《巫师3：狂猎》在中国区的折扣价只需要78元，使许多国内玩家都难以抗拒这种诱惑。这些措施显著地带动了相应地区的增长，2014～2016年短短两年内，亚洲地区的收入暴涨了500%⊖；截至2016年底，Steam的中国区玩家数已超过1 000万，紧随美国、俄罗斯，排名全球各个国家的第三位⊜。

从业务领域维度，Valve更是迈入了客厅娱乐、虚拟现实、电影、音乐等领域。Steam平台在成立之初避开了微软、索尼、任天堂等巨头割据的主机游戏市场，主攻PC游戏发行，而从2013年起却进入客厅娱乐行业，与传统主机厂商构成竞争。在虚拟现实方面，伴随着Facebook以20亿美元收购Oculus，Oculus、Sony等纷纷筹备虚拟现实硬件设备开启全球虚拟现实行业的热潮，Valve也迅速做出反应。2015年3月1日宣布将推出Steam VR频道，2016年4月与HTC合作的HTC Vive虚拟现实头盔开始发售，并正式推出Steam VR频道，成为最早上线的VR应用分发平台。除此之外，Valve还"不务正业"地在Steam平台上分发音乐和电影。

那么，Valve在进入这些战略领域时所采用的商业模式又是怎样的呢？

与PC游戏业务相比，Valve在客厅娱乐方面的商业模式更为一体化，涉及操作系统开发、硬件设计、硬件制造、硬件销售、主机游戏研发、主机游戏分发等活动环节。2013年9月发布游戏手柄Steam Controller，有两个超大的高清触控追踪板，一根摇杆，还有一排按键，零售价50美元。Steam允许对手柄进行定制，用户可以登录Valve的网站下载有关手柄的CAD文件，从Valve那里购买所有电子配件，并自行重新设计和组装。2013年12月发布了基于Linux、用于客厅娱乐的操作系统Steam OS，任何

⊖ 资料来源：Steam Business Update，http://cdn.akamai.steamstatic.com/apps/steamdevdays/slides2016/SteamBusinessUpdate.pdf。

⊜ 资料来源：Steamspy，http://steamspy.com/country/。

人都可以免费安装使用。2014年宣布与第三方硬件厂商合作推出家用游戏主机Steam Machine，首批合作伙伴包括Alienware等13家硬件厂商；这些游戏主机外观造型迥异，可以配合大屏幕带给玩家媲美PC的画面体验。2015年宣布推出游戏盒子Steam Link，售价49美元，可以将电脑游戏画面串流到电视屏幕上。而采用Steam Machine以及Steam Link串流时所玩的游戏通过SteamOS商店进行分发，包括《DOTA2》《传送门2》等Valve经典自研游戏，以及超过2 000款代理游戏。

Valve在虚拟现实（VR）领域的商业模式也相当立体，覆盖了VR技术研发、VR技术共享、硬件设计、硬件销售、VR游戏分发、VR软件分发、资金提供等活动环节。Valve通过自行研发、合作研发或收购等方式，建立在VR领域的技术能力。比如通过收购获得控制器定位技术Lighthouse，不需要借助摄像头，靠激光和光敏传感器就可以确定运动物体的位置，是当前阶段相对领先的技术方案。2016年8月，Valve宣布将向第三方开发者免费授权部分Lighthouse技术，授权者需要支付2 975美元的价格参加培训课程，就可以获得Lighthouse开发包、工具、开发资料方面的支持，用于研发可以和Lighthouse交互操作的第三方产品。在硬件方面，Valve选择的一个重要利益相关方是中国台湾公司HTC。依托Valve的内容创造能力、用户及开发者群体、VR技术与HTC的硬件能力，双方合作推出了虚拟现实头戴式显示器HTC Vive。当然，Valve肯定不会忘了自己擅长的分发环节，推出Steam VR频道来分发VR游戏和其他软件，短短半年已有550多款VR游戏、50多款VR软件上线。此外，2016年6月还提出，计划以预支VR游戏收入的形式为开发者提供资金支持。VR游戏开发经费先由Valve提供，待作品上线后再用其在Steam平台上的部分收入来还清。

至于在音乐方面，Steam平台能够分发游戏原声等音乐，2014年推出客户端音乐播放器Steam Music Player，使玩家可以在游戏过程中听到喜爱的音乐，或者搜索已购买的音轨。在电影方面，Steam平台分发的是电影厂商的正版电影，2015年3月开始贩卖第一部非纪录片形式的电影

《Motivation Growth》，2016年4月宣布与狮门集团合作，计划引进狮门的《饥饿游戏》《暮光之城》等100部经典电影。用户可以登陆Steam电影频道并以4美元每部的价格进行租借；这个租借价格并不低，用户在付款后的30天之内，可以共计观看这部电影共48小时，但是只能在线观看而不能下载；但比较特别的是，除了在电脑上之外，还可以在HTC Vive等VR设备上进行观看。

除了上述这些设计外，Steam平台在老本行PC游戏发行方面也没有停止对商业模式的重构。首先，2013年3月，Steam平台推出了抢先体验（early access）功能。游戏开发者可以发售尚未完成、仍在研发过程中的作品，由购买该版本的玩家试玩并提供反馈。如果说青睐之光将玩家引入了游戏研发环节，抢先体验不但将玩家引入了游戏研发环节，还改变了游戏开发者及Steam平台的现金流结构。对于许多游戏项目（尤其是PC游戏）来说，漫长的研发周期、日渐增长的研发成本都可能给现金流带来压力，而抢先体验使这些项目能够在测试阶段就提早获得部分收益。这个功能后来也被PS4等平台所效仿。其次，伴随着电子竞技的升温，Steam依托于《DOTA2》等对战类游戏于2014年推出直播功能，Steam Broadcasting。玩家可以在Steam平台上观看其他玩家所进行的游戏，并在评论区进行实时互动，2016年起VR游戏也可以加入游戏直播。另外，2015年1月起，原来仅支持自研游戏改编的创意工坊（Steam Workshop）开始支持第三方游戏，创作者可以自由地对素材或MOD定价并获得25%的抽成，Steam和原游戏开发商分别抽成30%和45%。第一款开放这个功能的游戏是《上古卷轴5：天际》(The Elder Scrolls V: Skyrim)，但从开放次日起就开始受到玩家和MOD开发者的强烈质疑，一方面是因为部分收费MOD中包含免费MOD的内容引发版权争议，另一方面是收费MOD被认为损害了MOD自由分享的精神。Valve被迫于4天之后宣布取消第三方游戏MOD收费功能。

尽管作为一家至今从未接受过外部投资的非上市公司，Valve的财务数据和收入结构目前仍然相当神秘，但可以推断它的盈利模式又有所丰富，例如客厅娱乐硬件销售收入、客厅娱乐游戏销售收入、VR 头盔硬件销售收入、VR 技术培训收入、音乐销售收入、电影租借收入、游戏直播收入等。这一阶段的关键资源能力除了活跃的玩家和开发者社群之外，还有 VR 领域的核心技术（见图 8-4）。

从共生体的角度来看，新增的角色包括主机游戏的操作系统开发、硬件设计、硬件制造、硬件销售、游戏分发，以及 VR 游戏和应用的技术研发、技术共享、硬件设计、硬件销售、游戏及应用分发，PC 游戏项目融资，PC 游戏直播，还有音乐和电影的分发。20 年间，Valve 从一家单纯的 PC 游戏研发公司，成长为塑造了多个共生体的数字娱乐帝国。

Valve 的价值创造来源

回顾 Valve 公司的发展历程，加布·纽维尔（G 胖）带领公司做出了不少富有远见和创造力的决策，成为数字娱乐领域的商业传奇。那么，这些决策的思路有可能被剖析和复制吗？假如我们是加布，可以如何思考和决策，从而在 Valve 的发展过程中提升公司价值呢？

共生体、商业模式、战略和管理是四个关键的思考方向。

共生体是不同角色的集合，是价值创造的元逻辑。共生体生成和演进的前提条件是多方面的，包括技术、经济、政治、社会等。比如，虚拟现实领域共生体生成的前提条件，就是虚拟现实技术的出现及发展。早在 20 世纪 90 年代游戏、电影等行业就尝试过 VR，有 Virtuality 的 VR 游戏系统、任天堂的 Vitual Boy 游戏机、电影《异度空间》等，但是存在画质差、延时长、计算能力不足等问题；直到 2014 年技术得到显著发展，虚拟现实的共生体才开始极大地被丰富。

共生体的价值创造可以通过有助于价值增加的角色或业务活动来达成。例如在 PC 游戏的共生体中，Valve 所进行的探索极大地丰富了共生体所涉及的角色。玩家除了纯粹地玩游戏，还可以与其他玩家交流互动、评论游

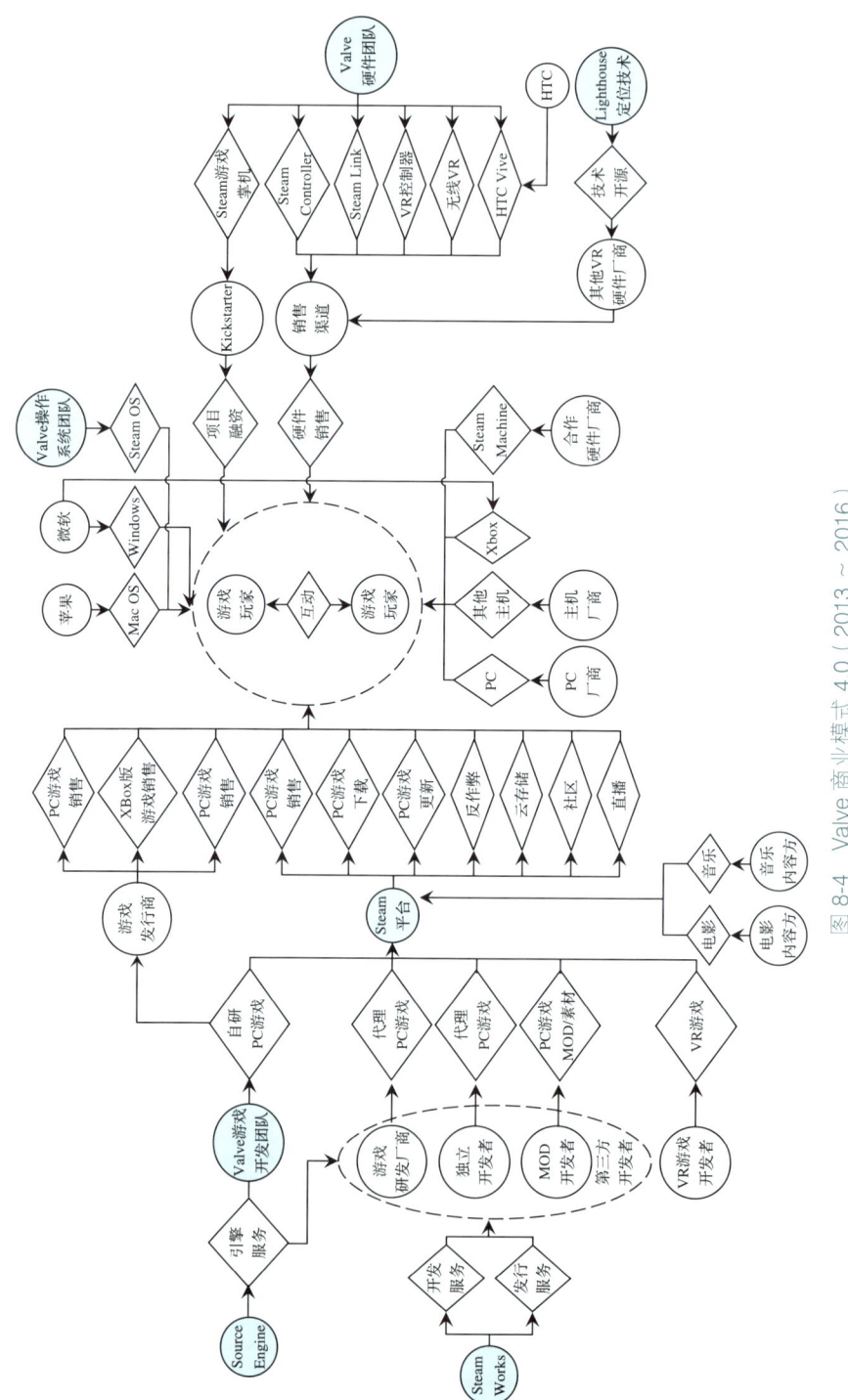

图 8-4 Valve 商业模式 4.0（2013～2016）

戏、分享攻略、交易游戏商品、收集集换式卡牌，还可以为自己喜爱的游戏开发 MOD；开发者除了根据自身的设想进行开发外，还可以与玩家互动获得反馈。角色和相应业务活动的丰富为商业价值的增加提供了原动力。在共生体层面的思考上，不涉及由谁分别做什么，而是从整体角度去思考，还有哪些有价值的活动可以增加。举个最简单的例子，购物中心对于百货大楼的颠覆，正是因为考虑到了除了买买买之外，还可以有餐饮、休息、社交的角色和业务活动。

值得注意的是，并不是所有角色都能提升共生体的价值，去除具有负面影响的角色也可能有利于价值创造。例如在 Steam 平台推行之前，PC 游戏盗版横行，虽然盗版者能够得到少量收益，但这却给共生体整体带来了负面影响。游戏开发者无法得到应有的收益，阻碍了他们进一步开发新的作品；游戏玩家虽然为盗版游戏支付了较低的价格甚至不需要付费，但是有更大概率受到游戏故障、病毒、数据泄漏等问题的困扰，降低了对游戏作品的兴趣。Steam 平台通过数字版权管理系统确保所分发的游戏均为正版，且通过编辑的下载更新服务、安全的账号保护及丰富的社区活动使用户得到更高的效用。

商业模式是不同利益相关方的交易结构，描述的是业务活动系统、盈利模式、现金流结构。商业模式生成和演进的前提条件是，焦点企业及其利益相关方，均具备关键资源能力支撑他们承担相应的活动环节。比如 Valve 公司最早以 PC 游戏数字发行平台替代线下实体渠道、担当 PC 游戏分发的角色，这个商业模式的前提条件就是 Valve 邀请到了技术大牛、BT 下载的发明者布拉姆·科恩搭建设计，使 Steam 平台具备良好性能帮助 PC 游戏玩家顺畅迅捷地购买、下载游戏。而另一个反面的例子是 Valve 曾在 2012 年前后尝试将自研游戏爆款《DOTA2》拓展至平板电脑，尝试将其打造为移动端产品，但是由于利益相关方硬件厂商及 Valve 的关键资源能力不足，没能达到理想效果而使这个项目最终夭折。

商业模式重构重新定义了由哪些利益相关方参与、各个利益相关方分别完成哪些业务活动环节以及用何种方式分配收益和风险，有可能通过这些调整优化商业效率、发挥潜在价值。首先是因为同一资源在不同利益相关方手中，可能创造完全不同的价值，从而提升整个商业生态的收益。例如，Valve 通过 Steam Works 向游戏开发者共享了一系列的游戏研发、发行和运营服务，比如多人对战游戏的玩家匹配、反作弊、实时运营数据统计。这是一个非常机智的举措，由于游戏研发是一种带有创意性质的活动，这些研发、发行和运营方面的能力并不能帮助 Valve 创造出额外的优质新品，而共享游戏研发、发行和运营服务使第三方游戏开发者能更好地发挥潜力。其次是因为不同利益相关方具有不同的关键资源能力，由它们来承担同样一个角色或活动环节可能有不同的成本结构，有可能降低整个商业生态的成本。例如 Steam 平台采用数字发行方式，天然地比线下层层密布的零售网络具有更低的分发成本，因而也有更高的商业效率。另外还可能因为商业模式的重构，降低整个商业生态的风险。例如青睐之光功能对接了开发商与玩家，降低了在研产品失败的风险；抢先体验功能改变了开发商的现金流结构，降低了开发商在研发过程中资金链断裂的风险。

对于焦点企业来说，商业模式重构可能不是一步到位的，而是一个动态过程，需要比较抉择收入和抉择成本的差额，做出最有利于当时情境的选择。例如 Valve 在已经建立了 Steam 平台时，对于自研游戏发行的思路也是相对灵活的，并没有将其局限于通过 Steam 平台数字发行，也借力于艺电代理发行《半条命 2》的盒装零售版本以及 Xbox 版本。虚拟现实领域的故事就更加精彩了。Valve 在迈入虚拟现实领域之初与 Oculus 走得很近，2012 年 Oculus 开始为 Rift DK1 进行众筹的时候还曾获得 Valve 的支持。随着 2014 年 Oculus 被同样具有分发能力的社交巨头 Facebook 收购，Valve 开始重新寻找合作伙伴，与 HTC 联合推出硬件头显 HTC Vive。2016 年 8 月，Valve 宣布将向第三方开发者免费授权部分 Lighthouse 定位追踪技术，不再由 HTC Vive 专享，而 HTC 也于 8 月推出自己的官方 VR 应用商店 Viveport。

还有一个很有意思的点值得注意，就是这里的收益并不一定是直接获得经济和金钱上的回报，而是一个综合性的效用概念。例如 MOD 开发者免费开发 MOD，可能会获得自身技能、声誉或社区内地位的提升，转化为未来的职业晋升机会、经济报酬、风险投资机会等；同时也可能会获得成就感、归属感和快乐。Valve 的创意工坊支持第三方游戏 MOD 收费，在 MOD 开发者、Steam 平台和原第三方游戏开发商之间分配收入，从纯经济的角度来看是一个多赢的局面。然而，这项举措却在推出短短四天就宣布流产。这是因为它忽略了对于 MOD 开发者来说，他们希望通过开发取得的收获，更多的是对所喜爱游戏的激情投入和对游戏社区的深度参与，这种成就感和归属感会被 MOD 收费所破坏。

战略描述的是在哪些领域竞争、何时竞争以及如何竞争，这些决策依托于对市场空间的预判、对竞争格局的解读以及对竞争方案的创新。首先是对市场空间的预判，包括从地理区域维度和业务领域维度。Steam 平台首先从欧美市场着手，成立数年之后才开始积极拓展俄罗斯、巴西、中国、东南亚等市场，正是由于早期欧美 PC 游戏市场发展比其余地区更为超前，更有可能获取到大规模的用户，而近年来新兴地区的 PC 游戏市场逐步发展，成为很好的增长点。又比如 Steam 为什么选择切入客厅娱乐以及 VR 应用分发领域，而不是网页游戏分发或者移动游戏分发？重要原因之一就是在欧美地区由主机主导的客厅娱乐市场比 PC 游戏、网页游戏、移动游戏市场的规模都要大得多，VR 则有可能以其沉浸式的体验成为新一代主打的交互界面。其次是对竞争格局的解读。Valve 在最早创立时选择了 PC 游戏领域，除了考虑到 PC 游戏市场未来的市场空间之外，也是由于微软、任天堂、索尼等游戏巨头正在忙着享受主机游戏市场振兴带来的巨大红利，还无暇顾及 PC 游戏市场，给 Steam 平台崛起创造了机会。最后是对竞争方案的创新，比如 Steam 推出的电影租赁服务还允许用户用 HTC Vive 进行观看，将解决方案从普通电影延伸到了 VR 电影；又如 Steam 的游戏直播贴心地设有隐私设置选项，玩家可以设置自己的游戏过程所有人可见、好友可见或者仅通过申请可见等。

最后一个重要的维度就是管理，它影响了公司战略和商业模式的执行效果。Valve 采用了独树一帜的管理方式，它由一批非常聪明、具有创造力和才华的人组成，根据先前流出的《Valve 新员工手册》，整个公司没有等级森严的组织架构和等级关系，每个员工都可以自主地发起和参与不同的临时工作小组，扮演流动的角色。加布曾说："我们没有老板，没有中层管理人员，没有官僚主义。只有积极进取的同侪相聚在一起来做一些很酷的东西。"这种管理方式很可能不适用于大多数企业，但是却帮助 Valve 具有前瞻性地开拓不同领域，并在瞬息万变的环境中迅速反应，截至目前创造出比谷歌、亚马逊或微软等公司更高的人均收益。

在价值创造的过程中，Valve 最显著的特点之一就是，它是一家"时间节奏感"出色的公司。一方面它不囿于现有的范式或方法，持续思考共生体、商业模式、战略和管理方面的未来趋势，进而很好地挖掘出一个个黄金的发展机会。公司的创始人加布曾在 2003 年前后被诊断出患有角膜营养不良，有双目失明的风险，后来经过两次角膜移植手术才成功恢复。他说："感觉就像置身一个传奇故事，这些无声的侵袭不仅使我恢复视力，还让我比以前看得更远"，"我时刻提醒自己，未来不仅迅猛而至，且出乎意料。"Valve 的开放游戏源码支持 MOD 开发、搭建 PC 游戏数字发行平台、培育玩家和开发者生态、掌握 VR 核心技术等决策都非常具有洞见，印证了做一个有益的公司与做一个商业成功的公司并不矛盾，并且创新性地引领了行业发展。另一方面它又懂得在大胆创想价值提升来源的同时，耐心耕耘和积累，真正建立起自身壁垒。如果没有以极高标准打磨《半条命》的创作，可能就没有后来的《反恐精英》系列和《半条命2》。如果没有轰动业界的作品《半条命2》，可能就无法吸引到 Steam 平台的初始用户。如果没有用户基数的积累，Steam 平台活跃的用户社区及相应的开发者生态无从建立，而向 VR、客厅娱乐、音乐、电影等领域的拓展就更加无从谈起。

"A fearless adventure in knowing what to do when no one's there telling you what to do",在无人为你指路时,你要无所畏惧继续前行。Valve公司新员工手册扉页的这句话,正是对这个游戏行业、数字娱乐行业颠覆者发展历程的绝佳概括。把握共生体、商业模式、战略和管理这四个关键的思考方向,能够帮助企业洞察商业机会,提升商业价值,开创一番与众不同的事业。

【击节叹赏 / Aha Moment】

时下,许多企业都以建设生态系统为目标。Steam平台的建设历程无疑提供了一个良好的范本。令人不由地击节赞叹的有以下四点。

首先,构建商业势能。Valve公司始终坚持做"对"的事情,以极高的标准开发产品,由此吸引了一大批忠实的游戏粉丝,这是Valve公司的初心和起点。产品(或服务)是企业与世界的沟通方式,卓越的产品必能得到世界的回响。放眼全球,从苹果到谷歌,那些将生态系统经营好的企业无不是以产品立身在先,失去了好的产品这一先决条件,生态系统的发展就将失去发展的原动力,一切强加上去的生态系统商业逻辑都是企业家的一厢情愿,是伪逻辑。

其次,要有从共生体出发思考的大格局、大视野。Valve公司的升级之路,是其不断引入新的利益相关方角色的过程,从而为整个生态系统的创新注入活力。在整个过程中,Valve将生态系统发展的优先级放到第一位,顺势而为。我们有一个观察结论,越是具有开创性的或是行业领先的企业,越是需要从共生体空间思考和解决问题。比如特斯拉、阿里巴巴、腾讯等,皆是如此。因为共生体是基于未来的趋势性思考,从更大的时空构建应用场景,领导者用力最大,但也能收获更多。

再次,生态核心企业自身角色的克制。Valve公司虽然强大但并不强横,王道而不霸道。当Valve推出第三方游戏MOD收费受到抵制时,Valve很快就调整了收费政策。一方面,生态系统的经营是平衡的艺术,核心企业要解决好做大蛋糕和分蛋糕之间的关系,越是实力强劲的大公司越要慎用自己的能量、避免过度索取自身的利益，否则生态系统的其他利益相关方会用脚投票，整个生态也将走向凋零。另一方面，在平衡各方利益诉求时，商业层面的经济利益只是考量的重要维度但不是唯一，不同利益相关方对同一事物的价值观认知的差异性，会成为生态系统运营的最大障碍，这需要核心企业的敏感性与求同存异的灵活性。

最后，商业模式尤其是盈利模式的灵活调整。不断优化或重构商业模式成为 Valve 公司令人印象深刻的一个典型特征：一方面升级现有的业务系统；另一方面盈利模式也从自研游戏收入和代理游戏分成，进一步拓展到交易平台交易费、独立游戏开发者缴纳的青睐之光注册费、VR 等硬件收入。身处变革的大时代，企业不仅需要战略的灵活性，更需要商业模式的重构能力，而且越是大企业，商业模式的创新所带来的收益越大，因为大企业的活动重心已经逐渐转移至商业模式空间和共生体空间。

本文作者为柏卉。

CHAPTER 9

第九章

升级之路
从 7 天酒店到铂涛集团

脱胎于 7 天连锁酒店的铂涛集团，已基本完成了从经济型连锁酒店到中高端品牌酒店的升级，并涵盖咖啡连锁、艺术品公益平台等业务，旗下拥有超 20 个品牌，会员人数超 8 000 万，门店总数超 3 700 家，覆盖全国 300 多个城市，并布局至东南亚、欧洲、非洲等海外市场。从面临的挑战来看，铂涛集团升级之路可以分为两个阶段。

第一阶段（2005 ~ 2013 年）：抓住发展的机遇窗

随着我国经济的持续增长和旅游行业的不断发展，自助旅行、商务旅行等出行活动蓬勃开展，人们对干净舒适、安全便捷的酒店住宿需求日益强烈。经济型连锁酒店将客户的需求定义为"睡好觉",将有限的资源集中在最能让顾客"睡好觉"之处:配备 1.8 米的大床、堪比高星级酒店配置的高级纯棉被褥、双层的隔音玻璃,让消费者享有更安静的高质量睡眠;与此同时,剔除了酒店行业中经常被认为理所当然、对"睡好觉"不具任何价值、相互竞争攀比之处,例如不建富丽堂皇的大堂、取消康乐设备、房间面积小于行业平均水平、故意把窗户做小、只装没有抽屉的长条桌、每层配备一个吹风筒等。

为了快速抓住市场空间,在各类资本玩家的助推下,各经济型酒店品牌不约而同地采用了加盟连锁的商业模式。一方面,通过加盟连锁可以借力于社会上不同利益相关方的资源能力,在一、二、三线城市迅速招募大量的加盟商,加盟商负责提供符合标准的物业,并按标准进行装修改造,这样有利于在全国范围内将整个酒店的网络迅速建立起来;另一方面,经济型酒店专注于做大品牌和输出酒店管理标准,盈利方式上以直营店收入、一次性加盟费、加盟商收入分成为主。关键资源能力主要有精准的价值主张定位与设计、精细化的成本管控、系统化的招商加盟体系和培训体系、领先的终端会员管理体系、强大的募资及资本运营能力等(见图 9-1)。

与锦江之星、如家等竞争对手相似,7 天瞄准了经济型酒店的战略蓝海市场,选择了连锁加盟的商业模式。除此之外,7 天还创建了国内首个经济型连锁酒店跨区域联盟"星月联盟"。该联盟较为松散,联盟成员无须交纳加盟费,也无须启动资金,只需支付少量费用,用于会员积分等支出,即可共同参与联盟会员发展的计划。7 天酒店将把自己赖以成功的电子商务平台和强大的会员数据库移植到"星月联盟",使每个联盟成员都能低成本地拥有了更多的客源,更可以通过 7 天网络系统平台的优势,有效降低自身的运营成本。7 天酒店也从联盟中获得收益,其中之一是自身的会员拥有了更多的门店选择,尤其是在 7 天没有门店的地区,会员可以选择联盟成员旗下的酒店并获得积分,这可以增强会员的忠诚度和 7 天的影响力。同时,"星月联盟"也为 7 天连锁酒店未来的扩张埋下了伏笔。长期合作并相互熟识后，联盟成员日后有可能与 7 天酒店建立更紧密的关系，甚至成为后者的一员。

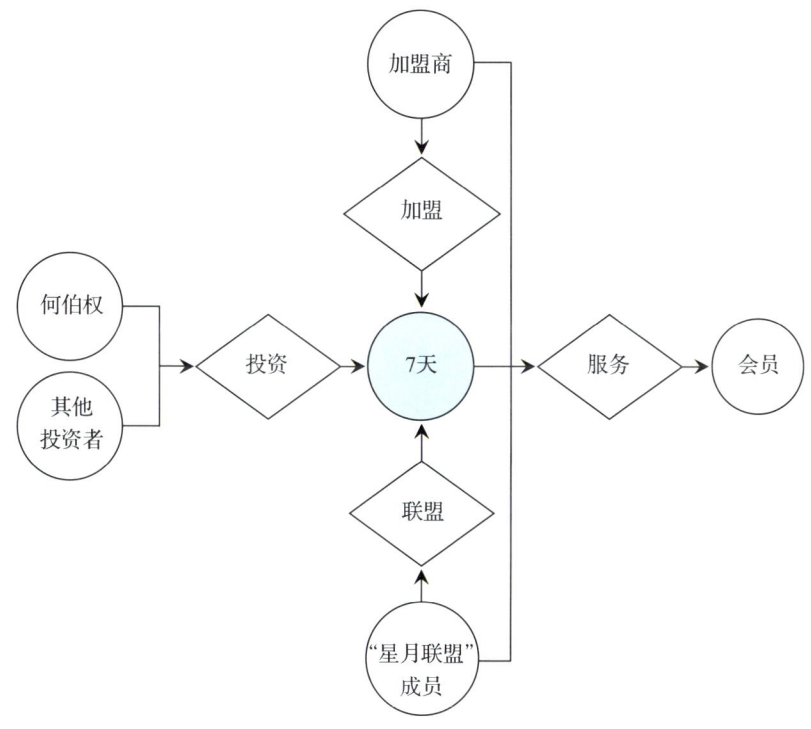

图 9-1　7 天酒店的业务系统示意图

一旦战略和商业模式得到确定，市场进入增量动能持续放大的阶段，企业间的竞争将迅速转化为执行力与时间节奏的把控上，这是阶段性的主要矛盾。7 天连锁酒店显然深谙此道，通过强化品牌与运营能力来转化执行力，同时借助资本的力量加速、以时间换取市场空间。7 天连锁酒店并不是最早进入这个领域的，却可以说是发展最快的。2005 年，7 天连锁酒店正式创立；2009 年，7 天在美国纽约证券交易所上市；到 2013 年，7 天的门店数量超越如家，成为当时国内单一品牌门店数量最多的经济型连锁酒店集团。这一阶段的 7 天连锁酒店，在资本市场的助推下充分分享市场增长的红利（见表 9-1）。

表 9-1 7 天连锁酒店 2005～2013 年发展历程

时间	发展成果
2005 年	7 天连锁酒店正式创立
2007 年	门店数突破 100 家
2009 年	门店数突破 300 家，会员达 975 万；在美国纽约证券交易所上市
2011 年	门店突破 1 000 家，会员达 3 000 万，跻身经济型连锁酒店第一梯队
2013 年	7 天成为国内单一品牌门店数量最多的经济型连锁酒店集团（如家酒店集团旗下有如家、莫泰和 e 家快捷三个品牌，所以在单一品牌酒店数量上被 7 天超越）

第二阶段（2013～2016 年）：升级之路

进入 21 世纪 10 年代，中国经济型酒店领域快速增长的窗口期或者风口期已经渐渐远去，具体体现在收入增长率和利润率的双双下滑。从 7 天酒店上市期间公告的数据也可以看出：7 天酒店营业收入增长率从 2011 年的 34.1% 下滑到 2013 年上半年的 17.5%，EBITDA 率（即息税前利润率）也从 2011 年的 22.7% 下滑到 2013 年上半年的 17.6%（见图 9-2）。数据背后是市场逻辑的变化：一方面是人工、物业成本的持续上升，典型如物业租赁成本已经从每月的 20 元/平方米上涨至 80 元/平方米；但另一方面，由于市场增量空间逐渐萎缩，市场竞争却日趋激烈，客房价格却难以提升，两方面因素的同时作用使得经济型酒店的经营颓势尽显。

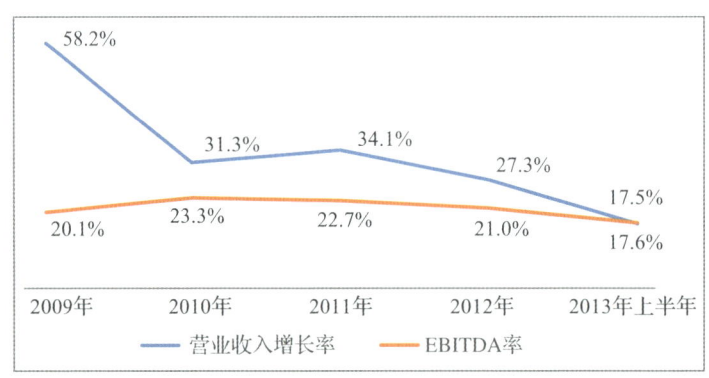

图 9-2 7 天连锁酒店 2009～2013 年上半年营业收入增长率、EBITDA 率

资料来源：7 天连锁酒店年报。

2013 年 7 月 17 日，铂涛集团正式成立，完成对 7 天连锁酒店的私有化

收购；同时邀请从 7 天酒店隐退创业近两年的郑南雁回归铂涛集团重掌帅印。那么，进入新时代背景下铂涛集团又是如何突围的呢？

铂涛集团在战略空间层面进行了重新审视。一是客户端，新一代年轻消费者早已不满足于"天天睡好觉"的需求；他们持自由、极简的生活态度，倾向于选择更懂他们、更符合他们调性的酒店品牌；那些价格在 300～600 元、品牌更富调性的酒店对日渐崛起的中产阶级更具吸引力。二是对于铂涛集团而言，在 7 天酒店时代建立起来的覆盖全国、当时高达 7 000 万名会员的会员平台成为宝贵的财产，而以门店为中心的卓越运营体系是上一个竞争阶段赖以成功的关键因素，能否符合新时代竞争的需求还要打个问号。三是在竞争对手端，传统竞争对手如家、汉庭等企业纷纷陷入增速放缓、利润下滑的窘境，逐渐逼向底线竞争的趋势似乎难以避免。

铂涛的战略选择方向是清晰的。与经济型酒店行业的传统竞争对手相比，即使铂涛投入更多的资源，也难以获得显著的竞争优势，更何况是在一个趋向红海的市场，这种资源投入的投资回报率也未必能达到预期。如何凭借上一阶段累积的会员资产、拥抱需求升级的客户群体才是获得持续价值来源的正途。铂涛集团以"连接美好体验"为自己的企业愿景，将酒店重新定义为不同的场景，成为连接各种体验的中心。在睡眠的功能性消费以外，酒店带来更多的情感属性，让消费者在酒店里体验到不同的消费场景。郑南雁也给了自己一个新定位——铂涛 CBA（首席品牌建构师）。在他看来，产品对应的是卖点，被卖点束缚的产品是很难升级的；而品牌对应的是价值取向，价值取向是可以长久和消费者沟通的，这样的产品就可以持续进行升级。在挖掘会员平台中细分人群的共性需求的基础上，通过品牌创建平台进行资源共享，吸引富有消费者洞察力的创业团队和职业经理人加入，从而创建多个有价值共鸣的品牌，实现两大平台的价值闭环，最终形成铂涛集团独一无二的体验生活圈。

思维与格局视野的调整，也使得铂涛集团的企业气质为之一变。整个企业从关注效率与便捷的经济型连锁酒店全面向关注品牌与体验的中高端品牌酒店集团转换，从过去的以门店为中心转向以用户为中心。铂涛集团一举发布推出多个具有独特价值主张的酒店品牌：铂涛菲诺酒店（Portofino Hotels & Resorts）、麗枫酒店（Lavande Hotels）、喆·啡酒店（James Joyce Coffetel）、ZMAX潮漫酒店（ZMAX HOTELS）等。这些新品牌选择了深得消费者认可且竞争对手优势不明显的竞争定位，增加了在位企业未曾提供的元素，迎合了高端化、个性化、多样化、族群化的消费需求（见表9-2）。

表 9-2 铂涛集团旗下品牌

新品牌	定位
麗枫酒店	以天然薰衣草香气和舒适睡眠为主打的中高端酒店
喆·啡酒店	全国首个以咖啡文化为主题的欧式装修风格的跨界中高端酒店
ZMAX潮漫酒店	以时尚和智能为主打的中高端酒店
铂涛菲诺酒店	高标准五星级或超五星级酒店
希岸酒店	女性综合旅居体验的跨界酒店品牌
希尔顿欢朋酒店	中端偏上的酒店品牌，主要面向广大注重高品质生活方式的商旅精英人士和亲子家庭
IU酒店	为渴望与周围发生各种链接的新一代"年轻"族群提供的创新型经济型酒店
H12酒店	主打"轻奢主义"，定位于寻求新鲜事物，需要一种年轻的、随和的及舒适氛围的奢华体验的人群
派酒店	为追求个性化、勇于尝试的年轻消费者提供"每家都不一样"的个性化住宿体验的轻标准、个性化连锁酒店
漫珠沙华艺术平台	由铂涛集团发起的非营利艺术平台，旨在发现并支持有才华的年轻艺术家，把他们的作品带到离生活更近的地方
窝趣轻社区	长租公寓品牌，集舒适居住品质、轻松社交于一体的新品类——轻社区
MORA COFFEE	以咖啡会友，云集各类兴趣圈的资深爱好者，为心存热爱的人们提供一个开放的交流场地和分享平台

资料来源：铂涛集团官网。

与战略空间调整同步的是商业模式的改进。致力于打造品牌"加速器"的铂涛集团，将自己定位于中国首个"以出行和休闲生活体验为主的品牌梦工厂"。这意味着铂涛所处的生态系统及商业模式也随之升级，铂涛需要调试出新的交易结构使其平台更具开放性和可拓展性。

基于对移动互联网时代消费者主权崛起这一大背景的判断，铂涛采取了"品牌众创"的平台模式，摒弃了酒店行业"集中资源创建一个品牌"

的酒店传统做法。这是对酒店品牌设立的前提假设的重置：既然消费者的需求的多样化趋势已经成立，酒店产品不仅要做好功能诉求更要珍视消费者的情感需求，中端酒店品牌的市场格局和经济型连锁酒店市场上的寡头式垄断不同，将走向个性与多元，如此一来，通过自下而上的品牌发掘式的做法要更有效率。于是，铂涛在生态系统布局上的各方角色和业务活动进行了重新切分：第一，引入品牌创业团队，吸引外面对品牌有感觉的人群、来捕捉某类消费人群的喜好度，由此做出一个品牌；第二，品牌先行与轻资产运作是铂涛商业模式升级的精髓，初创品牌在完成品牌定性与定调之后，不建直营店，将品牌概念呈现出来直接推动品牌加盟实现快速扩张，铂涛只须对每个新品牌投入约200万美元，风险可控的同时可以快速实现对品牌的迭代与淘汰；第三，铂涛集团扮演的是资源平台角色，新的酒店品牌需要借力于集团层面的资源优势，如集团在会员体系、IT系统、人力资源、财务、法务、开发队伍、供应链等方面为品牌提供服务，这样品牌团队就能够集中精力打造品牌以及产品；第四，当集团的定位转型为品牌提供服务后，铂涛也在这一理念的指导下重塑与酒店用品商的交易关系，例如铂涛集团将传统的采购管理升级为供应链管理，并独立注册为广州聚优汇供应链管理有限公司；原来的采购管理只关注上级要求和自身需求、过于注重管控成本，铂涛集团与酒店用品商建立战略性供应链伙伴关系后，心态上从甲方转变到乙方，更加关注每个品牌的需求，盈利点也从物资差价转变为供应链金融。

在新生态系统的基础之上，铂涛集团将视角进一步聚焦至会员和加盟商这些关键利益相关方的痛点，推出"铂汇金融"平台。"铂汇金融"充分利用了已有的会员资源和加盟商酒店资源，首期主要提供酒店众筹、消费信托等服务。酒店众筹为加盟商新开门店、老店翻新、日常运营等融资需求拓展融资渠道。消费信托在为购买的用户提供理财收益的同时，还提供各种专属的消费权益：消费信托理财金可直接支付酒店房费、享受消费信托专属折扣、度假产品限时特价抢购、入住酒店获得现金返息等。"铂汇金融"平台的推出，有利于铂涛集团进一步锁定消费者和加盟商，提高会员黏度，帮助加盟商解决资金需求，也使得铂涛集团商业模式进一步升级，打破整个商业生态系统价值空间天花板和效率瓶颈。

根据转型后铂涛集团的商业模式，我们画出了它的业务系统图（见图9-3）。

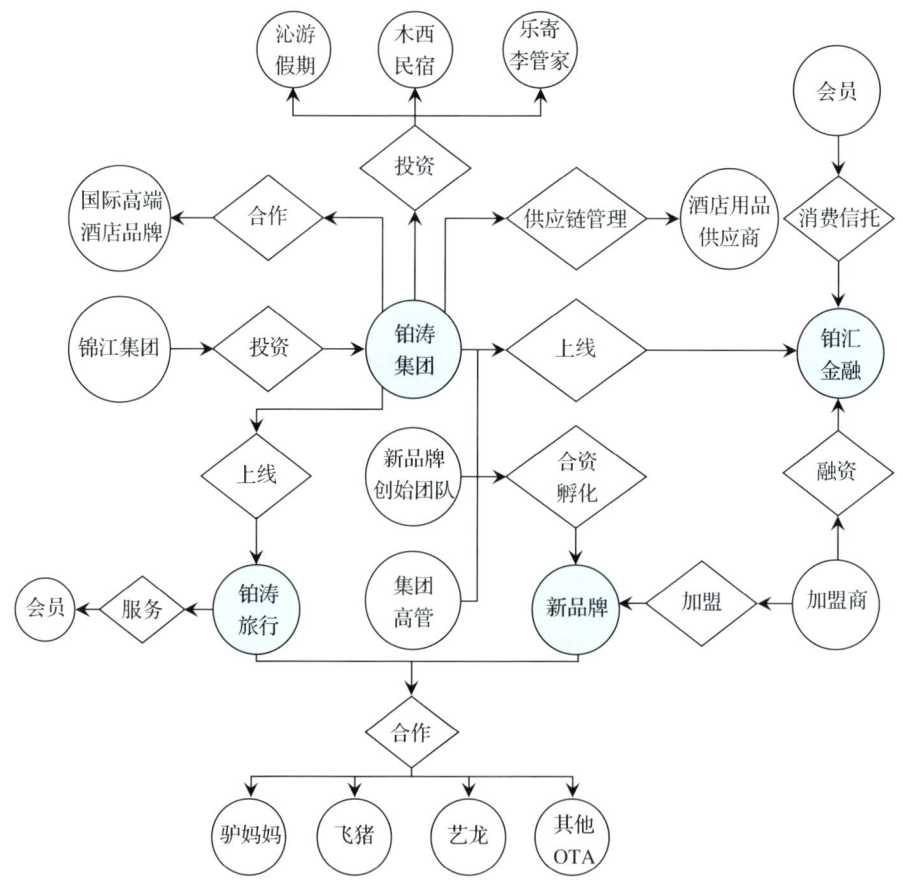

图9-3　铂涛集团的业务系统示意图

铂涛集团升级之路的一个关键是如何解决新品牌创业团队、原集团高管的不同利益相关方的关系问题。如果以原有7天酒店为主要的资源平台，又可能造成新老团队在运营理念、协同互动中的潜在壁垒。所以铂涛集团的第一步是调整组织结构,通过铂涛集团收购7天酒店,7天的原有资源上调至集团层面,在集团层面架构全新的职能部门,使原7天成为铂涛集团旗下品牌之一,这样能使得未来创建的中高端酒店品牌的理念、团队与7天酒店完全分离。在利益的切分上,铂涛集团在行业内首次与集团高管、新品牌创始团队结成紧密的利益相关者关系,共同投资创建新的酒店品牌。为了实现新品牌更快更高效地孵化,铂涛集团设置"6+2+2"的创始股权结构,即新品牌20%的股份给创业团队、20%的股份给集团高管,铂涛集团持有60%。这样有效提高了新品牌创业团队积极性、集团高管对新品牌的扶持力度(见图9-4)。

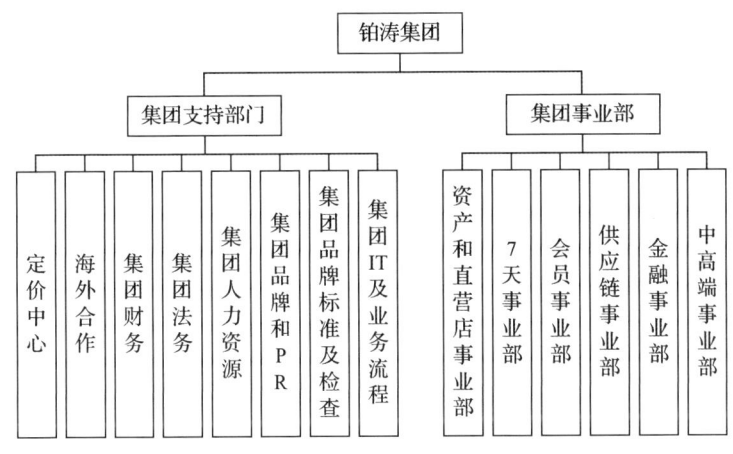

图9-4　铂涛集团2013年年底组织结构图

资料来源:潘冬燕.创变:从7天酒店到铂涛集团[M].北京:机械工业出版社,2016.

此阶段的铂涛集团的盈利模式相对多样化,有直营店收入、一次性加盟费收入、加盟商收入分成、供应链金融、产品销售差价、投资性收入等。此时,关键资源能力主要由品牌孵化能力、领先的终端会员管理体系、系统化的招商加盟体系和培训体系构成。

当企业长大成为行业的领导者后,就需要着眼于共生体层面的竞争,从更大时空思考着手共生体层面的布局。

一是酒店共生体与OTA(online travel agent,在线旅行社)共生体间的竞争与合作。因为酒店业的销售渠道被 OTA 掌控，利润也被 OTA 大量蚕食。消费者已经习惯于通过移动端 OTA 寻找酒店、预订酒店。而且随着携程与去哪儿合并，OTA 行业进入携程系、美团、飞猪（阿里巴巴旗下）寡头垄断时代。其中，携程系市场份额超过半壁江山。OTA 进入寡头时代表明其对酒店业的渠道控制力更强，二者对抗和依赖更加严重。面对咄咄逼人的 OTA，铂涛集团一方面与众多 OTA 加强合作，例如与艺龙开展分销合作联盟；联手驴妈妈推出的门票预订服务等；与飞猪深度合作，开启酒店"信用住"。另一方面，铂涛集团走出传统的酒店住宿业，创新性地推出类 OTA 产品"铂涛旅行"，集合酒店预订、周边攻略、目的地游记等核心功能，并销售电脑包、笔记本、电脑、雨伞等；预计未来可能将整合机票、门票、接车、导游等多种出行服务，进一步深入消费者的出行场景之中。

二是以 Airbnb 为代表的共享经济新共生体下的出行业服务商、民宿、定制旅游等日渐火爆，对铂涛集团传统酒店业共生体造成冲击。铂涛集团积极探索，为原有的共生体设计加入新的角色，铂涛集团先后战略投资了私人订制旅游服务平台"沁游假期"和房屋短租共享平台"木西民宿"（见表 9-3）。

表 9-3 铂涛集团的"沁游假期"和"木西民宿"

投资对象	业务特点
沁游假期	由 50 多个来自世界各地的环球旅行家组成的线路定制顾问团，为消费力较强的中产阶级定制冷门目的地和冷门海岛旅游的咨询服务
木西民宿	通过吸纳并筛选城市核心商圈的优质闲置房产，以全托式 C2B2C 运营模式，进行房屋的统一装修改造和集中运营管理，帮助房东进行个性化软装设计，并代为托管运营，通过房租分成盈利

资料来源：根据公开资料整理。

从企业价值来看，2013 年 7 月 7 天连锁酒店退市时按当时汇率的估值为 6.96 亿美元，2015 年 9 月锦江集团控股铂涛集团时，按当时汇率计算铂涛集团估值为 16.22 亿美元。到 2016 年，铂涛集团已位列国内中端酒店市场的第一阵营。铂涛的升级之路迎来了曙光。

【击节叹赏 / Aha Moment】

当下，很多企业都在思考升级，从 7 天到铂涛的升级之路无疑提供了一个良好的案例，令人不由地击节叹赏的有以下五点。

铂涛走过的是一条颇具代表性的企业升级之路：从战略和商业模式已经得到验证的空间市场突破，借助资本和管理（执行力）形成规模，获得市场地位；凭借第一阶段的体量获得生态系统层面的影响力，升级生态系统；站在行业领导者的高度和格局投资于未来时空的竞争力，改造共生体。这条路几乎成为新时代企业竞争的升级标配。

如何保持企业的弹性或活力。当今的时代变换节奏已经大大加快，上一个时代的价值创造来源很容易在新的时代变换，过于稳定的企业很容易被时代淘汰。新时代优秀企业家的一个核心素质就是居安思危，每过一两年就会推出公司级的创新或重点举措，将企业组织逼近"微失控"的边缘，保持团队的"战斗力"。正如郑南雁曾经说过，"企业的最佳状态是有一点微乱。腾讯就有混乱中出现颠覆式创新的能力，有条不紊的公司是不会出现创新的。"

战略与商业模式的协同互动性越发重要。铂涛在第二阶段的战略调整，需要商业模式随之变化，否则新战略也将无法落地。战略与商业模式的互动式调整已经成为趋势，企业单纯从战略层面获得的竞争优势将会有限，商业模式层面的思考价值日益彰显。

明晰企业设计的假设前提/逻辑。铂涛升级选择是基于消费者需求逻辑发生改变这一基本判断，所以企业运转的逻辑也要调整。铂涛最终没有采取传统酒店行业"集中资源创建一个品牌"的做法，而是建构了一个"品牌众创"平台。传统做法的假设是酒店才是专家，它知道客户的需求是什么而且能够提供，追求酒店品牌的一次成功性；后者则是假设在多元化、碎片化的消费需求面前，不同品牌创设团队的洞察更有效率，追求多品牌下的成功概率。

升级路径上转换成本的计算。铂涛集团一个很重要的制度/机制安排就是对企业内部利益相关方的利益安排，这体现了决策者对升级之路转换成本的足够敏感和精细的计算。曾经的成功正变成未来的挑战，越是成熟的、成功的企业，来自内部的过往惯性就越强，内部交易结构的设计（利益的再安排）往往成为升级之路的胜负手。

本文作者为汪鹏。

CHAPTER 10

第十章

Netflix
流媒体服务商的三度竞争空间

  Netflix 是目前全球最大的流媒体服务商。它创立于 1997 年，起初是一家 DVD 租赁服务公司，2007 年起创新性地用流媒体（streaming media）模式逐渐替代有线电视，用户可以随时通过手机、平板、电脑、电视等设备观看自己喜爱的影视内容，而不再需要在某一个特定时段、坐在电视机前等待节目开始；截至 2016 年底，Netflix 已在全球范围内拥有超过 8 800 万的付费用户，占据流媒体服务市场的领先地位。Netflix 过去 10 年间在流媒体领域取得了引人瞩目的竞争地位，让我们不禁想问，站在 Netflix 的角度来看，如何解析其所处的竞争空间、它的竞争对手们又是从哪里切入展开竞争呢？

第一度空间：共生体空间

Netflix 所面对的最顶层的竞争空间就是共生体空间。共生体空间由企业对不同共生体选择的自由度构成。不同的共生体拥有不同的角色和业务活动集合，也具有不同的价值创造元逻辑。

在流媒体共生体出现前，影视娱乐商业生态簇下存在着多个共生体。首先是有线电视共生体。从广播电视发展至有线电视的黄金时代后，好莱坞知名的电影厂商、独立制片商、广播电视网、地方电视台及新兴的有线电视网（例如 USA Network、TNT、ESPN）源源不断地提供丰富的节目内容，经过内容的整合，再通过有线电缆、卫星或宽带传输到家家户户的电视机前。内容投资方、内容制作方、有线电视频道网、多频道视频节目分发商（MVPD）、电视机及设备厂商及观众等，共同形成繁荣的商业生态。其次是影院共生体。好莱坞知名电影厂商、独立制片商负责制作影片，经过发行宣传，再通过院线和影院环节，最后呈现给观众。最后是 DVD 共生体，影视内容被录制到 DVD 中，再通过一系列分发环节和 DVD 机的播放，呈现在观众面前。与此前已有的共生体相比，流媒体共生体具有不同的角色和业务活动。娱乐节目不再通过电缆或卫星传输，也不需要依托影院或 DVD 呈现，而是通过互联网传送到用户的电视、电脑、平板、手机或其他设备上。

第二度空间：商业模式空间

Netflix 所面对的第二层的竞争空间是商业模式空间。商业模式空间描述的是焦点企业与利益相关方形成怎样的交易结构，来共同实现共生体所涵盖的一系列角色或业务活动。Netflix 的商业模式到目前为止经历了以下三个主要阶段。

Netflix 模式 1.0（1997～2006）：DVD 在线租赁

Netflix 创立初期是一家 DVD 租赁服务公司（见图 10-1）。不同于当时占据绝大部分市场、拥有众多线下 DVD 租赁门店的巨头 Blockbuster，

Netflix 采用轻资产化运作的方式，向客户提供线上挑选预订 DVD 的服务，并用隔夜快递邮寄给客户，再由客户看完后邮回。1998 年 4 月，这项服务刚上线时 Netflix 只有 30 名员工和 925 本 DVD。1999 年 9 月它推出了无到期日、无逾期费、无邮费的会员制度，解决了以往客户感到苦不堪言的逾期费问题，逐渐打开了在 DVD 租赁市场的局面。在竞争压力下，原来的 DVD 市场霸主 Blockbuster 也从 2004 年起开始提供在线租赁服务，但受到原有商业模式的拖累，最终于 2010 年宣告破产。

配合 DVD 在线租赁业务，Netflix 开始涉足影视内容制作及发行环节，设立的一个部门 Red Envelope Entertainment 制作或分发了超过 100 部影片，尤其是《生于妓院》(*Born into Brothels*)、《雪莉宝贝》(*Sherry Baby*) 等独立电影。

针对一些技术难题，Netflix 尝试寻求外部支持、开展技术众包。2006 年，Netflix 举办了著名的 Netflix 大奖赛，奖金 100 万美元。比赛要求参赛者运用 1 亿份包含片名、星级和用户属性的影片评级数据，建立一个影片推荐模型，把预测的效率提高 10% 以上。经过来自全世界 186 个国家的 4 万多个参赛团队近三年的较量，2009 年终于决出结果，解决了 Netflix 长期以来面对的核心技术难题。

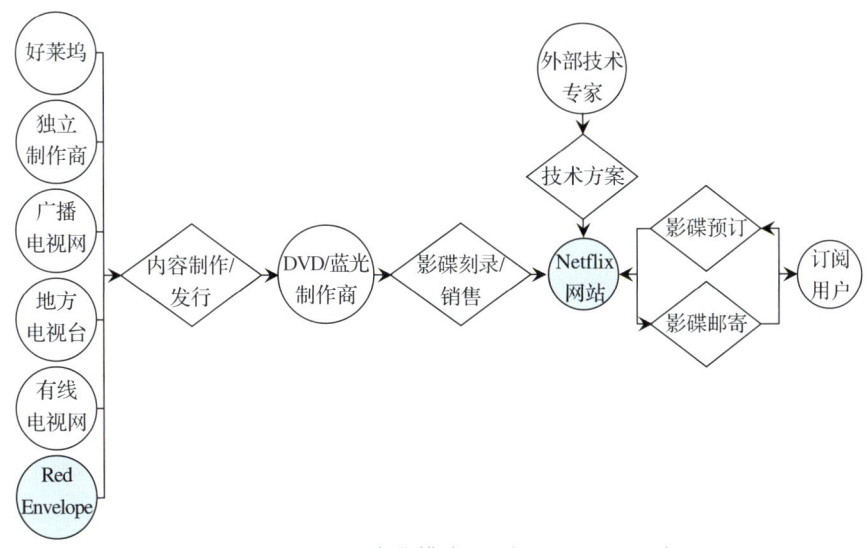

图 10-1　Netflix 商业模式 1.0（1997～2006）

Netflix 模式 2.0（2007 ~ 2010）：DVD 在线租赁 + 流媒体服务

2007 年 Netflix 开始从 DVD 租赁服务商向流媒体服务商转型（见图 10-2），向 DVD 租赁客户免费赠送名为 Watch Instantly 的服务。用户在下载安装所需软件后，每月可在线观看若干小时的电影或电视节目，吸引了一部分对在线观看感兴趣的会员。随后又推出了无限内容包月订阅的盈利模式，订阅用户每个月支付 9.99 美元，即可享受 DVD 无限租赁 + 流媒体无限观看的打包服务。

构建一个全新的商业模式需要一系列利益相关方的配合。Netflix 在开展流媒体业务之初没有很强的原创内容能力，而是选择通过与内容提供方洽谈，获取更多优质片源。例如 Netflix 与有线电视公司 Starz 在 2008 ~ 2012 年间达成合约，将数千部包括索尼、迪士尼等公司制作的影片提供给用户观看。Starz 当时低估了流媒体业务的潜力以及对自身付费有线电视业务的冲击，在条款设置上并没有提出过高要求。为了减少与内容提供方的利益冲突，Netflix 在 2008 年关闭了旗下内容制作及发行的部门 Red Envelope Entertainment。

流媒体服务还需要强大的计算、存储能力。Netflix 起初采用自建的数据中心，但 2008 年 8 月一场主数据库损坏事件使公司长达三天无法向会员发放 DVD，使公司改变了对技术架构的看法，开始了向云端的迁移。2009 年起公司开始逐渐使用亚马逊云计算服务（Amazon Web Services，AWS），在云端部署业务逻辑、分布式数据库和大数据处理 / 分析、推荐、转码和数以百计的其他功能。由专业的云计算服务商提供计算存储服务，具备较强的可拓展性和灵活性，能几乎瞬时地增加和收缩占用的资源，在几分钟内增加数千个虚拟服务器和 PB 级存储，而不用维持大量的备用资源。

同时，由于流媒体传输对网络质量要求很高，Netflix 和 AT&T、威瑞森、康卡斯特、时代华纳等美国宽带服务商签署了网络直连协议。根据协议，Netflix 在与用户位置接近的宽带服务商数据中心中部署服务器，通过 Netflix Open Connect 这个自建的内容分发网络（content delivery network,

CDN),将流行度高的视频提前发送到这些服务器上,然后再在订阅用户点播时进行本地推送。这种合作模式能缓解内容重复传输的问题及高峰时段的压力,从而减少了对运营商网络扩容的需求,降低了运营商的成本,同时能够给用户带来更流畅的观看体验。

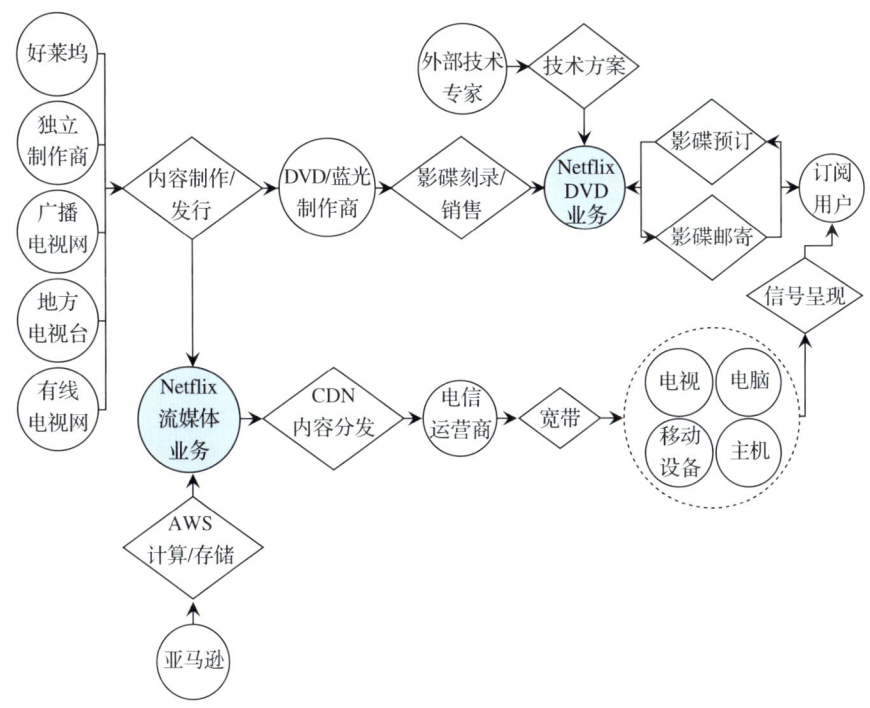

图 10-2　Netflix 商业模式 2.0(2007 ~ 2010)

Netflix 模式 3.0(2011 至今):流媒体服务分拆及原创内容

2011 年 Netflix 加速推进向流媒体的转型(见图 10-3)。2011 年 7 月 12 日宣布将把原来每月 9.99 美元的 DVD+ 流媒体打包服务转变成每一项服务收费 7.99 美元,这意味着用户若要继续同时订阅这两项服务,需要多支付 60% 的费用;同时计划将 DVD 租赁服务拆分出来并更名为 Qwikster 网站。这项计划让许多用户感到愤怒,3 个月内 80 万用户流失,公司股价也暴跌 70%;Netflix 不得不宣布放弃分拆计划,但定价策略仍然按原计划执行。2012 年,Netflix 的流媒体用户达到 2 500 万,实体 DVD 租赁用户减少为

800万人，调价风波安然过去，流媒体用户占比提升。经过后续几次收费标准调整，Netflix截至2016年年底仍然采用包月订阅的盈利模式，根据清晰度和可同时观看屏幕数量不同，提供每月7.99美元、9.99美元、11.99美元三种价格的套餐。

Netflix与部分智能电视、机顶盒和蓝光播放机的厂商合作，比如在美国有线电视集团康卡斯特和Suddenlink的机顶盒、亚马逊的Fire TV盒子中添加Netflix频道，并配有语音控制功能，用户想要观看某个影视节目内容，只需要说出节目就可以自动搜索。又比如在夏普、索尼、东芝等品牌电视和海尔、松下、三星等品牌的蓝光播放器遥控器上内置红色的"Netflix"按钮，使得用户可以方便地一键访问Netflix。

Netflix这一阶段商业模式的最重要变化是内容环节。与Starz合约到期后，双方就因价格谈不拢而不再续约。失去Starz后，Netflix无法再为用户提供索尼、迪士尼的新片，也无法向用户提供其他三大电影制片厂华纳兄弟、福克斯、环球出品的任何一部新片，只能等影片发行为DVD后才可以，从侧面映照出Netflix从传统内容提供方获取优质内容的压力。2010年，Netflix任命特德·萨兰多斯担任首席内容官，正式进军原创节目领域，增加对上游环节的掌控力。

在电视剧集和纪录片方面，Netflix以投资、提供方向性建议等方式参与原创剧集的创作，并作为发行商获得一定期限的首播权；剧集或纪录片本身由第三方制作公司（绝大多数是新兴的独立制作公司）制作。不同于传统电视台采取的周播方式，Netflix开创性地采用整季同时放出的方式，使得制作方可以更多考虑整部作品的连贯性。2012年，第一部原创剧集《莉莉海默》（*Lilyhammer*）上线；2013年，《纸牌屋》（*House of Cards*）风靡全美。之后Netflix又推出了《女子监狱》（*Orange is the New Black*）、《怪奇物语》（*Stranger Things*）、《卢克·凯奇》（*Luke Cage*）、《少年嘻哈梦》（*The Get Down*）、《毒枭》（*Narcos*）等优质剧集，2017年纪录片《白盔》（*The White Halmets*）更是获得了奥斯卡最佳纪录片奖。

在电影方面，Netflix 于 2015 年进入原创电影领域。Netflix 与喜剧明星亚当·桑德勒、比尔·莫里、瑞奇·贾维斯合作，先后出品了近 10 部喜剧；推出描写西非国家内战的《无境之兽》(Beasts of No Nation) 等作品。Netflix 试图改造电影分销环节，缩短甚至消除从影院上映到网络播映之间的窗口期；与美国电影院线 iPic 娱乐公司签署了协议，未来 Netflix 制作的 10 部电影，将会采用网络与影院同日上映的分销方式。

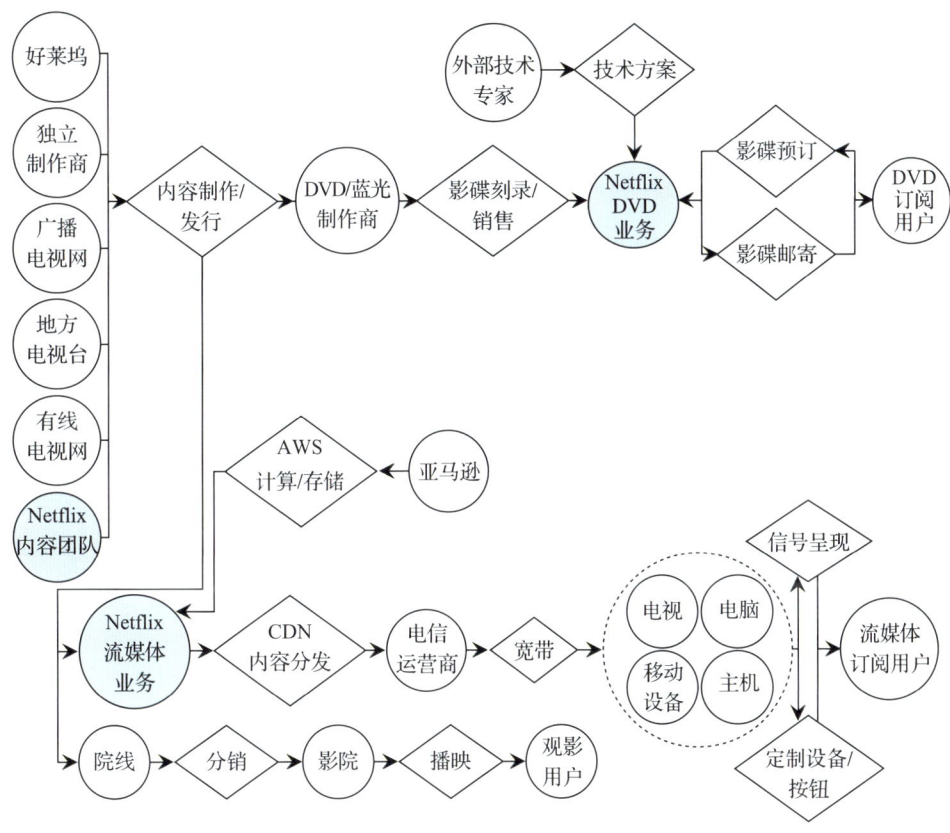

图 10-3　Netflix 商业模式 3.0（2011 至今）

综上所述，Netflix 在生态系统中构建商业模式时的第一个特点是突破思维边界，引入有价值的利益相关方。Netflix 所开展的流媒体业务在很大程度上抢占了有线电视市场，但公司在建立起一定自身优势后，也并不回避与有线电视产业链条中的企业洽谈合作，由智能电视、机顶盒和蓝光播放机等厂商推广 Netflix 的流媒体服务。另一个让人深思的例子是，Netflix 随着用户分析和内容生产能力的提升，还进一步切入电影市场，并与线下院线达成合作。正反映出市场竞合是动态的，而商业价值是永恒的。

第二个特点是切割重组活动环节，使焦点企业和各个利益相关方所承担的角色与其资源能力相匹配。Netflix 自身负责平台搭建、内容整合、内容分发、用户分析等环节，而在内容生产、网络传输、计算存储、硬件设备、音乐版权管理等环节引入利益相关方来完成。举例来说，Netflix 在计算存储环节使用亚马逊的云服务，大大提升了计算存储的可拓展性和灵活性；切割重组活动环节也并不是一味追求轻资产模式，Netflix 在内容分发网络（CDN）等关键环节采用自建的方式，以提升用户体验并降低运营风险。

第三个特点是采用适合业务系统的盈利模式和现金流结构。与 YouTube 等平台由用户生产内容不同，Netflix 通过签约获取或原创制作得到更长、更高质量的内容，这就使得包月订阅的盈利模式更为合适，也更有可能成功。

第三度空间：战略空间

Netflix 所面对的另一层空间是战略空间。战略空间主要有客户、竞争对手和企业本身三个维度，通常要回答三类根本问题：企业为谁创造什么价值，企业的竞争对手是谁，企业的竞争优势是什么。

Netflix 对于用户需求、竞争格局和自身优势有着独到的洞见。早在开展 DVD 在线租赁业务的阶段，Netflix 就发现了用户对更便捷地获取 DVD、更方便地发现有趣影片、更灵活地决定归还日期的需求。Netflix 不畏惧 Blockbuster 等在位巨头，以崭新的业务系统和盈利模式切入市场，逐步积累自身的用户基数、影片推荐能力和物流配送体系。

在流媒体服务阶段，Netflix 主要把握住了用户随时通过手机、平板、电脑、电视等设备观看影视内容的核心需求，成为流媒体市场的先行者，并持续构建在用户、品牌、内容、大数据算法、内容分发网络等方面的竞争优势。作为美国本土流媒体市场的先行者，Netflix 在美国市场所面对的问题是如何把握时间窗口、建立竞争壁垒，比如品牌、内容、大数据算法、内容分发网络等。而国际化扩张过程中，由于全球各个国家和地区的异质性，需要更充分的考量才可能建立与美国本土市场一样的竞争优势。Netflix 在地理区域维度也是逐步拓展的，2007 年开展流媒体业务时是在大本营美国市场，2010 年首次开展国际化拓展至加拿大，随后又扩展到欧洲、日本、亚洲等区域，2016 年已向 190 多个国家或地区开放服务。

在落地过程的路径选择中，Netflix 非常有技巧地处理企业内部具有竞争替代关系的两块业务，DVD 在线租赁和流媒体服务。当 Netflix 开始着手开展流媒体业务时，已经在 DVD 在线租赁市场建立了明显的竞争优势，逐渐替代原有巨头成为市场领导者，而发展流媒体业务会对 DVD 业务产生冲击。对比于很多企业常常纠结于"左右手互搏"的问题，Netflix 在这种情形下展现出异常清晰的判断力和很强的行动力，懂得运用原有 DVD 在线租赁业务积累相关资源能力，比如用户基数和影片推荐算法，并将这些资源能力迁移到新的流媒体业务中，成为新兴竞争领域的赢家。

竞争对手的商业模式设计

Netflix 对生态系统的构建和商业模式的选择，并不是流媒体共生体下的唯一解。观察其他一些企业在流媒体领域的动作，可以看到它们所采取的商业模式在业务系统、盈利模式、现金流结构等方面是各不相同的。

业务系统不同

内容生产：流媒体内容生产环节主要有三种不同情况。第一是采用传统媒体所生产的内容，Hulu 就是这种模式的代表。作为传统媒体巨头应对流媒体变局而设立的公司，Hulu 在 2007 年 3 月由 NBC 环球集团和新闻集团出资成立，2009 年 4 月获得迪士尼投资，2012 年获得二十一世纪福克斯投资，2016 年 8 月获得时代华纳投资。背靠四大顶级内容厂商，Hulu

与多家电视网络及内容制作方达成合作协议，能源源不断地获取优质电影新片或当季电视节目，在播映内容方面具有天然优势。而亚马逊则与福克斯、派拉蒙、探索发现、米高梅、HBO签署合作协议，播放其旗下的部分内容。第二是定制或原创内容。例如亚马逊在2010年11月成立了亚马逊工作室，负责制作原创内容，2016年以《透明家庭》(*Transparent*)和《丛林中的莫扎特》(*Mozart in the Jungle*)两部影集成为金球奖大赢家。又比如NowThis这款应用，是由《赫芬顿邮报》的联合创始人肯·勒雷在2012年底推出，主打15～30秒的短视频新闻，全部为官方制作的内容，重点关注美国的时政、科技等领域。第三是由用户生产，最为人所熟知的例子就是YouTube，其创办的初衷就是方便朋友之间分享视频，随后迅速发展成为用户分享和观看原创视频的互联网平台，捧红了一大批视频原创作者。此外，Twitter旗下的短视频原创平台Vine允许用户上传6秒的短视频并无缝地嵌入到社交网络中，是短视频领域的先行者，与2013年增加短视频功能的社交软件Instagram、Snapchat一样，都是依靠用户来生产流媒体内容。

内容整合：内容整合是流媒体服务的关键环节，其中一个重要趋势就是越来越倚赖大数据。YouTube从2012年左右开始主推频道功能，并且设有频道推荐算法，帮助用户持续发现感兴趣的内容。同时，YouTube平台上还兴起了一类新的利益相关方，多频道网络（multi channel network，MCN），可以为内容创作者提供粉丝招募、内容编排、创作者协作、数字版权管理、作品销售等服务，在一定程度上发挥了内容整合的作用。

网络传输：传统的卫星电视运营商也转型开展网络电视，以互联网为媒介传输影视节目。例如ViaSat拓展至ViaPlay in the Nordics，DISH拓展至Sling，DirecTV拓展至DirecTV Now等。这些运营商通常会运用自身网络进行传输。

计算存储：亚马逊具有全球顶尖的云计算能力，用于支持自身的流媒体服务。

硬件设备：亚马逊还涉足硬件设计、制造和销售环节，2015年8月推出了机顶盒与游戏机一体的 Fire TV 盒子，售价 99.99 美元，可以播放 Amazon Instant Video、Netflix、Hulu、ESPN 等多个视频源内容，有效拉动了自身的流媒体服务。

社交：Vine/ Instagram/ Snapchat 使视频内容观看与社交过程紧密结合。短视频原创平台 Vine 从纽约一家三个人的创业公司起步，2012 年被 Twitter 看中并收购。Vine 的特点是允许用户上传 6 秒的短视频，用户可以将很多片段拼接在一起发布，并可以无缝地嵌入到 Twitter 和 Facebook 中，依靠 Twitter 的扶持抢得短视频领域的先机。图片分享工具 Instagram 和即时通信应用 Snapchat 随后也意识到了短视频发展的广阔前景，先后增加短视频功能。在竞争压力下 2016 年底 Twitter 宣布关闭 Vine，将其变为一款简单工具。

盈利模式不同

广告：最典型的就是 YouTube。YouTube 不断探索更多广告形式以及更精准的广告推送，力图平衡广告价值与用户体验。此外，Hulu 在创立之初也是以广告为盈利来源，电视电影内容全部免费播放。

订阅：亚马逊在 2011 年推出 Prime Instant Video 流媒体服务，作为 Prime 高级会员的额外福利。Prime 高级会员在支付 79 美元年费后，除了能享受商品免费两日达送货服务、Kindle 电子书租借服务外，还可以观看 4 万多部电影和电视剧集。2016 年 4 月，亚马逊宣布流视频服务不再只捆绑到 Prime 包年订阅中，观众可以按月付费收看流视频，定价每月 8.99 美元。Hulu 迫于竞争压力于 2010 年 11 月推出 Hulu Plus 订阅模式，包含广告较少、每月 7.99 美元的版本以及完全没有广告、每月 9.99 美元的版本，并将最高广告时间从 2 分钟增加到 4 分钟。YouTube 2015 年 10 月也在美国推出 YouTube Red 订阅服务。每月 9.99 美元可享受无广告、后台播放、离线播放视频的体验，截至 2016 年年底这项付费订阅服务的用户数量仍然在起步阶段，还无法与 Netflix 相匹敌。

免费：短视频平台 Vine 从头至尾都没有商业化的计划，主要目的是丰富股东 Twitter 的产品体验，拉动用户活跃。同时，对于原创视频的制作者也没有收入分成等机制。

现金流结构不同

简单来说，与传统媒体签约获取内容、定制或原创内容和由用户生产内容对现金流的影响差异很大。前者是一次性支出大额现金，分期回收，所以对内容的质量要求很高，以追求成功率为主；后者的现金流波动相对更为平稳，长尾的内容供给和需求则变得重要。

流媒体时代的到来引入了互联网传输、电脑／平板／手机等新设备播放等角色和业务活动，并衍生出大数据分析推荐等业务活动。其价值创造的逻辑在于更灵活的节目点播、更多样化的呈现终端能带给观众良好的娱乐体验，更准确的用户行为数据能引导整合发行方提升内容推荐的匹配度，创造更高的价值；此外，不同于有线电视需要电视信号传输商大规模的初始固定投入，用于搭建覆盖城市乡村各个角落的电缆网络，或者影院需要线下场地成本，流媒体以互联网为传播介质，涉及流媒体平台搭建的研发费用及后续宽带费用，天然地具有更低的成本。

如何将流媒体时代的趋势转化为商业上的胜势，Netflix 无疑为我们提供了一个精彩的案例。而像 YouTube、Hulu、Amazon 等竞争对手也从各自的资源能力和对商业价值的定义上出发进行了全新的演绎。多元纷呈的竞争在为用户和利益相关方创造了不同维度价值的同时，也让我们感受到了共生体、商业模式和战略的魅力。

【击节叹赏 / Aha Moment】

顶层思维能够为企业发展提供新的灵感和方向，尤其是对于创新型企业或者是行业领导者。这种从上到下，从宏观逐步聚焦到企业层面的思考方式就是顶层思维。它从从共生体空间出发，先看在生态簇层面是否存在新物种出现或演变的可能，然后具体到商业生态系统中寻找到价值和效率最大化的方式，最后聚焦到企业的商业模式与战略设计。Netflix开创流媒体服务的起点，这个共生体是全新的，所以Netflix需要对从内容提供到用户观看体验的每个环节进行设计，补齐或创造现有共生体中没有的角色，建构出一套完整的价值创造逻辑。对于行业领导者而言，对竞争的关注则要上升至共生体层面，探求新的价值创造逻辑或避免被其所颠覆，这就是Hulu成立的原因。更重要的是，这种从上到下的思考方式，可以帮助企业思考前路，如企业一旦掌握了商业模式的系统工具，就能设计出商业模式1.0版本、2.0版本，在前进时的目标感和方向感就可以更强，少走弯路。

互联网技术的革命催生了新的共生体，但技术本身不能直接带来商业成功。企业研发新技术，要么引领共生体的走势，要么改进商业模式、战略和管理层面的效率和效能。Netflix有的技术是改进流媒体的网络传输质量，提升新共生体的竞争力；有的则是借助外力优化影片推荐模型，改进自身在战略空间的优势。Netflix始终是围绕商业价值的创造研发技术。请注意，技术创造的是更大价值空间的潜力，而将潜力转换为实际的价值来源则是靠共生体、商业模式、战略和管理。

企业竞争的多样化不仅仅限于战略层面。不同企业的资源禀赋不同，切入流媒体新共生体的方式也不同：Netflix是从DVD在线租赁的渠道入手，Hulu是从过硬内容切入，亚马逊是从Prime高级会员和技术优势入手。在整个生态系统中，不同竞争对手基于不同的优势对业务活动环节重新拆分组合，盈利模式和现金流结构也开始差异化。而商业模式的差异，使得到达"未来彼岸"的路径也不同，企业间逐渐呈现出系统化的不一致。多层面的竞争拓展了企业的决策空间，更丰富了用户的选择层次。

本文作者为柏卉。

CHAPTER 11

第十一章

直击养殖行业的痛点
雏鹰农牧与温氏集团的对策

民以食为天，在拥有 14 亿人口的中国，农业养殖天地广阔，但现实却是中国的农业养殖行业一直难以有效地整合起来。虽然"公司 + 农户"的模式逐渐成为主流，但仍会面对四种风险：猪肉、鸡肉等产品价格的波动风险、饲料原料价格波动风险、疫情风险，以及基于前三种风险之上的公司与农户之间的毁约风险。即使公司和农户之间会有合约安排，但当产品价格高于合约价格时，农户会倾向于选择违约；而当产品价格显著低于合约价格时，公司只能承受差价损失。如此大的风险敞口成为"公司 + 农户"模式的核心痛点。以雏鹰农牧、温氏集团为优秀代表的养殖企业另辟蹊径，走出了一条具有自身特色的"公司 + 农户"新路。

雏鹰农牧的商业模式变迁

雏鹰农牧集团股份有限公司始创于 1988 年，2010 年 9 月 15 日在深交所成功挂牌上市，成为"中国养猪第一股"。经过长期探索，雏鹰农牧开创了一条企业、农户、代理商、经销商共同发展、共享成果的特色发展之路——雏鹰模式。雏鹰模式经历了从 1.0 发展到 3.0 的三个版本。

雏鹰模式 1.0：传统的"公司 + 农户"模式

雏鹰农牧主营的生猪养殖业务位于猪肉产业链上游，早期发展起来很大程度上源于 2004 年雏鹰农牧与双汇建立的年销售育肥肉猪交易，年销售量达 15 万头且长达 8 年的合约使刚开展养猪业务的雏鹰农牧规模得以迅速扩大。为了给双汇提供稳定猪源，除自有养殖的部分外，雏鹰农牧发展起了"公司 + 农户"的交易模式，从后院养殖的外部养殖户按照固定数量和质量收购生猪，但此时的外部收购更多是基于市场化交易。雏鹰农牧此阶段基于与双汇等大客户的可信订单，通过订单式市场契约横向迅速扩大商品肉猪产能，如图 11-1 所示。

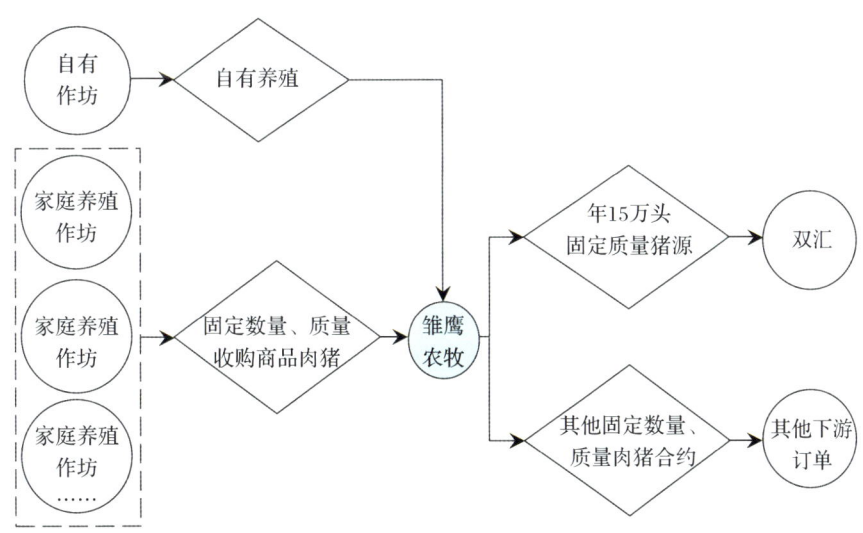

图 11-1　雏鹰农牧订单式市场契约交易

从雏鹰农牧角度而言，此阶段由于雏鹰农牧与双汇等大型屠宰加工企业形成了固定数量和质量的肉猪收购合约，因此一旦出现数量、质量问题雏鹰会付出违约损失，而猪肉市价波动风险由于与双汇的固定收购合约而完全转移至双汇。因早期养殖规模的限制，雏鹰必须从外部收购一定数量的肉猪，而外部收购主要来自后院养殖式的家庭作坊，收购活动市场化，疫情风险由各养殖户自身承担，只有当爆发大规模疫病导致肉猪数量不足时，雏鹰农牧才赔付双汇违约损失，双汇也因猪源不足承担疫情风险；雏鹰农牧的收购此时主要依赖于外观和称重等质检方式，生猪养殖生产资料由养殖作坊自己控制，养殖户为达标而使用违禁添加剂等行为的风险大，一旦出现问题，市场化随机性交易下雏鹰农牧付出违约损失，也对双汇品牌价值造成极大影响。

雏鹰模式2.0："基地规模化养殖"和"分阶段养殖"

2004年至2008年上半年猪肉价格基本处于上涨阶段，市场价格波动不明显，雏鹰农牧的发展环境良好稳定，促使其为应对养殖户行为风险而开始自建饲料加工厂、集中采购防疫品和自建种猪基地繁育仔猪，截至2010年上市，雏鹰农牧已自有2个饲料加工厂、2个祖代猪场、14个种猪场，形成如图11-2所示的交易模式。

为了强化对养殖过程的监控、获得规模化养殖的红利，雏鹰农牧采用的模式则是租赁（养殖基地建设引入第三方合作机构并以免费的形式提供给农户）或自建猪舍，委托养殖不是以中小规模分散农户的形成，而是集中到大规模养殖基地，从而大幅降低公司统一管理和技术推广的难度，利于规模的扩张和降低经营风险；另外对农户也具有较强的吸引力。

另一特色是，雏鹰农牧做法是将养殖环节分拆成多个环节（例如配种、妊娠、分娩、保育和育成等），猪在不同成长阶段交给不同农户负责，并配备不同猪舍（见图11-3）。通过这种设计大大降低了防疫风险（很好地解决了制约规模养殖的"规模扩张"与"防疫压力"之间的矛盾），同时也降低了违约风险。

第十一章 直击养殖行业的痛点：雏鹰农牧与温氏集团的对策

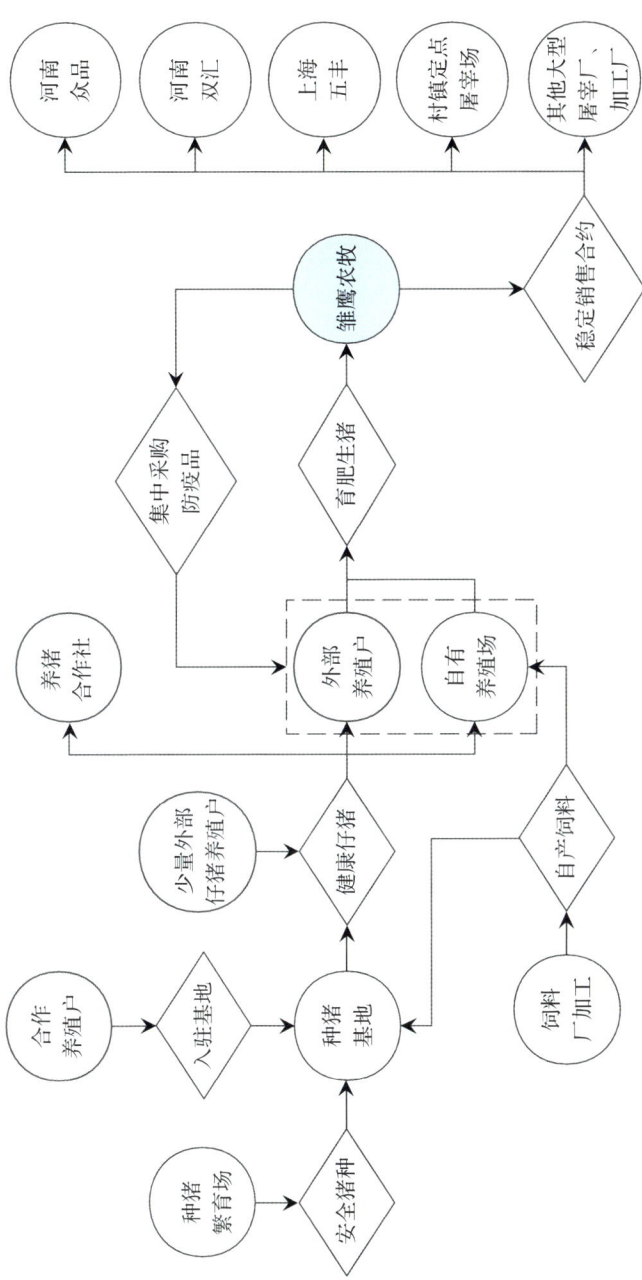

图 11-2 雏鹰农牧上下游扩张交易

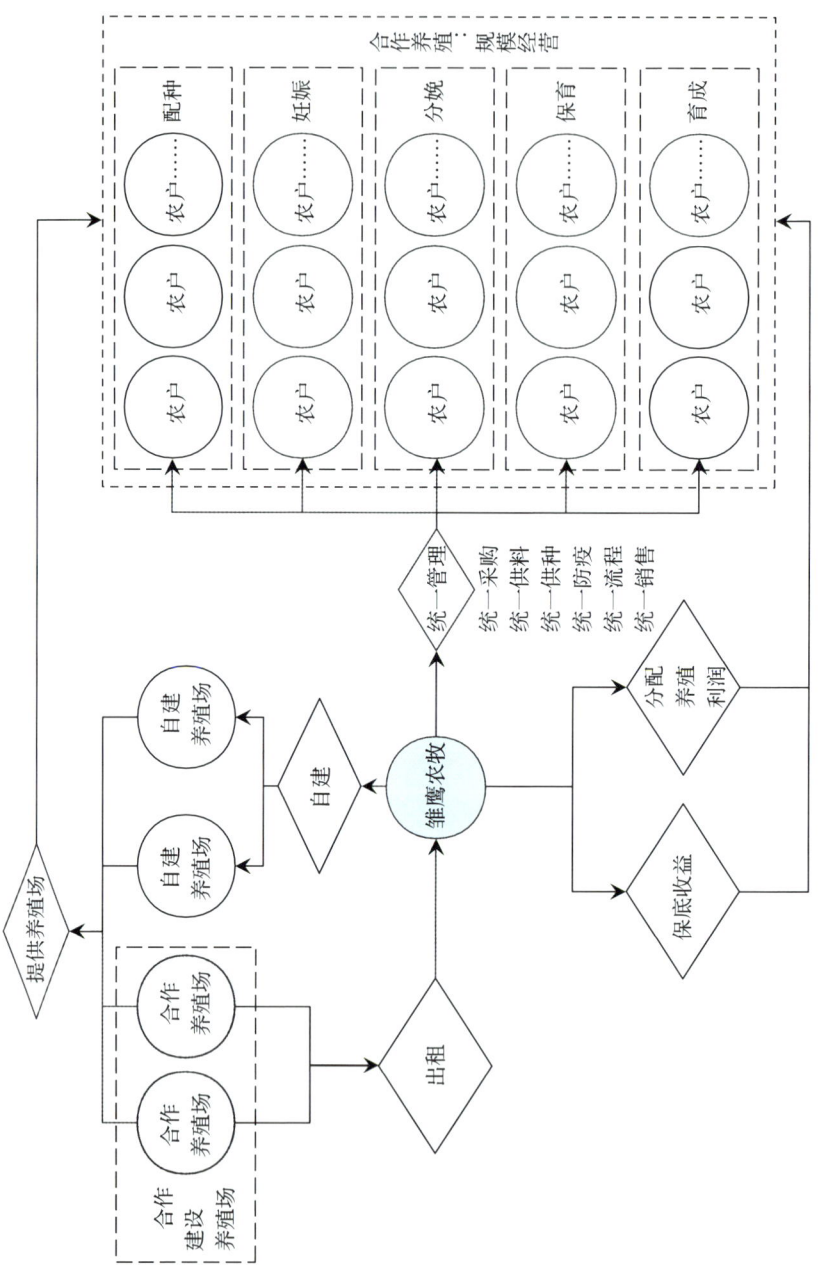

图 11-3 雏鹰农牧养殖环节拆分

雏鹰农牧也采用了"协议定价"措施：雏鹰农牧跟农户紧密合作，强制使用雏鹰自产饲料和集采疫苗进行育肥；养殖成果的核算价格是固定的，农户不承担猪价变化的风险，也不存在违约的可能；期间生猪的所有权归属雏鹰而非养殖户，同时雏鹰农牧就非人为损失给予农户 2 万元保底利润。截至雏鹰农牧 2010 年上市，雏鹰合作养殖户数超过 1 500 户，即便在 2009 年底猪价低谷，合作养殖户平均收入为 5.83 万元/户，最高收入超过 10 万元/户，远高于普通散养的利润。

在这一时期，合作养殖户将自身承担的疫情风险、原料价格波动风险转移到雏鹰农牧，这一方面因为雏鹰在养殖技术、疫病防控等方面较养殖户更具知识、技能和经验，当风险来临时能更好地进行风险管理；另一方面因为规模和交易稳定性远优于家庭养殖户的雏鹰农牧具有更强的抗风险能力，因此这种风险置换有价值。但此时仍存在养殖户利用雏鹰难以转换交易对象和弃养损失大的痛点进行威胁，使用违禁药品或在市价波动中套利的投机性行为，且 2008～2010 年猪肉价格下跌致使雏鹰农牧经营性现金流从 2008 年和 2009 年的 5 256 万元与 5 307 万元基本折半为 2 551 万元（其中雏鹰农牧大量在建工程使得净利润等指标失真），猪肉市场看跌带来了雏鹰经营管理和流动性危机。

雏鹰模式 3.0：轻资产化

轻资产化的模式是将原有资产或新投资通过引入社会合作者的方式，提高自有资金的价值，发挥雏鹰农牧除资本以外其他核心资源能力。以养殖基地为例，从 2015 年下半年起雏鹰农牧先后转让了总额超过 40 亿元的猪舍资产，仅保留生猪所有权，负责土地租赁、手续办理、流程管理等；社会合作方按照雏鹰要求建设猪舍、投资设备、维修管理；农户分不同环节进行养殖，仍然必须使用雏鹰指定的饲料、疫苗、仔猪品种等。此时雏鹰农牧只用支付租金和养殖报酬，充分发挥出社会合作方在地方关系和资本上的资源能力，如图 11-4 所示。

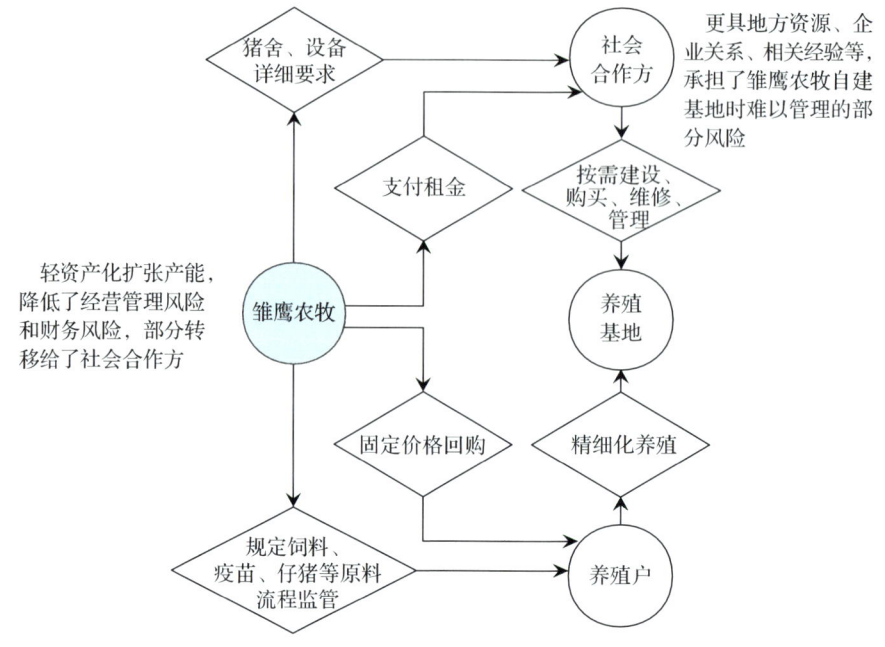

图 11-4　雏鹰农牧养殖基地轻资产化

温氏集团的应对之策

如果时间回到 20 世纪 80 年代,"公司＋农户"模式与其说是温氏集团的选择,不如说是当时历史背景下的必然。1985 年,新兴县农民何凤林找到温氏创始人温北英,希望买些鸡苗回家养,但是怎样让没有从事过养鸡工作的何凤林既能养好鸡又能赚钱成为一道难题,在认真思考和分析了公司与何凤林的情况后,温北英决定由公司向何凤林提供鸡苗、饲料、药物、技术、销售等服务,而何凤林只需负责养殖即可。"温氏模式"由此实现了从 0 到 1 的突破。经过多年的实践摸索,温氏构筑了一个独特的封闭式委托养殖模式,并将其从养鸡拓展到养猪、养羊等多个领域。不同于建立在市场交易关系基础上的"公司＋农户"模式,也不同于完全垂直一体化的"公司＋农户"模式,封闭式委托养殖模式成为温氏公司业务流程重组、价值链整合的制度基础,实现了公司和农户优势的最大限度互补、劣势的最大限度降低。

温氏模式：封闭式委托养殖模式

业务系统

与雏鹰农牧"基地规模化养殖"和"分阶段养殖"不同，温氏对养殖体系的业务环节进行了另一种解构和重组，采取的是"农户中小规模分散养殖"，公司与农户双方以优势互补、共享成果、共担风险的原则进行委托养殖。

与雏鹰农牧拆分各环节并委托于不同农户不同，温氏对生产环节不作细致拆分而委托农户进行仔猪的养殖和育肥，并通过合约控制农户建设的猪舍，投入温氏自产的饲料、疫苗、仔猪等进行产品质量的控制。

养殖户须负担两类投入。一方面是场地和固定资产投资。养殖户根据温氏的指导寻找合适的场地，经温氏派人到现场考察合格，温氏提供猪舍设计方案，养殖户出资进行猪舍建造，一般容量300头的猪舍投资成本达10多万元。另一方面是养殖生产过程中的流动资产投资，主要指饲料疫苗等生产资料投资、劳动力投入等，而温氏模式正基于此通过生产资料价格控制的方式管理了养殖户的毁约风险，下面将具体说明。而养殖户的收入来自完成委托育肥后，温氏回收肉猪所支付的回收款，此回收价格在开始养之前签约时就进行了约定，对于养殖户而言收益稳定可预期。

温氏负责更具规模优势的其他环节，如集中生产具有针对性的饲料疫苗、培育优质猪苗、研发养殖生产技术设备等，以及统一提供养殖生产活动的管理咨询服务，和最终回收肉猪并统一售往合约推销户或市场。温氏最初从区域代销业务发家，掌握渠道和销售网络，并在产量逐渐提升后，为控制肉猪品质而逐步投资建设饲料厂、育种中心等，形成如图11-5所示的业务系统，为合约养殖户提供养殖生产资料、技术咨询和意外疑难解决服务、合约价格回收保障，然后获得生产资料销售的收益，和以稍低于产品市场价格出售给推销户或直接出售给市场的销售收入。

盈利模式

传统养殖行业环节间进行纯业务交易，上游供货给下游，交付时现金结算，交易主体的成本付于上游、收益来自下游，随行就市定价。对于生猪养殖这类市场波动剧烈的行业而言，规模化、集中度高就意味着谈判地位和利润分配上的优势，显然碎片化养殖环节较上游饲料、设备、育种和下游屠宰、加工、销售而言处于明显劣势，继而由于谈判定价、周转账期等多重原因往往利润率低、承担风险高，最终导致市场价格看跌时很快难以维持生产，反而影响了下游销售和上游猪源的稳定性，生态系统难以持续发展。依靠业务交易不能解决问题，而温氏模式重构了传统的行业盈利模式。

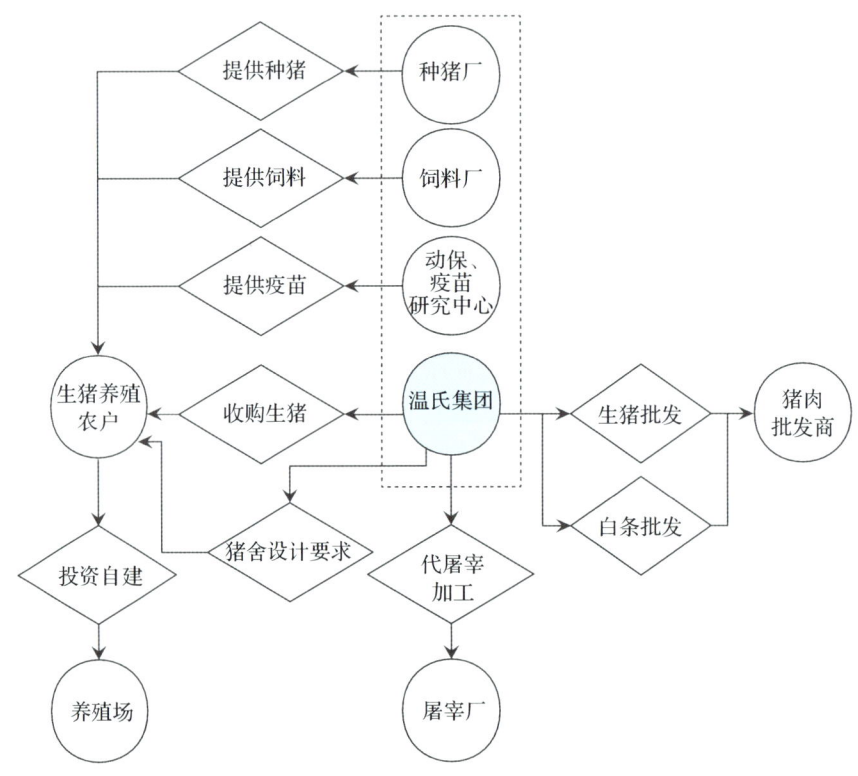

图 11-5　温氏养殖环节拆分

具体来说，养殖户在开始某批次养殖生猪前，须向温氏缴纳平均每只猪苗 200 元的生产预付金（约为委托育肥的养殖周期内原料投入成本的一半），此后该批次生猪养殖活动中投入的仔猪、饲料、疫苗等原料费用均由温氏在管理系统中进行公开记账，直至该批次生猪育肥回收时统一进行结算。到结算时，养殖户原料投入费用如超过生产预付金，则养殖户向温氏公司支付利息；如低于生产预付金，则温氏公司向养殖户付息。而各类原料价格在农户领取时确定、回收价格在农户签约开始该批次生猪养殖时确定，同时温氏有权在市场价格达峰、谷时对价格进行上下浮动10%范围内的小规模调整。养殖户负担了更具资源能力优势的猪舍建设投资、养殖劳动力投入，而其他环节由温氏控制，与雏鹰农牧不同的是，温氏主要通过合约价格调整进行养殖户行为风险的控制。

直观上，养殖户独立负责了饲料疫苗等生产资料的投入成本、建设猪舍等固定资产费用、在温氏建议指导下独立进行养殖生产，最终通过温氏回收肉猪获得事先约定的回收款收入；温氏建设了饲料厂、疫苗研发中心、育苗中心等主体并购置原料投资生产，获得向养殖户提供饲料疫苗等生产资料的收入，委托养殖户生产并回收肉猪时，支付事先敲定的回收款，然后获得肉猪并按随行就市的价格出售给推销户或市场，获得剩余收益。需注意，养殖户领取温氏提供的农资，发生的饲料疫苗等的销售是以内部结算价格进行记账，而最终回收肉猪结算前没有发生实际的现金流出，该模式的现金流结构特征描述如下。

现金流结构

对于养殖户而言，实际的现金流变化主要包括三部分，第一是投资建舍等付出的现金流出，温氏合作养殖户规模一般为200～500头，假设规模为300头，固定资产投资的成本约为10万元；第二是每开始一批次生猪养殖前向温氏缴纳的每头猪200元的预付保证金，则须缴纳6万元保证金；第三是结算时的现金流，结算时统一清算肉猪回收费用、生产资料结算费用等，然后比对6万元保证金进行结算，将保证金作为欠款方融资再做还本付息。

对于温氏，实际的现金流也包括三部分（见图11-6），第一是投资建设饲料厂、疫苗厂、研发中心等的现金流出，相当于初期的固定投资；第二是与养殖户相关的，包括委托养殖合约签署时收到的农户预付保证金现金流入，该现金流发生在养殖开始前，甚至部分学者将该笔现金流入看作温氏应对农业企业融资难等问题的内部融资，和在回收成猪时结算生产资料和回收费用产生的计息现金流出，发生在养殖开始 6～7 月后的成猪交付时期；第三是将回收成猪出售给推销合作户，或者通过自有渠道出售给消费者产生的现金流入，同样发生在养殖开始的 6～7 月后。

风险管理体系

温氏在饲养过程中采取了一系列的强管控举措，保障养殖过程的高水平和风险可控。一是明确畜禽产权归公司所有。温氏与农户签署的《委托养殖合同》明确规定："公司为养殖户提供的鸡（猪）苗、饲料、药物、疫苗等物料，养殖户在饲养过程所管理的由公司供应的畜禽，均属于公司财产，养殖户不能擅自处理"。二是建立封闭式养殖管理和服务机制：农户的养殖场只能为温氏公司养殖，不能混养其他畜禽，《委托养殖合同》规定："不能将公司以外的畜禽掺入公司委托的畜禽中混合饲养"；农户只能使用温氏公司提供的专属饲料、疫苗和兽药，不得使用其他饲料、疫苗及药物；养殖户只需要按照养殖作业标准按时打扫猪舍、喂猪，实现养殖作业程序化，温氏公司的技术人员对养殖场进行巡回检查和记录，随时为农户解决技术问题。三是养殖的肉猪不得对外销售，最后由公司按照合同规定价格回收肉猪，农户按上市通知单规定的时间将回收产品运送到公司指定地点，由家庭农场自行安排装运及承担相关费用。所以，虽然农户是分散的，但都纳入到温氏公司产销一体化的有计划生产之中。

在如上描述的生态系统中角色划分基础之上，温氏就可以专注于技术与管理方面的持续投入。一方面，公司构建了系统先进的技术体系优势，掌握了畜禽育种、饲料营养、疫病防治等方面的关键核心技术，为业务的发展注入持续动能。另一方面，公司实行"管理重心下移、数据高度集中"的管理思想，运用互联网管理策略，建立了企业云数据中心，依托物联网技术和自主研发的集公司产、供、销、人、财、物管理高度集成的 ERP 信息管理系统、IO 办公系统以及决策支持系统，实现业务和管理的信息化全覆盖，利用全覆盖的信息化管理系统，实现了从源头到生产销售全过程对公司产品的有效监控，通过统一品种、统一防疫、统一进苗、统一用料和统一销售"五统一"管理确保了产品质量和食品安全。

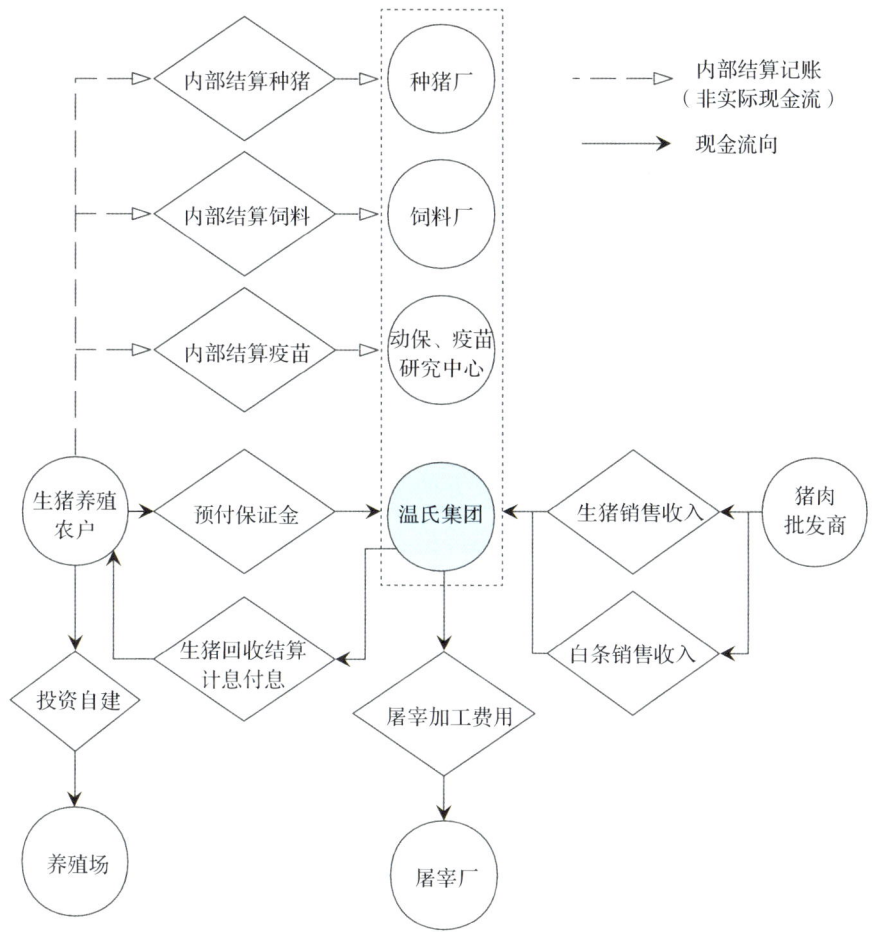

图 11-6　温氏模式现金流结构

模式亮点：内部流程价格控制毁约风险

温氏公司为养殖户提供的肉猪生产所必需的中间投入品如猪苗、疫苗、饲料、兽药等的价格，以及肉猪回收的价格，与市场供求价格没有关系，是基于温氏公司计划确定的价格，称作流程价格。为确保全程封闭式专属养殖，温氏公司向养殖户回收肉猪的结算价格要比市价高，甚至在实际操作中常常出现温氏公司向农户结算肉猪价格高于向运销大户批发价格的"价格倒挂"现象，从而避免养殖户根据市场价格与温氏回收价格的高低发生或有的违约行为；与此对应，温氏向农户提供的猪苗、疫苗、饲料、兽药等投入品定价也同样高于市场价格，使得农户私自卖掉肉猪，或者倒卖猪苗、疫苗、饲料、兽药等投入品的行为只能导致损失，同时利用 ERP 信息管理系统追踪农户猪苗购买和投入品用量，避免农户引入外部生猪进行套利，得以管理养殖户的行为风险。

但是，温氏公司的流程价格也不同于其他企业考核内部各部门生产率水平的虚拟价格。在通常情况下，一个企业内部通过虚拟价格核算得出的虚拟利润，只影响到各部门因生产率差异而导致不同部门员工的奖金水平，服务于企业提高管理效率的目的，不影响企业的实际利润。温氏公司的流程价格则会影响到公司和养殖户双方的利润水平，可能会导致极少数农户因经营不善而亏损。虽然不与市场价格直接发生联系，但把投入品价格和肉猪回收价格进行对比，就决定了养殖户的利润水平。根据交易合约，温氏有权利在最终结算前根据严格的规定进行生产资料价格和生猪回收价格的微调，调整幅度控制在调高或调低抵消后不得超过 10%。

实际上，流程价格既是决定养殖户报酬水平的因素，也是养殖户养殖水平的考核手段。温氏在每一个环节之间都设定了一个内部结算规范，每个结算规范都是参照企业、社会平均成本，由整个集团确定下来的。这个价格在制定时，既参考了社会上的定价，也顾及了上、下游各自的合理利润空间。例如，温氏公司留给农户的报酬水平大体一致，温氏公司要通过内部结算价格调控养殖户的报酬水平。在统一的内部结算规范之下，如果某个地区分支机构的报表显示其利润低于集团平均水平，就可由此沿着产业链一环环向上探究问题所在，是管理不善，还是其他问题。如果某个大区的农户每只猪的平均利润比别的大区低，就可能是农户在饲养过程中没有严格按照规范喂养饲料，导致饲养成本上升。这样，通过这种集团内部的横向对比，让经营好的获得奖励，督促经营差的不断改进，从而不断提升整体的经营水平。就单个农户而言，只能借助自身提高养殖技术、勤于管理等手段来提升养殖水平，增加肉料比、上市率等，从而获得更高的报酬。

内部流程价格起到的作用有，通过两头高的收售价格管理了养殖户的违约风险；通过自定产品价格的合约把握了利润分配的主要权利；同时实现密切监控管理生产环节经营效率的作用。

温氏模式的收益分配逻辑

养殖户是温氏公司的根基，养殖场是温氏公司的准车间。处理好公司和农户之间的分配关系，是封闭式养殖模式的关键问题。许多传统"公司＋农户"的案例表明，由于参与分配谈判的双方力量悬殊，农户处于相对弱势，原本倡导的"风险共担、利益共享"的分配准则往往蜕变为相对弱势的农户"风险多担、利益靠边"，不少"公司＋农户"合作案例的失败在很大程度上可以归咎于利益分配失衡。怎样才能建立起公司和农户之间合理的利益平衡机制呢？温氏公司从制度设计角度上决定了农户整体的报酬水平有两条边界：一是农户长期平均的养殖劳动报酬水平不能低于其他就业报酬水平，否则农户就会退出合作，而选择其他行业就业，这里需要指出的是，农户与温氏公司结算后取得毛收入，要扣除投资折旧、利息后，即扣除机会成本后才是养殖劳动报酬；二是农户长期平均的养殖劳动报酬水平，不能低于独立经营利润扣除交易费用后的报酬，否则农户也会退出合作，转为独立经营，例如独立经营需要增加采购猪苗、疫苗、饲料、兽药等投入品的费用和销售肉猪的费用，也可能增加技术服务费用，这些都是农户独立经营的交易费用。简单地说，农户整体的报酬水平就是稳定养殖户合作、吸引养殖户合作。这两条制度边界，决定了温氏公司要灵活掌握、及时调整与养殖户的结算价格，保持农户合理的报酬水平。

在初始投资阶段，根据 2015 年四川仪陇县农牧业局提供的资料，以

500 头的规模养殖场为例，可以采取自繁自养与跟温氏公司合作的对比效益分析。自繁自养修圈舍需投入 32 万元，饲养投入每头成本约为 1 500 元，500 头为 75 万元，两项总和为 107 万元；如果与温氏合作，修圈舍既可以得到政府补贴 130 元/平方米，还可得到温氏公司补贴 30 元/平方米，此项投入便可节约 12.8 万元，且跟温氏公司合作饲养投入仅有一项，即首次保证金每头 100 元，500 头仅为 5 万元，两项总和为 24.2 万元，只相当于自繁自养成本的 22.6%，养猪的门槛大大降低。在养殖过程中，温氏的每一栋猪舍都安有感应芯片，猪群生长、病情、饲料消耗全反映在公司电脑上；各养殖户配有专门技术员。什么时候吃什么料、打什么药，养殖户变成了流水线上的工人，只需"照单生产"，劳动量大大降低，一家两口养四五百头猪不耽误干农活。这种养殖模式，让猪的各项指标大大好于一般自繁自养户：温氏模式下，70～110 千克的平均料肉比为 2.45，全程料肉比约为 2.9，而一般自繁自养户养殖的料肉比在 3 以上；温氏模式下生猪存活率要比自繁自养户高出 5% 左右。更为重要的是，如果肉猪出栏时遇上生猪价格行情低迷时，自繁自养户难以盈利甚至亏损，而跟温氏公司合作，以平均每头利润 160 元、一年两批次计算，500 头的规模养殖场一年纯利润可达到 16 万元。两相比较，与温氏公司合作的优势就凸显了出来。

温氏对肉猪的价格具有 10% 的调整权：在行情好时，公司与养殖户之间的结算价格相对调整，适当提高养殖户报酬；在行情差时，短期内肉猪养殖行业亏损，温氏公司可以调低养殖户报酬，但合作养殖户不仅不能亏损，还必须有适当报酬，以稳定温氏公司的合作养殖户。除此之外，温氏公司还建立了二次分配机制、风险基金。二次分配机制是在年终结算时，如果农户的年平均收益低于社会同行的平均收益水平，或者销售时市场行情好、价格上涨明显高于预期，公司以补贴形式返回农户。公司还提取一定的风险基金，如果农户在饲养管理中因遭遇洪涝、台风、疾病等灾害而受到重大损失时，公司将从基金中提取补贴，保证农户不发生亏损。

第十一章　直击养殖行业的痛点：雏鹰农牧与温氏集团的对策

"运用之妙，存乎一心。"雏鹰、温氏以不同的思路将"公司＋农户"模式的潜力发挥出来，而且限制了传统做法的弊端。这正是商业模式空间的价值，也是顶级商业模式智慧的体现！细细揣摩，别有洞天。

【击节叹赏 / Aha Moment】

好的商业设计源自价值创造来源的势能差。雏鹰与温氏的商业模式崛起的一个基本点在于其提高了劳动生产率、土地利用率和母猪生产力（即猪苗场每头基础母猪提供的上市猪苗数），而且解决了食品安全、环保等社会关注的痛点。"公司＋农户"模式相较于传统自繁自养模式所形成的价值创造来源势能差越大，商业设计的空间就越大。一旦发现巨大的价值势能差，却没有形成合作，那接下来就可以通过商业模式（或交易结构）的再设计进行利益关系的再安排来实现。

商业模式的创新点常常是市场或企业失灵的时候，雏鹰和温氏的创新恰是发生在市场和企业同时失灵的重合区域。在中国养殖行业的大背景下，市场失灵体现在公司与农户之间的毁约风险一直都得不到很好地解决，结果就一直在农户的低水平生产、抗风险能力差的圈子里跳不出来。企业的低效则集中在两方面：一是企业自身难以承受与生产规模同步的资产扩张，像土地、鸡舍、猪舍等固定资产投资金额巨大，每年的固定资产折旧金额也水涨船高，面对波动的市场风险、疫情风险时经营压力骤增；二是管理的痛点，禽畜的养殖过程中需要员工极大的责任心和细心，而无论是绩效管理还是薪酬激励等管理工具，都很难做到让员工工作时像对待自己的生意那般投入。其实雏鹰和温氏的商业模式创新正是解决了这种矛盾：相同的是两家都发挥出大企业在育种、饲料、疫情防治、渠道等关键环节上的优势，极大地拉升价值创造的空间；精彩的是两家采用了不同的对策思路，雏鹰是将不同的生产环节切割给不同的农户，而温氏则是将投入的物料价格和产品的回收价格与市场价格脱钩，不同的做法都使得市场对农户的行为调节机制失灵，在激发农户生产热情的同时破除了毁约的魔咒。可以说，是市场与组织失效的灰度空间成就了商业模式的有效。

兼顾生态系统中的不同主体的利益，合作为主、利益为先。虽然直接的养殖生产环节与市场进行了脱钩，但两家对农户收益的计算可谓精准。两家计算的都是农户自身劳动力资源、固定资产和部分流动资产投入资源在当地市场上的机会成本。基本原则是，只要认真干，农户在这个平台上获得的收益在当地市场上始终是有竞争力的。农户心里的算盘打得精，但只要守住这条红线，生态系统的运作就可以循环不息。有些生态系统中的主导企业，凭借自身的影响力强硬地剥夺其他利益相关方的收益，看似获得了超额收益，但损失的是生态系统的健康前景，最终吃亏的还是自己。3C、家电起家的京东，当年崛起的时机正是国美、苏宁等家电连锁商与家电企业矛盾最深的时刻。

轻资产化商业模式的不同路径。雏鹰的轻资产化是将猪舍的资产引入社会资本，而温氏则是要求农户带着场地、猪舍等资产以及劳动力一同投入进来。从某种意义上讲，雏鹰将生态系统中的不同业务活动环节及所需的资源能力切分清楚，不同的利益相关方有钱的出钱、有力的出力，获得的是资源配置优化的收益；而温氏模式更像是优步、Airbnb一样的共享经济，温氏的商业模式安排不仅获得了农户的劳动力投入，还隐性地获得了农户手中的资产溢价，虽然像农村的场地、猪舍等资产在农户手中未必有很高的价值，但当这些资产为温氏所用时，就会出现更高的资产溢价。

商业模式影响了技术发展的方向。养殖过程中如何有效地监控农户，在帮助农户规范性养殖的同时，规避养殖户为达标而使用违禁添加剂等的行为。雏鹰的对策是农户都集中到指定的猪舍中来上班；温氏的农户养殖更为分散，所以温氏持续强化对ERP信息系统、物联网的投入，多年之后，信息化管理逐渐成为温氏新竞争优势，而且在新时代背景下亮点凸显。

本文作者为蔡春华、谭智佳。

CHAPTER 12

第十二章

美国信用卡市场的升维竞争之路

MBNA与美国运通,同为信用卡领域的两家专业化龙头企业,它们的崛起历程向我们展示了美国专业化银行是如何凭借战略与商业模式的升维竞争一路成长的。

升维竞争第一波:MBNA,传统商业模式基础上的战略聚焦

信用卡业务的传统商业模式是通过信用卡贷款获得息差收入,其成本主要包括运营成本和信贷损失。根据巴塞尔协议,银行所承担的风险从某种意义上说就是其账面上的贷款、应收款和其他生息资产的信用风险、市场风险等,这部分资产需要靠银行的资本拨备来吸收。在风险拨备要求相同的情况下,信用卡银行的主要精力放在做大资产回报率的分子部分,通

过更高息的贷款或更大规模的发卡量来实现收入的增长,更大规模的发卡量可以摊薄固定成本;但面向高风险客户的高息贷款虽然提高了利差率,也会引来更高的风险,所以信用卡行业的竞争本质是风险与收益的权衡。

$$资产回报率 = \frac{收入 - 成本}{表内资产}$$

MBNA 是一家 1982 年才成立的新兴银行,它专注于信用卡贷款业务的开展,并在短短十几年里就超越了众多综合性大银行,成为美国第二大信用卡贷款银行(见图 12-1)。作为一家专业化的信用卡银行,MBNA 的战略是将自己的目标客户锁定为具有较高信用素质和消费潜力的专业化人士或潜在的专业化人士,并通过刺激持卡人增加单卡的透支额来赚取利差收益。MBNA 在美国、英国、加拿大等地与 5 000 多家专业机构建立了合作关系,其中包括各类专业化程度较高的行业协会、高校、体育联合会、金融机构等,通过与这些机构的合作,MBNA 发行多种具有身份象征的信用卡,如牙医学生卡、牙医卡、篮球协会卡等——全美四分之三的医生、三分之二的牙医、三分之二的律师和一半的工程师都持有 MBNA 的信用卡;此外,MBNA 还是证券、基金和保险行业最大的发卡行,并与 600 多家体育联合会和 850 家大学院校建立了合作关系。准确的客户定位使公司实际控制的贷款额逐年上升,在 2004 年年末达到 1 200 亿美元。

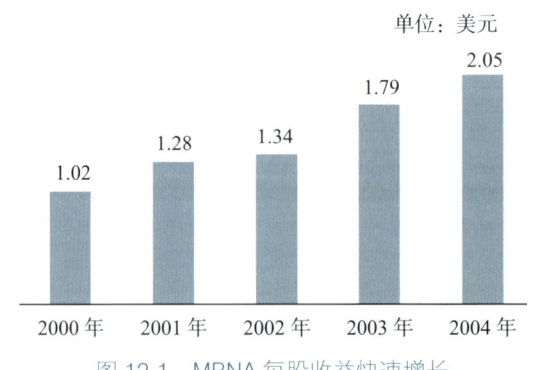

图 12-1 MBNA 每股收益快速增长

MBNA 的主要回报来自信用卡的利差收益：2004 年公司的信用卡贷款利率在 12% 左右，加上其他证券投资，生息资产的平均回报率为 10.66%；为了给这些高回报的贷款融资，公司以吸收存款、发行债券等方式获取资金，其生息负债的平均成本为 2.73%，于是，生息资产的利差收益率达到 7.98% [=（利息收入 − 利息支出）/ 公司实际控制的生息资产]。不过，由于信用卡贷款自身的风险性——2004 年 MBNA 的信贷损失率达到 4.74%，信贷延迟支付率 4.13%——公司计提了 54 亿美元的坏账拨备，剔除上述拨备后，生息资产的净利差收益率由 7.98% 降至 3.8%，再剔除其他经营费用摊销后，信贷资产整体的税前回报率为 3.4%。

升维竞争第二波：美国运通，以返点收益为主的创新商业模式

与 MBNA 不同，美国运通是一家有着 150 多年历史的"老企业"了，但运通真正成为一家信用卡银行只是最近二三十年的事情。在成立之初运通是一家旅游代理公司；此后随着各种创新产品的推出，公司进入到了特殊信用卡领域，即针对消费者的旅游、餐饮、娱乐需求，发行一种可以延迟支付并获得相应折扣的"信用卡"；20 世纪 90 年代，为了进一步拓展成长空间并获得相对稳定的收益来源，公司将信用卡的刷卡范围拓展到零售等日常消费领域，目前其签约厂商已基本覆盖了所有日常消费领域，成为一家专业化的信用卡银行。

不过，与一般信用卡银行不同，美国运通的信用卡更多具有 Charge Card 而非 Credit Card 的特性。所谓 Charge Card 其实是信用卡的特殊品种，它与一般信用卡的最主要区别就在于透支额度不能循环使用，即当持卡人收到账单时，他必须全额偿付，然后才可以进行下一期的透支；而一般信用卡只要求持卡人偿还账单的一部分（最低偿还额），并保持总信贷额不超过规定限制——与一般信用卡相比，Charge Card 的平均欠款（应收款）时间更短、周转率更高，从而使卡均贷款余额较少，利息收益也较低，发卡行主要赚取的是合作商家的返点收益——如果说 MBNA 和多数信用卡贷

款银行是从下游消费者口袋里赚钱，那么美国运通则是从上游厂商口袋里赚钱。

上述模式被称为"以支付为中心的盈利模式"（spend-centric model），其核心是刺激消费者购买（而不是贷款），然后通过规模化的发卡量和由此积累的客户消费信息为厂商提供有针对性的促销渠道，赚取厂商的返点收益。2005 年，运通平均每 16 秒增加一家合作商家，公司凭借其与大量厂商的结盟为大众消费者提供广泛的折扣优惠，以吸引更多持卡人和刺激消费，从而形成良性循环——增加的商家为消费者提供了更广泛的刷卡空间和优惠力度、吸引了更多客户，而更多的消费客户又反过来增加了美国运通对商家的吸引力和谈判地位，使其迅速实现商家和消费者两端的规模化发展。

对"支付中心模式"的坚持使美国运通的卡均消费额远远超过了 Visa 和 Master Card。2005 年美国运通的单卡消费额在 2004 年基础上再次提升 10%，达到 10 445 美元，超过 Visa 和 Master Card 四倍，成为全球刷卡额最大的信用卡银行。正如运通的管理层自己评述的，"运通是一个高效和有吸引力的市场平台，它为持卡人提高折扣价值，并推动商家业务的开展。"

以支付为中心的盈利模式决定了以返点收益为核心的收益结构。与一般信用卡银行以利差收益为主的收益结构不同，美国运通最主要的收益来自商家的返点收益，其刷卡额的平均返点率在 2.6% 左右，即消费者每刷卡消费 1 美元，美国运通就可以从商家处获得 2.6 美分的返点，以卡均消费额 10 445 美元计算，运通平均从每张卡上可以获得 250 美元左右的返点收益，而这部分收益占运通总收益的 50% 左右；另有 30% 的收益来自各种与信用卡相关的费用收益，平均每张卡每年的年费收益在 35 美元左右；剩余不到 20% 的收益来自贷款利差。相比之下，"以贷款为中心"的 MBNA，其利差收益的比例就要高得多了——MBNA 85% 的收益都来自贷款，只有 15% 来自费用收益（见图 12-2）。

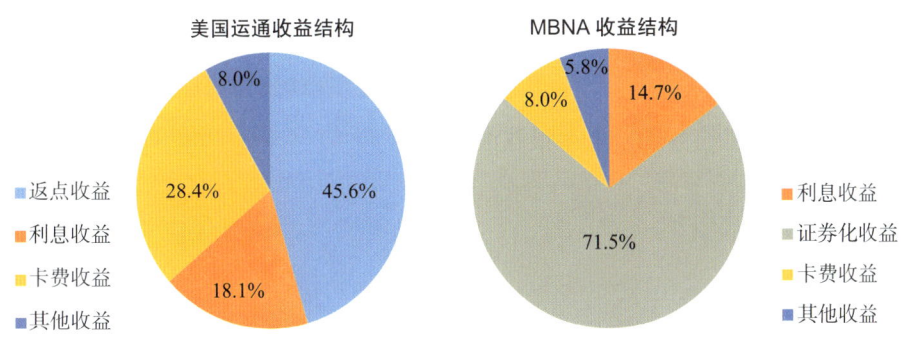

图 12-2　美国运通与 MBNA 的收益结构比较（2004 年）

注：鉴于 2005 年 MBNA 被美洲银行收购，数据不具可比性，因此我们以 2004 年年报数据作为比较基准。此外，为了增加业务的可比性，在计算中我们仅包含美国运通信用卡部门的收益和资产——2005 年美国运通剥离了其金融咨询子公司（AEFA）。

美国运通创新商业模式，变利差业务为中间业务，加速了资产的周转，减少了资金的占用，通过对资产的节约创造了更高的资产回报率。在商业模式的较量中，运通的轻资产模式更胜一筹（见图 12-3、表 12-1）。从经营数据上看，尽管美国运通的返点收益率（2.6%）没有 MBNA 的利差收益率（7.98%）高，单卡的盈利额也比 MBNA 少——美国运通卡均税前收益 63 美元，而 MBNA 为 130 美元，是美国运通的两倍；但在"支付中心模式"下，运通客户的平均欠款期较短，卡内资产的周转速度很快，卡均余额更少——2004 年，美国运通的卡均资产余额（charge card 的应收款和 credit card 的贷款额加权平均）为 1 208 美元，其中 40% 为应收账款；而同期美国信用卡行业的平均卡均资产余额为 2 580 美元，是美国运通的两倍多；以刺激透支贷款为核心模式的 MBNA，其卡均资产余额更高，达到 3 820 美元，是美国运通的 3 倍多！较少的回报与更少的资产配合，使美国运通信用卡业务的税前盈利资产回报率（＝税前收益/应收款与贷款之和）达到 5.2%，比 MBNA 3.4% 的回报率高出 50%——美国运通通过商业模式的创新使它摆脱了传统信用卡银行的资本密集模式。正如美国运通在其 2004 年年报中所谈到的："不同于我们竞争对手以贷款为核心的盈利模式，美国运通专注于推动持卡人的消费。这种模式上的区别具有重要意义，它使我们在经营过程中具有更高的周转率和更低的资本集中度。其结果是，我们可以有更多的现金流用于追加投资，以便在市场时机到来时扩大规模，并以高分红率和股票回购来回报我们的股东。"

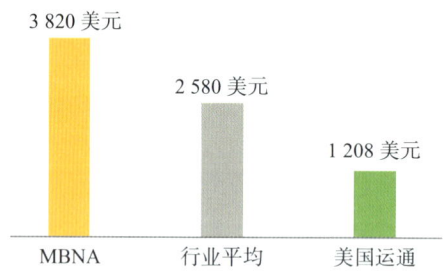

图 12-3　美国运通与 MBNA 的卡均资产余额比较（2004 年）

表 12-1　美国运通与 MBNA 的盈利资产回报率比较（2004 年）

	美国运通	MBNA
卡均资产余额	1 208	3 820
证券化出售	310	2 760
卡均表内资产	898	1 060
卡均资本	135	418
卡均税前利润	62.95	129.77
税前卡均资产余额回报率	5.2%	3.4%

注：表中的金额单位均为美元。

升维竞争第三波：MBNA 信用卡贷款的资产证券化

在传统信用卡贷款模式下，高额的卡均资产余额虽然给公司创造了更高的收益，但却降低了盈利性资产的回报率，并对银行的资本金提出了更高的要求。在此背景下，像 MNBA 这类新兴的专业化银行似乎很难与资本实力雄厚的传统综合性银行抗衡，为此专业化银行不得不寻求金融上的解决方案：MNBA 巧妙地调整了资产回报率的计算公式，将其转化为利润率与资产周转率的乘积，通过对利润率和资产周转率之间的再平衡，赢得新的增长空间；为了降低风险资产拨备的压力，MBNA 进行了高比例的资产证券化，将 70% 以上的信用卡贷款证券化出售，从而大幅提高了其资产负债表上的资产回报率（见表 12-2）。

$$资产回报率 = \frac{利润}{收入} \times \frac{收入}{表内资产} = 利润率 \times 资产周转率$$

证券化在中国一直受到多数银行的冷遇，主要原因就在于它将银行的部分利息收益转让了，没有哪家银行愿意把赚钱的机会让给别人。但 MBNA 愿意：在证券化之前，MBNA 生息资产的平均回报率为 10.66%，证券化之后由于 70% 的高回报信用卡贷款被售出，因此生息资产的平均回报率降至 8.55%，而扣除融资成本后的利差收益率也由之前的 7.98%，降低至 5.33%（证券化以后，资产负债表内的高息资产仅为剩余贷款和"持有等待出售的贷款"，其余为低收益率的证券投资，高息资产比例的降低导致利差收益率的降低）；如果考虑坏账拨备的话，证券化前 MBNA 需计提坏账拨备 54 亿，而证券化之后由于 72% 的资产被售出，坏账拨备额也相应降低到 11 亿美元，但拨备的减少不能完全抵消利差收益率的下降，故扣除拨备后生息资产的净利差收益率由之前的 3.8% 降至 2.9%。

表 12-2 MBNA 的证券化比例

	2004	2003	2002	2001	2000
国内贷款					
信用卡贷款	82.6%	79.2%	81.2%	82.0%	82.5%
其他消费贷款	49.2%	50.3%	47.9%	48.7%	60.4%
商业贷款	26.9%	43.8%	32.5%	—	—
总国内贷款证券化比例	76.4%	75.0%	76.1%	76.3%	78.9%
国外贷款					
信用卡贷款	68.8%	63.1%	64.7%	70.6%	73.5%
其他消费贷款	—	—	—	—	5.9%
商业贷款	—	—	—	—	—
总国外贷款证券化比例	57.0%	55.7%	56.8%	61.8%	64.7%
总贷款证券化比例	72.2%	71.6%	73.2%	74.7%	77.5%

证券化确实让 MBNA 转让了部分利差收益，但却增加了公司的中间收益：银行仍保留对已出售证券化贷款的服务职能，从而保留了收取服务费的权利（证券化以后，证券产品的发售行须负责每月从贷款者手中收取本

金和利息，然后将这部分收益分配给证券化产品的投资人，并为其代缴各类税金和保险金；此外，在信用卡账户出现违约的情况下，发售行还将代投资人执行催缴和资产清理等职能，上述服务一般可按年收取相当于贷款本金额2%的服务费）；再加上证券化出售过程中的溢价收益，公司证券化以后的非利息收益增加36亿美元，非利息收益在总收益中的比重也由之前的15%上升到70%。由于非利息收益占用的资产较少，所以虽然证券化后生息资产的利差收益率下降了，但非生息资产的回报率却由之前的30%左右上升到接近60%水平——结果生息资产的利差收益率与非生息资产的中间收益加权平均后，总资产回报率是上升的，税后资产回报率由2%上升到5.6%，证券化提升了银行整体的资产回报率。

实际上，如果贷款资产是以公平市场价证券化出售的，那么是否证券化将不会影响公司的总收益，因为利差收益的下降恰好被非利差收益的上升和坏账拨备的减少所抵消：在无套利的情况下，信用卡贷款银行之所以能够从信用卡贷款中赚取高额利差收益，一是因为它们的中间服务为投资人和消费者搭建了桥梁，二是因为它们承担了贷款者违约的风险，前者体现为证券化服务权价值，而后者则需计提大量的坏账拨备——利差收益＝服务权价值＋坏账拨备。由于总收益不变，而证券化后的表内资产减少了，结果是证券化放大了MBNA表内资产的回报率——72.2%的贷款资产证券化就意味着贷款资产的收益率被放大了3.6倍[=1/（1−72.2%）]，从而使MBNA表内贷款资产的税前回报率由3.4%上升到12.2%，考虑其他资产后，总资产的回报率由证券化之前的2.05%上升到5.62%。

可以形成比较的是，尽管在证券化之前，美国运通实际控制的贷款（应收款）资产回报率高达5.2%，显著高于MBNA实际控制资产的回报率（3.4%），但运通的资产（应收款和贷款）证券化比例仅为25%，显著低于MBNA。低证券化比例意味着运通实际控制资产的回报率在进入资产负债表时仅被放大了1.35倍[=1/（1−25.7%）]（MBNA是3.6倍），相应地，表内贷款资产的税前回报率在进入资产负债表时仅由5.2%上升到7%，低于

MBNA 的 12.2%；而考虑其他资产、成本后的总资产回报率仅为 3.2%，低于 MBNA 的 4.3%——证券化以后，MBNA 的表内资产回报率明显高于美国运通。MBNA 借助资产证券化的力量实现了从重资产向轻资产的商业模式创新，放大了"实际控制贷款资产/表内贷款资产"的杠杆，从而提高了表内资产的回报率，并能够以更少的资本支撑更大规模的资产和扩张。在总资产回报率的较量中 MBNA 的金融模式更胜一筹（见表 12-3）。

表 12-3 美国运通与 MBNA 的资产回报率比较（2004 年，证券化之后）

	美国运通	MBNA
卡均资产余额	1 208	3 820
证券化出售	310	2 760
卡均表内资产	898	1 060
卡均资本	135	418
卡均税前利润	62.95	129.77
税前卡均资产余额回报率	5.2%	3.4%
证券化比例	25.7%	72.2%
表内贷款/应收款的税前回报率	7.0%	12.2%
总资产回报率	3.2%	4.3%

注：表中的金额单位均为美元。

不过，故事还没有结束。

升维竞争第四波：商业模式的复制扩张

无论是美国运通的"支付中心模式"，还是 MBNA 对信用卡贷款进行证券化，都帮助企业摆脱了重资产的枷锁。插上了轻资产翅膀的信用卡银行，在市场的规模化扩张过程中，获得了更灵活的竞争手段和有限风险承担下更高的回报率。但随着信用卡市场接近饱和，利润率的下滑威胁超过了轻资产化的收益提升作用，银行再次陷入了规模与安全的困境；尤其是对于上市银行，失去了成长潜力就意味着失去了估值优势，进而将失去并购拓展的条件，甚至可能沦为别人猎食的对象。此时，银行能否通过全球化扩张来延伸轻资产模式，将成为制胜的关键。

MBNA 对新兴市场的忽视最终让它陷入了成长动力衰竭的"死局"——

2003年以后，MBNA在失去了发达国家市场扩张的动力后，开始寻求向多元化、低端市场的拓展，但这些决策都与其原来的轻资产模式相矛盾。

多元化的MBNA进入了企业贷款市场。一直以来，MBNA国内信用卡贷款的证券化比例都很高，达到82.5%左右，但房地产等其他消费者贷款的证券化比例不到50%，而企业贷款的证券化比例则只有27%——自从引入企业贷款后，公司总体的证券化比例就被拉低了，由2000年的77.5%下降到2004年的72.2%。证券化比例的降低动摇着公司一贯坚守的轻资产模式，从而进一步降低了表内资产的回报率，并增加了贷款资产的信用和利率风险。

除了多元化以外，MBNA的新成长战略还包括以折扣卡向低端市场渗透。为此MBNA与美国运通等联合推出了一些折扣积分信用卡，以取代原来的低息优惠活动（原来MBNA为争取客户，对从其他银行卡中转过来的账户在一段时期内免收利息）。公司本希望通过这一转型可以吸引更多新客户，同时还可增加利息收益，减少促销支出。遗憾的是，折扣卡虽然使当年的消费额增加了17%，但由于与原来高端客户的需求和形象定位不一致，导致大量账户转移。结果，2005年一季度，公司净利润下降了94%。不仅如此，向低端客户的贷款拓展还威胁到公司的证券化模式，MBNA以往的目标客户一直是高端人士（the most qualified applicants），其坏账率显著低于行业平均水平，最低时只是行业平均值的一半，低坏账率大大降低了公司的证券化成本。但目标客户的低端拓展必然导致银行整体坏账率的提升，从而威胁到高端资产的盈利能力和公司在证券化过程中的定价能力。

经营困境下的MBNA为了节约成本，在2005年一季度实施了一项自愿提前退休或自愿下岗计划。这一计划的总支出为税前3亿～3.5亿美元（相当于2004年税前利润的11%～13%），该计划希望通过裁员和减少服务项目在2005年为公司节约税前成本1.5亿美元，2006年再节约2亿美元。公司还计划通过合并部分经营场所来减少固定资产。但裁员所导致的一次性福利支出给公司2005年业绩造成了冲击，而服务项目的减少更破坏了公司的高端形象，使很多客户选择提前还款，甚至关闭账户。

来自资本市场的最后一根稻草最终使 MBNA 失去了掌控自己的机会。以准确客户定位和证券化金融模式胜出的 MBNA，在面临规模天花板威胁时，犯下了一系列与其轻资产模式相违背的战略失误，从而导致了巨额的损失。但客观地说，上述利润下降还不足以让资本充足率高达 20% 的 MBNA 陷入真正的经营危机。遗憾的是，作为一家上市公司，当成长性受到质疑时，投资人是不会给你任何喘息恢复机会的。利润的下降在资本市场上被放大，并导致巨额的市值蒸发，在此背景下，美洲银行趁机提出 350 亿美元的收购价，包括 52 亿美元的现金和 16% 的美洲银行股权，MBNA 这家骄傲的专业化银行，最终没能逃脱被综合性银行收购的命运，当然，即使是低谷期的 MBNA 仍让它的并购者支付了 50% 以上的溢价。

显赫一时的 MBNA 被并购了，但它注定无法逃脱被并购的命运了吗？实际上，对于 MBNA 来说忽略新兴市场的开发是银行成长动力衰竭的根本原因：在过去 20 多年的发展历程中，定位于高端客户的 MBNA 始终将自己的目光锁定在欧美等发达国家上，其业务范围的拓展也只是从美国到加拿大、英国、爱尔兰、西班牙，而在新兴市场的起步却显著落后于其他大型银行，结果，当欧美市场趋向饱和、增速减缓时，公司就失去了成长的方向。

与 MBNA 固守成熟市场、以高资本充足率来抵御风险、最终背离了轻资产模式的核心不同，美国运通借助全球化来拓展它的返点收益模式，从而将轻资产模式提升到一个更广阔的平台上。

拓展的第一步是将返点收益的轻资产模式应用到更多产品线上。在运通成立之初，其主要合作商家（可以刷卡并获取折扣的商家）是旅游、娱乐等企业，刷卡额中旅游和娱乐支出占到 65%，公司与 Delta 航空、新加坡航空、捷蓝航空、德国宝马等企业签订了联合发卡的协议或折扣协议；但最近 10 年，公司最大限度地拓展了其合作商家——2005 年运通平均每 16 秒就增加一家签约商户，今天，在麦当劳、7-ELEVEn、Costco 等美国人最常去的地方也可以用运通卡方便地消费——目前，零售和其他支出已占到总支出的60%以上了。轻资产模式在更多商业场所的应用使运通的信用卡成为人们生活中的必需品，从而能够在经济的周期性波动中保持相对稳定的业绩并获得持续的增长。

另一方面，与MBNA不同，美国运通从很早就开始关注全球化战略，除了与德意志银行等欧洲银行联合发卡外，还将业务范围拓展到澳大利亚、巴西、墨西哥、阿根廷、智利、韩国、中国香港、中国台湾、新加坡等新兴国家和地区市场，2004年又进入了中国大陆和俄罗斯市场，与渣打银行亚洲分行、中国工商银行、俄罗斯标准银行等建立了战略合作关系，截至2005年年末，运通的全球合作者已经扩展到109个国家的97家机构。在全球化扩张中，运通将自己的商家和营销渠道开放给世界各地的银行：在美国本土，截至2005年年末运通已经与7家大型金融机构签订了联合发卡的战略合作协议，包括花旗银行、MBNA、美洲银行、通用电气旗下的GE Money Bank、汇丰银行内华达分行、USAA联邦储蓄银行以及巴克莱集团的美国子公司，上述几家银行合计占据了全美银行卡市场份额的50%；在海外，运通的战略合作步伐启动得更早，1997年以来就一直致力于开发与全球银行的深度合作，目前，借助合作银行渠道，运通已累积发行了800万张信用卡，开拓了300万家新商户——在美国境外，运通的每两张新卡就有一张是通过合作银行发行的，而每三家商户就有一家是通过合作银行签约的。

战略合作不仅为公司带来了新的成长机会，更重要的是这一成长机会既不会加重公司的资产负担，又不占用公司的自有资本，由于联合发卡的应收款是计入合作银行账户的，相应地，信贷风险也由合作银行承担；而运通虽然让渡了利息收益，但在几乎不增加资产风险和资本拨备的情况下却获得了更多的返点收益，从而大大提高了银行的资产回报率。运通轻资产模式在全球范围内延伸与提升。

启示

在传统的银行体系下，由于缺失了完善的证券化市场和专业化分工下的返点盈利模式,银行资产周转率的维度几乎是被固定的——有多少资本就支撑多大资产,而有多大资产就做多少业务,有多少业务就会带来多少资产风险……这似乎已成为了一件无须争议的事实。在此背景下,银行为了提高资产回报率、达到规模化初期的盈利点,就只能以拓展风险边界、提高利润率的方法来实现,结果陷入了风险与利润率的二维竞争困局,最终银行的定位通常如图 12-4 中黑色球位置,即银行的资产周转率被固定在相对较低的位置,而利润率则因超速扩张后的成本摊销被提升,但同时,超速扩张下的风险边界拓展也带来了风险系数的提高。

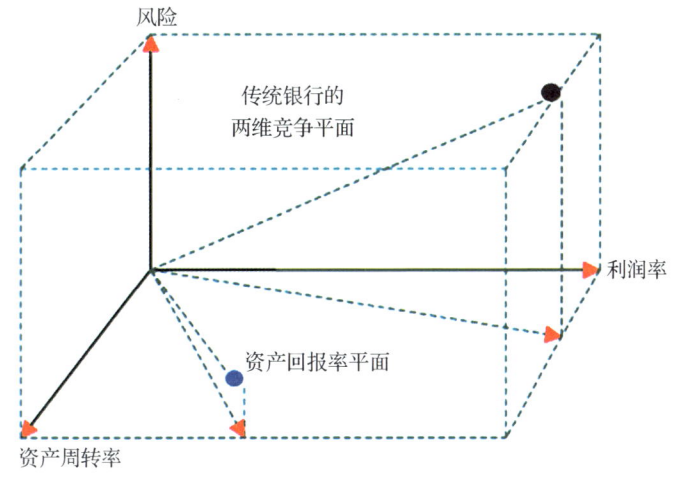

图 12-4　信用卡市场的三维竞争

不过,在经营创新与金融创新下,银行的战略选择更加灵活,它可以通过变利差业务为中间业务的经营创新来提高实际控制盈利资产的杠杆率,也可以通过证券化手段来提高表内资产的杠杆率,这两种模式下的轻资产模式最终目的都是提高资产的杠杆率,进而在不拓展风险边界的情况下提高资产的回报率,以第三个维度的竞争手段来突破二维竞争平面的困局。以 MBNA 和美国运通为代表的信用卡银行在这个新的三维空间内,可以更加自由地选择将自己定位,如在中蓝色球的位置,即一定的利润率、有限的风险承担和轻资产模式下的高资产周转率之间的权衡。商业思考与创新的价值，就是为企业创造性地赢得竞争的自由度，获得传统竞争模式具有了无可比拟的竞争优势。

【击节叹赏 / Aha Moment】

商业竞争之美在于创造性地定义竞争维度，为企业赢得前所未有的自由度。无论是 MBNA 还是美国运通，都没有落入信用卡行业传统商业模式给定的竞争窠臼。优秀的战略与商业模式设计能将企业的优势与行业的趋势有机地结合，发挥出企业的潜力与时代的动力。我们有一个有趣的发现，那些拥有持续定义全新竞争维度能力的企业，普遍性的具有快速发展、成为行业领导者或颠覆者的潜力。商业竞争的高级阶段必然是商业智慧的竞争，所以战略和商业模式的创新与技术的创新都是带来商业竞争多元化和不断升级的动力。

战略和管理都要与商业模式本质内涵保持一致性。每一种商业模式都有其适用的条件，当条件变化后，原有成功的商业模式就会给人一种动辄得咎的别扭感。MBNA 的商业模式在遇到行业天花板之后，战略方面的多元化、向低端市场的拓展、管理方面的节约成本，这些可以称得上商学院教材中经典应对举措的尝试不但难以提振业绩，反而会加速其衰落。归根结底，是商业模式需要检讨，没有这个层面的深入思考，得到的解决方案都是错的。

判别商业模式的一个重要标准是可复制性。美国运通商业模式的可复制性或延展性显然会更强，这种商业模式可以水到渠成般地将不同利益相关方整合连接起来。这也给我们一个启示，当我们对企业进行投资估值时，一个重要的思考点就是商业模式的复制潜力，而复制潜力的评价可以从两个维度展开，即利益相关方的连接难度与市场空间的大小。

本文作者为杜丽虹。

下 篇

CHAPTER 13

第十三章

走出商业模式的迷思

什么是商业模式

不论是传统企业还是新兴企业,也不论规模大小,管理者一谈到商业模式这个词都很兴奋。美国高原资本的合伙人希金斯在谈到商业模式时,说了一句非常决断的话——"回顾我们公司的发展,我们认为每次失败都归于技术,每次成功都归于商业模式。"

商业模式的本质是交易结构

没有一个学科像商业模式这样,对于研究对象都说不清楚。关于商业模式的定义大概有40多种，缺乏共识。我们从2004年开始关注这个领域，那时关于它有30多个定义，猛一看觉得有些讲得挺对的，仔细一想好像又不太对，总是这样似是而非。

于是，我们先把30多个关于商业模式的定义打印出来，放在案头，有空就看上一遍，同时不断撰写商业模式案例。当案例写到100多个的时候，两年过去了，突然有一天，脑子里跳出来这样一个概念：某个公司跟它的内外部利益相关者形成了一个交易结构，这个交易结构就是人人都在说的"商业模式"。

商业模式的本质就是一群利益相关者把自己的资源能力投进来，形成一个交易结构。这个交易结构持续交易，会创造出新的价值，每一方会按照一定的盈利方式去分配这个价值。如果每一方分到的价值超过了它投入资源能力的机会成本，这个交易结构就会越来越稳固。

过去的管理理论不提交易结构，现在它却变得很重要，是因为技术进步导致了交易成本的变化，又使得重新构建不同交易结构的可行性空间变得更大了。我们构建了一个六要素商业模式模型，从六个不同的维度去分析这个交易结构。

（1）定位：企业满足客户需求的方式。

（2）业务系统：企业选择哪些行为主体作为其内部或外部的利益相关者。

（3）盈利模式：以利益相关者划分的收支来源以及相应的收支方式。

（4）关键资源能力：支撑交易结构背后的重要的资源和能力。

（5）现金流结构：以利益相关者划分的企业现金流流入的结构和流出的结构以及相应的现金流的形态。

（6）企业价值：未来净现金流的贴现，对于上市公司而言，直接表现为股票市值。

六个要素中，任何一个要素发生变动，都会产生新的商业模式。一个公司有好的商业模式固然不错，但不如有一套设计商业模式的能力，有商业模式设计能力则不如有商业模式的思维。

我们接触过的企业精英管理者,大多不具备商业模式思维,而是具备战略思维和管理思维。商业模式思维就是:做任何事情的时候,先想一想生态系统中的交易结构是什么样子,会与哪些利益相关者发生什么样的交易。这说起来容易,但需要管理者花时间去关注,并通过对一些概念的解读来慢慢培养商业模式视角和思维。

商业模式的演化和重构

商业模式的变化有两种:演化和重构。演化,即缓慢地变化,今天多出一个利益相关者,明天又派生出一个来,交易方式可能因此发生各种变化。稳定一段时间后,在某个很短的时间内发生一系列剧烈变化,就是重构。

演化和重构在方向上,往往遵循着一些规律。一般而言,有从重资产向轻资产转化的趋势。我们不反对重资产,但企业可以想办法让自有资金投入得很少,举重若轻。

普罗斯是做工业地产的公司,它在全世界买地盖房子,再租给世界制造1 000强企业,它却是个轻资产公司,每到一地都发行一个基金,创造一些利益主体,然后把租金的一部分分给这些投资人,用少量的自有资金撬动了全世界的资源,全球基金将近400亿美元,这就是商业模式的成功。

同时,一般而言,好的商业模式变动都是从高固定成本结构朝着高变动成本结构转移。另一点是,利益相关者角色会越来越多元化。过去顾客就是顾客,设计人员就是设计人员,现在顾客不但是顾客,还可以是口碑传播者、设计师、质量监督者、员工,甚至投资人。商业模式变得越来越灵活,就像金属液体那样可以应需而变。

商业模式的五重境界

因为存在无数新的组合,这也为商业模式创新提供了很多空间。我们把商业模式升级重构划分为以下五重境界。

第一重，境界最低的就是老产品、老模式，企业只能通过战略、管理、渠道建设这些去形成与竞争对手差异化，这是最没水平的。

第二重，产品是老的，但是模式不一样，创造价值会不一样。

第三重，在这个行业引入一个新产品，用新模式做这个新产品，这是更高的境界。

第四重，我们不先有产品，我们先设计一个模式，然后再设计一个产品跟它去匹配。

第五重，为利益相关者（不完全是客户）设计商业模式，让自己平台的用户成为他人的客户，这是最高境界。

最后要强调，商业模式对全世界所有的公司都是一个非常重要的事情，而关于它的创新其实是很不容易的。

原文题目为《创业者要有商业模式思维》，作者为魏炜，发表于《中欧商业评论》2015 年 7 月刊。

商业模式创新比技术创新更重要吗

2005 年《经济学人》信息部一项调查显示：半数以上企业高管认为，商业模式创新比产品和服务创新更为重要。果真如此吗？如何在两者之间分配企业资源？它们之间又该如何配合？

商业模式创新更重要？

如果缺乏技术创新或相关资源，商业模式创新所带来的高速增长有可能是昙花一现。中国的团购风潮就是典型。从商业模式创新的角度看，团购是互联网商业模式的新物种，算得上是 OTO（online to offline）的典范。然而，团购并没有技术创新支撑，也没有其他资源能力构建起足够的门槛，成了简单的资本竞争，最终昙花一现。Groupon 在美国可以成功，是因为它有几方面的资源是国内模仿者所不具备的：强大的数据库基础、数据挖掘技术、美国对商业操作方法（实质上是商业模式专利）的一系列保护，等等。这说明，优秀的商业模式创新需要技术创新保驾护航。

技术创新更重要？

那么，是不是技术创新更重要呢？

技术创新往往伴随着更高昂的成本、稀缺的配套资源和低下的市场认同度。如果不搭配商业模式创新，技术创新就可能以失败告终。20世纪50年代中期，美国市场上有两种成熟的复印技术，都存在复印质量差、复印效率低、无法持久保存等问题。商业模式则是经典的"剃须刀-刀片"模式：复印机设备微利销售以吸引更多客户购买，盈利的主要来源是持续销售高毛利的配件和耗材。后来，切斯特·卡尔森发明了"静电复印术"，这项技术几乎在所有指标上都打败了光影湿法和热干法：复印质量好、速度快，每天能印数千张。卡尔森跟合作的 Haloid 公司曾经找过柯达、通用电气和 IBM 寻求合作。这三家公司经过认真的调查研究，却得出了令人失望的结论：这项技术的市场前景并不乐观。"静电复印术"的生产成本达到 2 000 美元，远高于原有复印机 300 美元的售价，根本无法竞争。

但最终，静电复印技术成功了，原因是进行了商业模式创新——租赁服务模式。后来，Haloid 公司改名为施乐，年收入从 1955 年的 2 100 万美元增长到了 1972 年的 25 亿美元。

它们是相互独立的？

技术创新和商业模式创新在许多方面都差别甚大，因此很多人认为，这两种创新其实是彼此独立、相互割裂的。持这种观点的人应重温施乐 PARC（即施乐帕克研究中心，Xerox Palo Alto Research Center，是施乐公司所成立的最重要的研究机构，成立于 1970 年）的故事。大约 30 年前，乔布斯和几个苹果公司的员工来到神秘的"施乐 PARC"，他第一次看到"视窗"演示大约一分钟后，竟然跳起来大叫道："你们为什么不应用这些技术开发产品呢？这真是最了不起的东西！这就是技术革命！"然而，视窗并没有成就施乐，却成就了微软和苹果。施乐的尴尬正缘于技术创新和商业模式创新的割裂。PARC 本身在技术创新上并没有辜负施乐的期望，但由于其技术创新和商业模式创新是割裂的，技术创新迟迟无法转化为企业利润，导致 PARC 成为纯粹的成本中心，不能创造市场价值，最终变成施乐的大负担。

双管齐下

实现技术创新和商业模式创新的共舞，有以下三种做法。

为技术创新设计恰当的商业模式。 同一项技术创新，可以为其设计多种商业模式。不管是企业经营者还是产品技术开发者，每当产生一个新的产品技术时，就要马上思考怎么样为它设计一个或多个可能的商业模式，企业可选择超过其机会成本的、可实现的、企业价值最高的商业模式。至于是采取全新设计的商业模式，还是沿用已有商业模式，并不重要。苹果推出"iProduct + iTunes + App Store"，就是产品创新、技术创新和商业模式创新的合璧；佳能推出了新发明的小型复印机，采取的恰恰是之前施乐所抛弃的"剃须刀－刀片"传统商业模式，旧瓶装新酒，照样后发制人。

技术创新为商业模式创新构建门槛。 任何商业模式创新要想建立长期的有效优势，需要掌控某种稀缺的资源能力，或者商业模式可以持续地升级。这些有效优势可以通过技术创新来构建。利乐打入中国市场靠的是 80/20 的设备投资方案（客户只要付款 20%，就可以安装设备，此后 4 年，每年订购一定量的利乐包装材料，就可以免交其余 80% 的设备款），这就是一种商业模式创新。利乐为其设备开发了很多新技术，建立有效门槛。例如，利乐的纸质材料都设有一种标志密码，灌装机上的电脑识别了这个标志密码才能工作，用其他公司的包装纸灌装机就不工作。此外，利乐拥有 5 000 多项技术专利，有 2 800 项正在研发和申请。利乐通过这些技术专利，为乳品企业们提供了更多增值服务，持续增强与合作伙伴的关系，技术创新很好地支持了其商业模式创新。

为利益相关者设计商业模式并推动技术创新。对内外部利益相关者而言，真正需要的并不是某种产品、服务或原料，而是对某种问题的解决。如果能为利益相关者设计一种好的商业模式，以此推动技术创新并销售创新产品，就实现了双赢。IBM 的知识集成正是这种方式的典范。IBM 把各行业的交易结构按照职能和业务流程分解成多个组件，每个组件都通过 IBM 的硬件、软件和服务实现。IBM 为不同的合作伙伴设计了不同的商业模式，即不同组件的集合，以此拉动它们对 IBM 硬件、软件和服务的需求。更重要的是，这种商业模式创新引领了 IBM 在硬件、软件、服务等领域的技术创新，其专利申请长期位居世界前列，技术创新反过来加强了商业模式创新的生命力和竞争力。在技术创新和商业模式创新的双轮驱动下，IBM 把对人的依赖持续降低，人均创造产值得到极大地增长。更重要的是，各行各业的企业都认为 IBM 是最紧密的合作伙伴，这种和谐的商业生态关系无疑将使 IBM 的竞争优势更具可持续性。

商业模式创新与产品技术创新之间并不存在谁更重要的问题，本身就是两件事情，就像问"大脑和心脏哪个重要"一样没有意义。如果先设计出一个商业模式，要想发挥出它的最大价值，就一定要有产品技术去支撑这个模式的实现，也就是说，一个好的商业模式也可以引领产品技术的研发方向。我们过去说产品技术的研发方案一般有两个来源：用户需求和技术本身的生长路径。企业开发一些新的产品，或者组合一些已有的产品技术去解决用户需求问题，这就变成新的产品技术了，属于用户需求驱动。现在，商业模式驱动是第三个来源，由它来引领产品技术的发展方向。

原文题目为《商业模式创新比技术创新更重要吗》，作者为魏炜、朱武祥，发表于《中欧商业评论》2012 年 5 月刊。

商业模式与战略的区别和联系

一直以来，人们时常把商业模式与战略相混淆。具体到商业模式的创新设计时,大家更是不由自主地回归到战略的分析框架中去,主要体现在把客户价值主张的重新定义以及围绕新的客户价值主张开展的关键资源、关键流程的调整理解为商业模式的改变,或者简单地把盈利模式等同于商业模式。企业的高管们以战略的思维和分析工具去解构和创新企业的业务,却冠之以商业模式创新的名号,这种方式能够带来改变却未必是商业模式的创新,中国有句古谚形容这类现象叫"新瓶装旧酒"。

造成商业模式与战略相混淆的原因主要有三个:一是缺乏清晰的商业模式定义,人们似乎更乐于把令人振奋的企业创新都归因于商业模式的功劳,但这模糊了商业模式的内涵;二是人们缺乏对商业模式与战略之间区别的系统比较,尤其是当业务的调整同时受到商业模式和战略的相互影响时,人们更是认为既无必要、也无能力对二者进行区分;三是从宏观层面来看,商业模式和战略都是围绕企业如何实现价值创造展开,这一点进一步模糊了两个概念。

在帮助数十家公司进行商业模式创新设计,以及与近 3 000 位企业高管沟通他们的商业模式实践案例的过程中,我们愈发深刻地认识到区分战略与商业模式的必要性,因为不能清晰地区分两者就难以准确地描述及创新商业模式,为此我们从以下五个维度展开了二者之间的比较。

定义

战略可以简单地概括为"在哪些领域竞争、在何时竞争以及如何竞争"。迈克尔·波特在《什么是战略》一文中如此定义战略:"竞争战略就是要做到与众不同。它意味着有目的地选择一整套不同于竞争者的运营活动以创造一种独特的价值组合。"

商业模式可以定义为:从生态系统的角度出发研究和设计从事业务活动的各利益相关方的交易结构,从而达到焦点企业价值最大化的目标。换句话讲,商业模式是通过构建一个生态系统并在其中打造最大化价值的焦点企业。

战略首先是选行业，但商业模式不是选行业，同一个行业可以有很多很不一样的商业模式，同一个商业模式也可以用于不同的行业。把同一个模式用于不同的行业，这也是商业模式创新的一个很重要的来源。大家常说一个模式是B2B的还是B2C的，其实这只是战略的差异，不是商业模式的差异。有时，在商业模式上可能是一样的，所以严谨点，要从交易结构来看它们的异同。与战略不同，商业模式关注的是结构，以及在这个结构里面"跑"的东西。

在传统商业世界里，一个行业里最后会剩两三家企业，彼此的战略不一样。而在互联网时代，一个行业会剩下很多家企业，每一家都是垄断的，因为它的商业模式是唯一的。比如，大家说微信免费，所以短信就没戏了，这个假定是有问题的。如果微信遇到WhatsApp，后者是收费的，第一年免费，第二年收1美元，这两个公司谁打得赢谁？答案是：一定都会活得很好。这意味着，同一行业完全可以有很多模式很不一样的公司。这样，人们就会发现：在一个行业里有一个模式做得很成功，而另一个企业要想成功的最好办法就是跟这个模式不一样，尤其是在互联网与全球化时代。

分析视角或切入点

战略的视角是由内而外的，它以焦点企业为核心，关注解决焦点企业如何更好地满足客户、获得超越竞争对手的绩效表现以及自身运营效益持续提升的问题，人们习惯于围绕焦点企业展开分析并给予焦点企业改善的建议。

商业模式则是从生态系统"俯视"的视角出发，首先分析的是生态系统内不同利益相关方之间的合作方式是否仍有改进机会、是否仍有价值空间还未挖掘，这是一种从外到内的分析视角，产出的是若干种可能的商业模式，最终逐渐回归到焦点企业选择最适合自己的商业模式上来。

资源能力空间

用不同的视角去分析解构商业世界，所能驱动的资源能力空间也会存在显著差异。战略围绕焦点企业展开设计，更多以焦点企业组织所控制的资源能力（自身的资源）或自身所撬动的资源能力（如银行、股东）为主。

商业模式坚信焦点企业与不同的利益相关者的交易结构调整中蕴含机遇，所以不拘泥于自身及现有的资源能力，更倾向于通过新的合作方式或者盈利模式把一切潜在的利益相关方及其资源能力组织起来。

适用条件

战略在不同的商业背景下为指导企业的关注重点指明方向而发挥了积极的作用：当供不应求或企业远离生产效率边界时，关注企业自身运营的职能战略就非常必要，也成为企业短期内竞争优势的来源；当市场竞争激烈、客户有多样化的替代选择时，对客户群体的细分定位、差异化竞争对手的定位且形成一系列与定位配称的运营活动就弥足珍贵。企业通过持续地调整在客户价值、差异化竞争对手和自身运营收益的提升方面实现平衡，力争在竞争中获胜。当行业中的主要竞争者采用的是相同或相似的商业模式时，战略的作用会凸显出来。比如竞争激烈的钢铁行业，主要钢铁厂家都是以出售钢铁制品为主要业务，所以钢铁厂家就会花费大量的精力在提供高品质的钢铁制品、不断改进自身竞争效率上。

但随着全球化市场分工的日益成熟，互联网时代的到来使得原本相对孤立的或潜在的利益相关方可以更加便捷地联系起来，加之新的技术或政策对现有的交易结构产生冲击等，处于行业中传统生态系统结构中的焦点企业的商业模式正在被重新构造，这些生态系统也同时被逐渐解构和重构。这个过程中商业模式的作用随之崛起，商业模式从利益相关方的角度分析把握生态系统结构的变化机遇，苹果就是从商业模式的角度出发重新定义了手机行业。而以诺基亚为代表的越来越多的企业案例表明，焦点企业如果不从利益相关方的角度思考问题并及时做调整，甚至是仅关注不断强化原有模式下的成功优势，可能会加速衰落。

商业模式与战略的联系

时代要求卓越企业不仅仅要有一流的战略管理能力，更要有商业模式的视野和洞察力。焦点企业既需要在不断发展演进的生态系统中找到最适合自己的商业模式，也需要通过战略获得持续的竞争优势。一个企业的价值同时受战略和商业模式的影响。

对于相似的战略（比如提供相似价值主张的产品或服务），可以选择效率更高的商业模式。相似的商业模式也可以应用到不同的战略领域（市场或客户）中去："剃须刀－刀片"是一种典型的商业模式，剃须刀和刀片必须组合使用，这种商业模式通过"剃须刀"切入市场，形成用户基础（install base），锁定用户消耗"刀片"的市场，并通过源源不断地销售"刀片"获得利润。这种商业模式不仅为吉列公司所独有，如果我们分析索尼的PS2游戏机和游戏软件，其业务系统、盈利模式和现金流结构也与"剃须刀－刀片"的模式相似。

只有当我们清晰地认识到商业模式与战略之间的区别时，我们才能够理解到两者的不同作用并运用不同的视角与方法论工具加以分析；只有当我们掌握了商业模式与战略之间的联系时，我们才能通过促进两者之间互动与融合将企业推向一个新的高度！

让我们来看看大众点评的案例。

大众点评网（dianping.com）是中国知名的本地生活信息及交易平台，不仅为用户提供餐饮、购物、休闲娱乐及生活等领域商户信息，消费点评及优惠等服务，同时提供团购、餐厅预订、外卖及电子会员卡等O2O交易服务。其移动客户端已成为本地生活优质工具。如图13-1所示，大众点评将消费者和商户两端对接起来。消费者可以在点评网站上撰写自身的消费体验，这些评价也成为其他网站访客消费决策的依据。同时，大众点评利用团购、餐厅在线预订的方式将消费者与商户对接起来，从而打造了从通过用户点评帮助消费者做出消费决策，到以团购和在线预订消费的整个闭环。

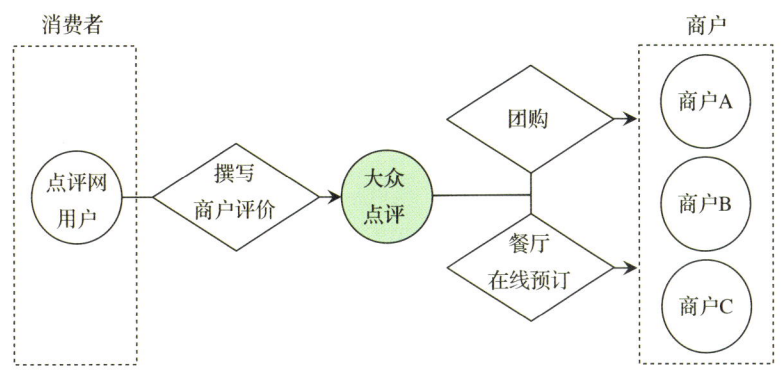

图 13-1　大众点评的业务系统示意图

但在 2012 年和 2013 年，大众点评遇到了来自三方面的压力。一是以腾讯、百度和阿里巴巴为代表的互联网巨头开始重视自身在本地生活中的应用，它们凭借巨大的访问流量和资金优势获取用户并非难事，这对大众点评形成了潜在的竞争压力。二是在团购领域，大众点评的主要竞争对手美团覆盖的城市近 300 个，大众点评只有 120 多个，尤其在三四线城市市场，美团的渗透率远高于大众点评。三是在资本市场，国内的互联网企业如京东、新浪微博等纷纷 IPO 成功；作为大众点评最强劲的对手，美团也把上市纳入到自己的计划之中；竞争对手的上市将改变竞争格局，而大众点评的投资人也会有变现的利益诉求。何时上市、以什么样的商业模式和业绩表现上市是大众点评亟待回答的问题。

面对多方压力，大众点评的 CEO 主动进行调整，以赢得更多的腾挪空间。这种调整主要体现在以下两个方向。

方向一，大众点评着力打造 O2O 生态系统。在 O2O 产业链上游，大众点评 2014 年年初宣布出让 20% 股权，引入中国最活跃的社交媒体腾讯作为战略投资者；此外，大众点评还与三星、小米等手机厂商达成合作，以硬件为入口接入更多流量。在下游，2013 年下半年以来，大众点评陆续投资了七八个项目。其中，有做外卖订餐的"饿了么"，有餐饮外卖系统和呼叫中心软件商"智龙"，还有电影订票系统"网票网"等。这些公司有商户资源,但欠缺个人用户,大众点评将自己的流量资源与它们结合,一起做O2O。上接流量,下接服务,大众点评的定位,已经从垂直、自营的封闭系统逐渐转朝着"链接人与服务的O2O开放平台"演进。这是典型的商业模式思维,大众点评思考的是围绕自己已有平台的基础上,在前端和后端分别引入了新的利益相关方打造更为强大完整的生态系统,借助其他利益相关方的已有资源优势,通过入股、合作的方式把网站的流量资源做大并更好地与商户对接(见图13-2)。

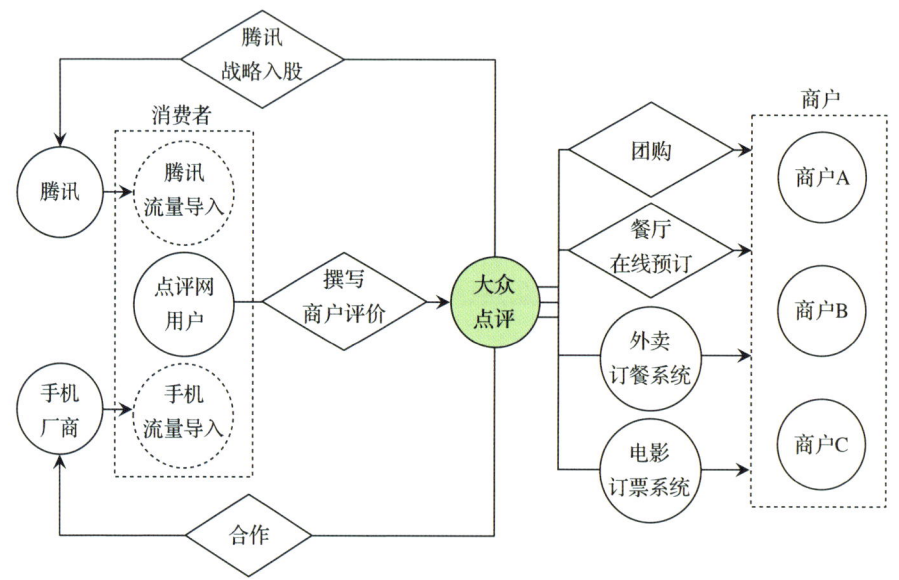

图 13-2 大众点评新的业务系统示意图

方向二,大众点评将 2014 年的战略目标聚焦在四个方面,包括:点评要打团购翻身仗,在三四线市场超过美团;本地推广事业部和结婚事业部要继续为大众点评带来巨大的现金流;餐厅在线预订业务潜力巨大,2014年的预订单量要较 2013 年翻 10 倍,达到日均 5 万单;商户数也要超越OpenTable,成为全世界最大的拥有餐厅在线预订的公司。同时,大众点评也做了组织与激励机制的调整:建立事业部制,一类是按行业划分的结婚、酒店旅游事业部,另一类是根据功能设置的信息平台、交易平台、预订事业部，每个事业部的日常工作都可以在自己内部解决，并且权责到人。奖惩机制也变得更加严格：以前员工的年终奖最高达 3.5 个月薪水，最低是 1.5 个月薪水，而调整后，最高奖励涨到 6 个月薪水，最低降为 0；优秀员工的晋升速度加快，而淘汰率也比以前更高。这个方向则是战略思维与管理思维，以超越竞争对手作为战略目标，通过组织与激励机制的调整改善自身的运营效益，这也是传统战略与管理的分析领域。

并不是所有的企业高管都能像大众点评的 CEO 这样，兼具商业模式和战略思维，能够清晰地设计并描述出在两个领域中的关键举措。尤其是在商业模式相对稳定的时代，衡量企业高管能力的指标更多地指向战略管理。时代在变而且越来越快，理清商业模式与战略之间的区别与联系将帮助企业高管更加从容地驾驭企业的发展。

CHAPTER 14

第十四章

商业模式设计
从生态系统出发

中国的农业复合肥市场是一片红海，这个行业技术门槛低，小型工厂很多，产品同质化严重，平均毛利率不到5%。2011年才创办的亿兆生物科技有限公司（以下简称"亿兆"）研发出了"增效节肥"的新配方，这个新配方有两个优势：一是能将肥料中的营养成分的释放期从通常的30～40天延缓到125天，提高了农作物对肥料营养成分的吸收；二是在传统复合肥中，氮、磷、钾是最贵的原料，约占总含量的55%，新配方可以将氮、磷、钾的含量占比降到23%。这样，亿兆的新配方不仅更加经济、环保，降低了化肥的使用量，还能够降低复合肥的生产成本。经测算，这项新技术可以将每吨化肥的成本降低400～600元，毛利率可达25%～30%。

但当亿兆试图开始版图扩张时却遇到了天花板。传统的复合肥行业区域性很强，一家工厂的销售半径只有 250 千米。如果亿兆按照传统的商业模式扩张，需要在不同地区建厂扩大产能，从而提高市场份额。可是建一个工厂至少需要投入 1 000 万元，而且建厂越多，资产越重，对于亿兆这个初创企业来说，不仅周期长，而且风险很大。

一方面，市场中已经存在了大大小小的化肥厂家，面临着产品同质化严重且平均毛利率低的困境，产能与区域地理覆盖优势未能充分利用；另一方面，亿兆的新配方可以改善化肥的成本结构和施肥效果，却缺乏资金实现规模扩张。针对行业的特点和自己的配方优势，亿兆对商业模式进行了重新设计：化潜在的竞争对手为合作伙伴，将已有的复合肥工厂转变为亿兆指定的配方肥生产厂。这些复合肥生产厂先和亿兆签订协议，得到"亿兆·大丰收"的品牌和产品配方技术授权。亿兆将配方化肥浓缩料送到复合肥厂进一步加工。成品生产出来后，亿兆先以成本价结算给工厂，大大降低了合作工厂的现金流压力。同时，亿兆授予复合肥合作厂家在其销售半径内以独家总代理权，工厂利用自身在当地的渠道销售产品后，工厂可以获得毛利 75% 的分成，而亿兆只拿走毛利的 25%，这种分成方式可以最大限度地调动当地复合肥厂商的销售动力。

亿兆的盈利模式也发生了变化，一是销售配方化肥浓缩料给合作工厂获得产品毛利，二是获得产品销售后的毛利分成。现金流方面，亿兆统一委托第三方仓库管理合作厂商的成品库存，统一库存管理可以迅速形成规模，在便于强化供应链管理的同时也能够通过仓单质押的方式从银行获得贷款，这样亿兆自身也可以获得充沛的现金流。亿兆的资金不是投在固定资产上，而是投在流动资金上，极大地提高了资产回报率。而且亿兆可以在短期内即获得合作厂商的产能和销售渠道，提升了亿兆的品牌影响力和产品的覆盖度。

合作的复合肥生产厂也获益匪浅，它们的过剩产能和当地渠道的控制力都因为亿兆新的配方和品牌而得到释放，整个合作过程中都能获得现金流的即时补充与可预期的利润回报，这些合作厂家终于可以为摆脱之前大量成品库存而松口气了。新化肥的用户是最大的受益者，他们获得了有品牌保证的、性价比更高的复合肥，还降低了化肥的使用量，他们以更环保的方法让农田里的作物获得肥料营养成分的吸收。

亿兆没有按照传统的扩张方式，而是借已有复合肥厂商的"力"成就了自己的"势"，以资源整合的手段短短两年间就完成了规模与效益的快速扩张。亿兆认识到，成功不是建立在把对手打倒的基础上，竞争也不是获得胜利的唯一手段。充分发掘自己的优势，然后有意识地去聚合与自身优势互补的利益相关方，设计出与之匹配的商业模式也能创造新的价值。

亿兆的实践给我们非常重要的启发：所谓功成不仅在我，亿兆没有只从"我"的角度出发分析和解决问题，而是从各种潜在的利益相关方的角度思考，通过巧妙的商业模式设计充分利用一切可以利用的资源，这种思维下竞争对手也可以是合作伙伴。在具体的实施过程中，亿兆在实现自身目标的同时兼顾了各方的利益诉求，通过塑造发挥各方资源能力的生态系统来解决问题，最终实现了自身的企业价值最大化，这正是商业模式带来的新视角和新价值！

商业模式设计：从生态系统出发

商业模式正日益成为商界的时髦词汇，企业领袖、管理学者乃至政府官员都不断强调商业模式创新的重要性。但商业模式就像隐藏在云中的巨龙一样，似乎每个人都见过并知晓它的威力，人人都在纷纷谈论这条巨龙却又很难清晰地描绘出巨龙的模样。商业模式可以定义为：从生态系统的角度出发研究和设计从事业务活动的各利益相关方的交易结构，从而达到焦点企业价值最大化的目标。换句话讲，商业模式是通过构建一个生态系统并在其中打造最大化价值的焦点企业。所以，商业模式需要思考的是生态系统都由哪些利益相关方构成，这些利益相关方的业务活动或角色（角色是具有资源能力的利益相关方在生态系统中所开展的业务活动）有哪些，它们从生态系统中的获益方式是什么，最终的现金流是什么。图 14-1 中，我们按照业务活动和利益相关方两个维度把复合肥行业生态系统描述出来，就可以直观地发现：与传统的复合肥厂商不同，亿兆专注于自身擅长的研发和化肥浓缩料生产活动，同时积极引入新的利益相关方更具效率地完成其他业务活动。最具创造性的就是把传统概念中的竞争对手纳入到自己的生态系统中来，然后设计交易结构发挥出了各方的资源能力优势，这种思维方式和设计结果用传统的战略或管理工具是很难分析得出的。

商业模式关注焦点企业所处生态系统的结构效率。正如石墨和钻石都是由碳原子组成，但石墨漆黑柔软，钻石通透坚硬，两者的形态并不是由碳原子的属性决定，而有赖于碳原子如何连接。焦点企业的价值也会因与生态系统内利益相关方的合作内容以及合作方式的变化而不同。生态系统是由焦点企业以及具有合作交易关系的各类内外部利益相关方构成。其实每个企业都处于一个生态系统当中，都会通过市场交换、合作、参控股等方式与周边的利益相关方建立关系。只是在传统概念中，企业都是以生态系统的结构既定为假设前提。如以超市为代表的零售业，行业的主要竞争者都是选址建立卖场，然后组织货源将产品交到消费者手中。行业中的竞争对手都面临着相似的利益相关方和盈利模式，所以大家都不约而同地把精力投入到自身经营绩效的改进上：如何更好地理解甚至创造性地提出各类细分客户独特的价值主张，如何差异化地与竞争对手展开竞争，如何运用更为先进的管理工具提升企业的运营效益……但若仔细分析就可以发现，看上去相似的生态系统内其实会有不同的商业模式。由于中国的农业产业化程度低，饮食习惯也复杂多样，国内没有标准化的农产品，因此中国超市生鲜经营非常烦琐，国内各大超市大多是通过批发商供货和厂商联营的方式运作，以"产地 – 采购商 – 批发商 – 超市采购员"的多重渠道进行采购，由于几经转手，商品新鲜度和价格都缺乏保障。而中国永辉超市的自营模式通过"产地 – 超市采购员"的二元渠道进行统一采购，除了省去多层中间环节让运营成本和生鲜损耗大幅下降，还能以较大的采购规模获得

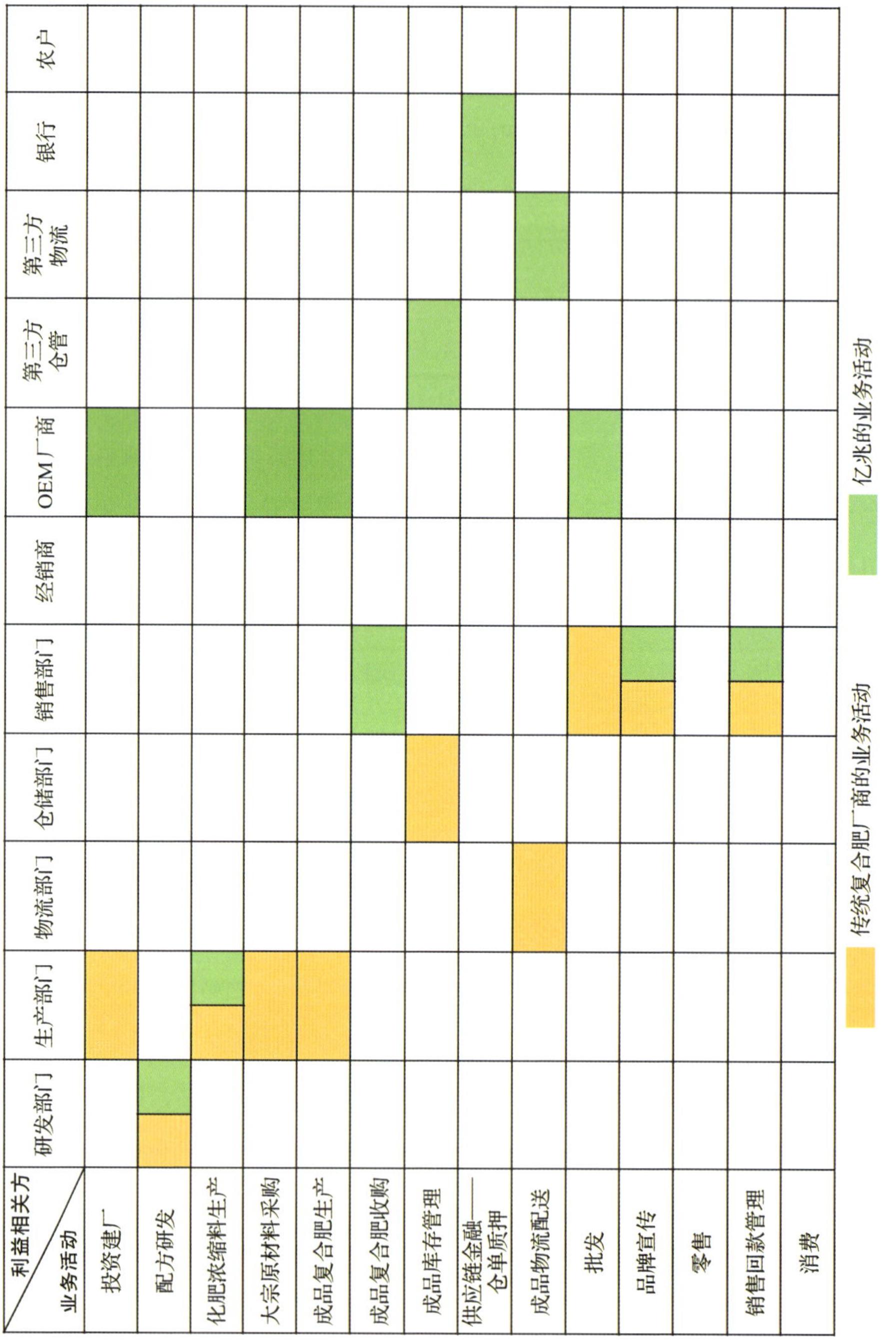

利益相关方 业务活动	研发部门	生产部门	物流部门	仓储部门	销售部门	经销商	OEM厂商	第三方仓管	第三方物流	银行	农户
投资建厂		黄					绿				
配方研发	黄/绿										
化肥浓缩料生产		绿									
大宗原材料采购		黄					绿				
成品复合肥生产		黄					绿				
成品复合肥收购											
成品库存管理				黄	绿						
供应链金融——仓单质押								绿			
成品物流配送			黄						绿		
批发					黄/绿		绿				
品牌宣传					黄/绿						
零售					黄						
销售回款管理					黄/绿					绿	
消费											

■ 传统复合肥厂商的业务活动　　■ 亿兆的业务活动

图 14-1　复合肥行业生态系统示意图

更加优惠的采购价格。通过田间直采，生鲜产品从产地直接运送到物流配送中心或超市，将交易关系由"各供应商－各分店"转化为"各供应商－配送中心"，各分店的外部业务联系随之转化为企业内部工作流程，进货谈判大大减少，大幅降低交易及履约费用。通过自营直采模式，永辉节约了20%～30%的采购成本，农民赚得更多，消费者花钱更少，永辉超市的毛利率也远高于同行。以永辉超市为焦点企业的生态系统中，去除了传统的采购商和批发商的角色，原本由外部利益相关方扮演的角色内部化。盈利方式也由价差模式取代了其他超市中的"进场费＋分成"的模式。相似的生态系统可以衍生出不同的商业模式，围绕焦点企业的特点选择最佳的商业模式，正是通过改变焦点企业所在生态系统中的利益相关方与交易结构带来新的价值。

商业模式在今天获得前所未有的重视绝非偶然。一方面，商业社会的规则正处于剧烈的变革之中，我们所熟悉的竞争场景正不断被颠覆：跨界竞争日益频繁，以往可以清晰定义的竞争对手正变得模糊起来，如移动通信工具微信的崛起令以往近乎垄断的中国电信运营商快速沦为基础运营服务商，这种被称作OTT（over the top，指移动互联网企业绕过运营商发展自己的业务）的新业务对传统运营商的挤压非常明显；以客户为代表的各类利益相关方可以聚合为新的市场力量，Groupon的崛起就是一个典型案例；以免费为代表的新的盈利模式正冲击的现有的厂商。另一方面，之前相对稳态的生态系统通过更加频繁的解构、重组释放出新的生产力：这得益于社会大分工的标准化进一步加强，每家企业都在力求使自己在竞争中有着更为清晰的定位并且保持良好的相互适应性；同时，包括互联网、移动手机在内的各种通信手段使得彼此之间的联系得到空前的加强，大家从未像今天这样可以紧密地联系起来；技术的变革、政策的调整也要求生态系统变得更具弹性。这些信号正越来越强烈地提醒着企业高管们，学会及时调试企业商业模式已经成为必修课。

商业模式的三个核心要素

商业模式是从生态系统的角度出发思考焦点企业的价值,焦点企业的商业模式是由业务系统、盈利模式和现金流结构三个核心要素组成。

业务系统定义了焦点企业在生态系统内是如何运作创造价值的,业务系统关注生态系统由哪些利益相关方组成以及利益相关方之间的治理关系和角色行为。 每个利益相关方都拥有并使用其自身的资源禀赋或者能力为生态系统贡献着独特的意义和价值,业务系统定义了这些利益相关方贡献价值的方式及以何种方式有机聚合在一起。业务系统的关键词是构型,例如直营与加盟、自营与平台……构型不同,带来的生态系统效率也会不同。在创新商业模式时,关注生态系统结构中每一个利益相关方的资源能力与诉求是很重要的,如果能够撬动关键位置的利益相关方,就有可能达到四两拨千斤的效果。

我们用两张图简明地表现出亿兆两种商业模式在业务系统上的变化。在传统的商业模式中,生态系统主要有三类利益相关者:亿兆(包括其多个内部利益相关者)、经销商和农户。亿兆的角色是从研发到投资设厂、原料采购、生产到物流仓储整个价值链环节的全面掌控。这种业务系统设计对资源投入和管理要求都非常高,对于初创的亿兆而言绝非易事(见图 14-2)。

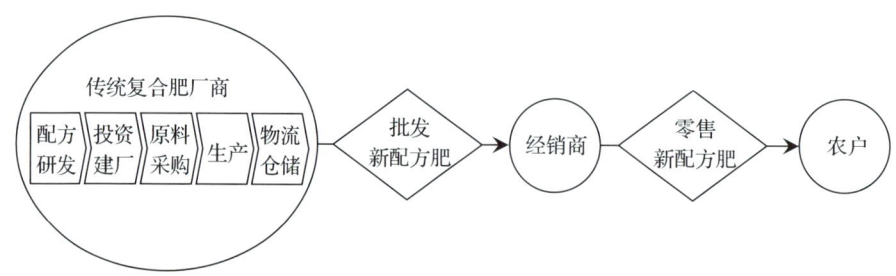

图 14-2　传统的业务系统示意图

而在新的商业模式中,业务系统中共存在五类利益相关者:亿兆、配方肥定点厂、销售公司、农户以及银行。其中销售公司是由配方肥定点厂设立,但销售回款统一由亿兆管理,这样便于清晰界定销售的毛利分成。

银行则是通过仓单质押的方式为亿兆提供贷款支持,从而盘活了整个生态系统的现金流流量。亿兆将资源投入大、周期长的投资设厂环节通过引入已有的复合肥合作厂来解决,把自己有限的资源放到配方的研发与品牌的经营上来(见图14-3)。

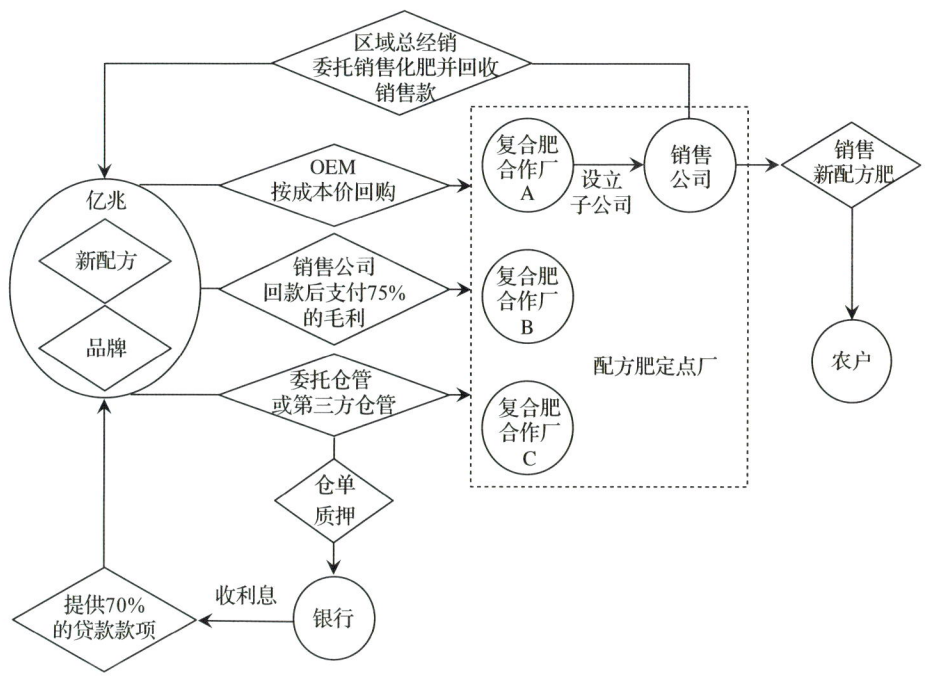

图 14-3　亿兆的业务系统示意图

通过业务系统图,我们就可以准确地把握生态系统中每个利益相关者的贡献与作用,如果发现存在的利益相关方没有发挥预期作用,这也为我们调整利益相关方提供了线索和思路。

盈利模式指的是企业的收支来源与收支方式。换言之,盈利模式需要回答的是以下几个问题:收入从哪里来,成本向哪里支出,怎么收入,怎么支出。一个优秀的盈利模式设计可以激发生态内各个利益相关方发挥自身价值的热情,从而为整个生态系统注入活力。盈利方式包括两个核心方面。一是收支来源,包括收入来自(或者成本支付给)哪些利益相关者、哪些产品或者服务、哪些资源能力等。典型的代表是免费模式，以谷歌为例，其访问用户都可以免费地通过谷歌获得搜索服务，而支持谷歌收入的来源则是广告收入。广告商非常看重谷歌聚集起来的对不同搜索内容感兴趣的访问用户，这些通过搜索关键词而被细分了的客户群体具有非常高的消费潜力。二是计价方式，指的是通过选择有效的分配方式使得各个利益方的利益诉求得到最大限度的满足，同时能够激发利益相关方持续地贡献自己的资源能力。生态系统中不同利益相关方对最终价值创造的影响程度及其自身的利益诉求点是不同的，计价方式的设计需要能够从中找到平衡点。通常的计价方式包括五类：采取固定、剩余还是分成；按照消费资格计算（如进场费）、消费次数计算（如过路费）、消费时长计算如（停车费）、消费价值计算（如油费）、价值增值计算（如分享费）；拍卖方式；顾客定价方式；以及各种各样的组合计价方式，如"低固定+高分成"、"消费资格+消费次数"、交叉补贴、"剃须刀-刀片"、反"剃须刀-刀片"等。

在本章开篇的案例中，通常复合肥的盈利模式是由企业支付成本并从直接顾客获取收入。复合肥厂家支付购买原材料、生产制造和渠道销售的成本，通过直接销售给顾客得到收入，收入减成本，就是毛利，这是一种按照消费价值计价的方式。而亿兆的盈利来源包括两个部分，一是销售配方原料给工厂，二是获得产品销售后的毛利分成。这是一种组合的盈利模式，亿兆同时采用了"消费价值+分成"两种计价方式，既保障了自己的基本产品利润又分享了产品热卖之后带来的增值部分。

现金流结构是按照利益相关者划分的企业的现金流入和流出在时间序列上的比例结构和分布形式。净现金流表现的是焦点企业创造的价值是如何变现的。优秀的现金流结构设计可以提升商业模式的执行效率，保障商业模式落地的成功率和可复制性。现金流结构是检验商业模式设计成功与否的一个关键指标，一个长期衰减和枯竭的现金流结构，最终原因很可能是业务系统、盈利模式的问题。轻资产公司之所以受到很多学者和投资家的青睐，就在于其现金流结构可以实现早期较少投入带来后期持续稳定的较高回报。例如，新加坡的嘉德置地被称为亚洲最大的商业地产公司。它在新兴市场大城市的黄金地段新建商业物业。嘉德置地将投资物业按发展阶段分为"培育期"和"成熟期"。培育期物业没有现金流入，而且风险比较高，但资本升值潜在回报空间也相对较大。在成熟期，物业有高端商户租赁，现金流入比较稳定，收益率稳定在 7%～10%，具有稳定的分红能力。为此，嘉德置地采用了 PE+REITs 的地产金融模式，也就是在"培育期"即商业物业建设期，采用私募投资（PE/PF）方式融资，而在"成熟期"则采用 REITs 融资。嘉德置地通过搭建"私募地产基金 +REITs"的地产基金平台，借助第三方的资金实现轻资产运营，在获取管理费收益的同时分享投资收益。根据资产在不同阶段、不同风险 - 收益特征的物业进行资产分离，同时引入不同的第三方投资人进行现金流的匹配成为嘉德置地价值创造的核心。

我们分析和比较不同企业的商业模式时，都是围绕着业务系统、盈利模式和现金流结构三个方面展开，这其中任何一个方面的创新都会带来商业模式的变革。通过这三个方面的比较，我们也可以理清同一个行业中的不同企业是否在采用不同的商业模式，或者不同行业的企业是否采用类似的商业模式。

商业模式的设计步骤

商业模式因其令人耳目一新的创造性而闻名，但如何设计商业模式却一直缺少有力的工具。商业模式是从生态系统视角围绕焦点企业展开设计的管理科学，通常商业模式的设计需要分为五步（见图 14-4）。

第一步，画像描述：描述清楚现在或初始的商业模式是未来商业模式的起点。完整的画像描绘可以从商业模式定位、业务系统、盈利模式、关键资源能力、现金流结构和企业价值六个要素着手；简化的描述则是关注商业模式中的业务系统图、利益相关方的盈利模式和现金流结构三个关键要素。通过描述现在的商业模式，可以帮助企业高管们梳理现有模式的假

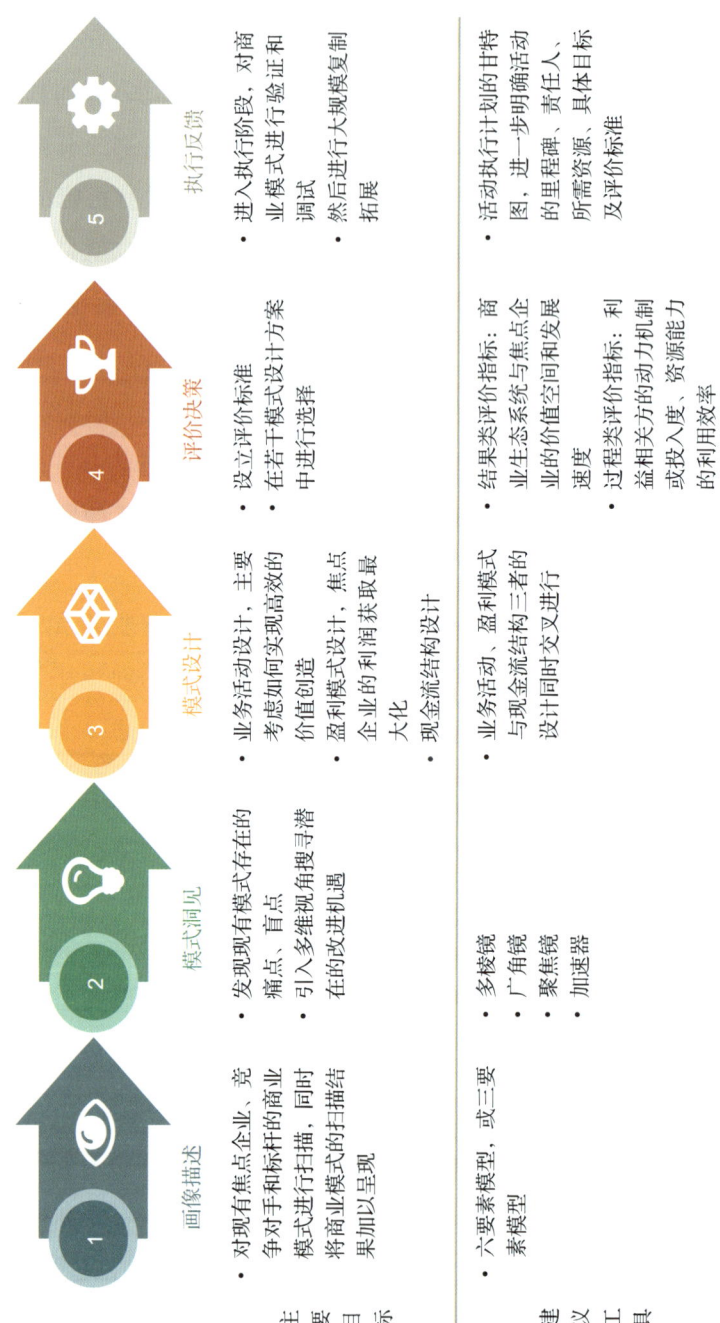

图 14-4　商业模式设计五步骤

设前提有哪些，不同的利益相关方存在哪些机遇和挑战。这一步既是企业高管运用商业模式思维展开思考的历练，也为新的商业模式创新指明了潜在的方向。

第二步，模式洞见：引入多维视角洞察模式机遇。这一步是商业模式设计过程中最为关键的一步，缺乏洞见，也就失去了借助商业模式设计获得发展优势的前提，具体可以通过四个维度的视角去发现洞见。

一是多棱镜视角：洞察利益相关方的潜在价值。生态系统由多个利益相关方构成，每个利益相关方本身是多种角色和资源能力价值的复合体，但我们在生态系统中通常过于关注利益相关方的某一个角色或资源能力价值的重要性而忽略了其他，例如冰箱的核心价值是冷冻和冷藏，但当冰箱放到开放式厨房中还有美观装饰的价值。商业模式的多棱镜视角就是帮助我们重新认识到或挖掘出利益相关方身上的其他角色或资源能力的价值，把这种被忽略的资源能力价值或角色挖掘出来并围绕其展开新的价值创造的设计。需要指出的是，同一利益相关方在不同的规模或时点下其潜在价值也会不同，从而带来商业模式的改变。比如，中国的小米手机就是从手机硬件着手，以传统手机厂商难以承受的超高性价比出售手机，迅速汇聚起千万级别的手机销量。强劲的销量在提升了小米在整个手机采购、组装的价值链的话语权的同时，也带动了小米手机活跃用户总量的提升，为小米持续在手机应用、软件上的获利打下坚实的基础。小米手机是以高性价比为手段加速实现销售规模的质变，然后以质变后的用户规模作为未来商业模式设计的基础。目前，小米的智能机销量在中国大陆已经超过 iPhone，跻身世界智能机销量前列。

二是广角镜视角：调整利益相关方。我们把生态系统作为价值创造的主体，利益相关方的变化将改变生态系统的价值创造空间和实现效率，在此基础上设计焦点企业与新的利益相关方的合作方式。拓展一个生态系统的价值空间主要有两种方式，一是我们可以从现有利益相关方着手，发现客户的客户、供应商的供应商、利益相关方的利益相关方（以及这些利益相关方可能采用的基于新技术的活动），从而实现利益相关者视野的拓展；二是从现有商业生态中寻找各种可能合作的利益相关方和其从事的活动，并可将这些活动环节切割重组，组建成新的利益相关者。提升生态系统的价值实现效率，则要检验各个利益相关方在生态系统中做出的贡献是否超过其投入的资源能力的机会成本，当初设立的假设以及目前发挥的作用是否还存在，或者存在更好的替代方式，然后做出调整的决策。

三是聚焦镜视角：提升商业生态系统的运作效率。商业生态系统是由不同的利益相关方以交易结构为纽带紧密联系在一起的。但每个利益方的愿景目标、业务规模、风险承担能力各有不同，发展速度也不同步，这就要求我们检讨不同利益相关方角色和交易结构设计能否与时俱进，而这就是商业生态系统效率改进的痛点和盲点。

四是加速器：助力整个商业生态系统的复制与扩张。加速器可以同时打破整个商业生态系统价值空间天花板和效率瓶颈，帮助生态系统进入加速度成长的轨道。典型的加速器是金融工具的应用，金融如同是生态系统中的润滑剂，将资产类资源的潜力释放并重新配置，提升流动性进而降低了系统性的风险；资本的力量则能带来企业所处竞争时空的再配置，借助企业未来潜在的竞争资源在当下展开竞争。

在我们的商业模式创新设计实践中，这四个视角既紧密联系，又相对独立。这四个视角并没有严格的先后顺序，每一个视角带来的改变都可以推动商业模式的重构。在绝大多数情况下，充满智慧和创造性的企业家和创业者们都是从传统商业模式的某一个视角出发，重新勾勒出新的商业模式画卷，但四个视角的同时存在可以保障他们在构思新的商业模式时的完备性，最终实现商业模式的更新换代。由于生态系统内利益相关方的实力、利益诉求、沟通方式等是一个动态变化的过程，这就需要我们经常运用这四个视角去检视生态系统的运作是否有效。

第三步，模式设计：化机遇为模式。我们需要将在模式洞见的过程中发现的各种潜在机遇点进行梳理，进入到具体的模式构建设计中来。

在新的商业模式设计中，首先要明确生态系统中各个利益相关方的角色调整与资源的投入；其次要结合各个利益方对结果的影响力与利益诉求，匹配盈利模式；最后要设计推演各个利益相关方的现金流结构，保障整个生态系统现金流结构的顺畅，因为当今的商业世界，已经形成了一个个一荣俱荣、一损俱损的生态系统，如果一家企业的现金流出现问题，有可能因此影响生态系统的健康发展。新的商业模式需要能够及时反映出利益相关方角色行为的调整和利益诉求的变化，力图在保障焦点企业价值最大化的基础上实现生态系统内各方共赢的局面。

第四步，评价决策：选择最佳方案。我们通常会提出不同的商业模式设计方案，此时就需要企业明确设立评价标准，以便于进行选择。我们建议的评价标准可以分为两类，一是结果类评价指标，即商业生态系统与焦点企业的价值空间和发展速度；二是过程类评价指标，即利益相关方的动力机制或投入度、资源能力的利益效率。

第五步，执行反馈：商业模式执行过程中的调试与迭代。进入到执行阶段，首先需要对商业模式进行验证，测试不同利益相关方对新商业模式的认可程度是否达到预期，并在此基础上进行商业模式的调试；一旦商业模式经过市场检验后得到确认，就对其进行大规模复制。为了保障执行的效果，建议在具体的执行管理过程中进一步明确活动的里程碑、责任人、所需资源、具体目标及评价标准，将拓展过程中的活动落到实处。

商业模式设计的案例

让我们利用一个真实的案例来阐释上文提出的商业模式设计框架。

如果你乘坐四川航空的飞机出差、旅游到成都，飞机降落之前就会有广播通知："各位乘客请注意，如果你购买的是四川航空五折以上的机票，降落后我们会有专车免费送您到市中心任何指定去的地方。"同样的，如果你买四川航空五折以上的机票，也可以免费从市中心乘车到机场。与此相对比的是，如果打出租车，从市中心到机场，一般需要150元。实际上，这些车并不是四川航空的,而是旅行社的;开车的司机也不是旅行社的人,是独立的经营者。更有趣的是,卖车行本来价值14.8万元的车,旅行社只用了9万元就买了下来,却转手以17.8万元的价格卖给了开车的司机。为什么卖车行愿意折价出售汽车?司机为什么愿意高价购买?这里面的玄机就在于旅行社基于所有的利益相关方设计了一个彼此依存、彼此增值的生态系统。我们来看一看这个商业模式的设计过程。

第一步,为现在的商业模式画像

中国航空业竞争激烈,四川航空为了与其他航空公司进行差异化竞争,决定通过为往来四川的乘客提供免费机场接送的增值服务以提升乘客的消费体验,从而达到增加客户黏性、巩固自身在四川地区航空服务的市场地位的目的。但机场的接送服务并不属于四川航空的主营业务范围,为此四川航空找到其在当地机票销售业务的合作伙伴四川铁航旅行社,希望由它来提供这样增值服务。四川铁航旅行社对此非常感兴趣,也希望借此机会强化对潜在订票客户的影响力。

四川铁航旅行社初始设计是:购入一定数量的汽车,然后雇用司机,为川航的乘客提供及时的免费订车和接机服务。这里涉及三个利益相关方:旅行社、川航和乘客。这个商业模式的业务系统如图14-5所示。

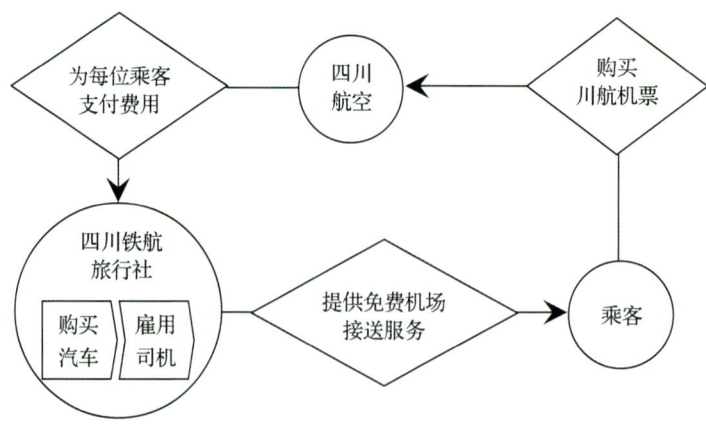

图14-5 传统的业务系统示意图

第二步，模式洞见

从聚焦镜的视角出发，传统的商业模式设计使得四川铁航旅行社遇到了巨大的挑战：一是购入一批汽车将对旅行社的当期现金流造成巨大的压力；二是对旅行社而言，既缺乏车队运营管理的经验，又要承担车队运营的成本，包括司机的工资、油费以及汽车折旧费用。

四川铁航旅行社从多棱镜视角展开进一步分析，生态系统中的各个利益相关方还有哪些潜在的价值没有被挖掘出来呢？

乘客维度，并非所有的乘客都是旅行社及航空公司希望吸引和保留的，为旅行社和航空公司贡献主要利润的是高端商务旅行客户，他们通常没有时间提前订票，买不到优惠的飞机票，而且他们的时间更为宝贵，对订车接机服务的价值认可度更高。因此，可以规定只有买到五折以上机票的旅客才能享受到优惠的订车接机服务。这样，可以大幅度缩减提供订车接机服务的规模。更重要的是，商旅客户的消费能力更强且群体的特色鲜明，一直是广告商及其背后各大品牌厂商所青睐的群体。接下来要思考的是如何将这类商旅客户的潜在价值挖掘出来。这里给我们第一个启示，通过对利益相关方群体进行重新区隔可以挖掘出更为多元的潜在价值。

旅行社的维度，如果一次性购买上百辆客车，可以形成规模采购的议价能力，从卖车行那里获得一个很好的折扣价格。而且如果一个统一的车队达到了上百辆的规模，也就有了类似于出租车、公交汽车的眼球效应，那就可以做车身广告了！这里给我们第二个启示，不同规模下的利益相关方能够拥有截然不同的潜在价值。

司机维度，如果把传统模式下作为雇员的司机看作像出租车司机一样的独立经营者，这样之前的内部利益相关方就变成了旅行社生态系统中的外部利益相关方，在降低旅行社人员成本的同时还降低了车队的管理复杂度，但这需要有能够让司机盈利的乘客规模。

如果透过广角镜视角进一步调整利益相关方，是否有新的价值空间呢？汽车的采购则需要引入将卖车行作为生态系统中新的利益相关方。选择卖车行的标准有两个：一是能够提供具有竞争力的购车折扣；二是与高端商务旅行客户的定位相符，从而提升乘客的消费体验。综合比较之后，四川铁航旅行社最终将选车范围缩小为 7 人座的商务乘用车。更为重要的是，这群高价值商务旅行乘客本身就是这类汽车的潜在目标客户，卖车行可以通过乘客的真实乘坐体验使其增加对汽车的直观认识。这样商旅乘客的潜在广告价值可以与卖车行无缝对接。

第三步，模式设计

基于新的分析和利益相关方的引入，四川铁航旅行社重新设计了自己的商业模式（见图 14-6）。这个商业模式里面的价值循环有两个：乘客乘车、搭载的循环，车辆销售、购买的循环。

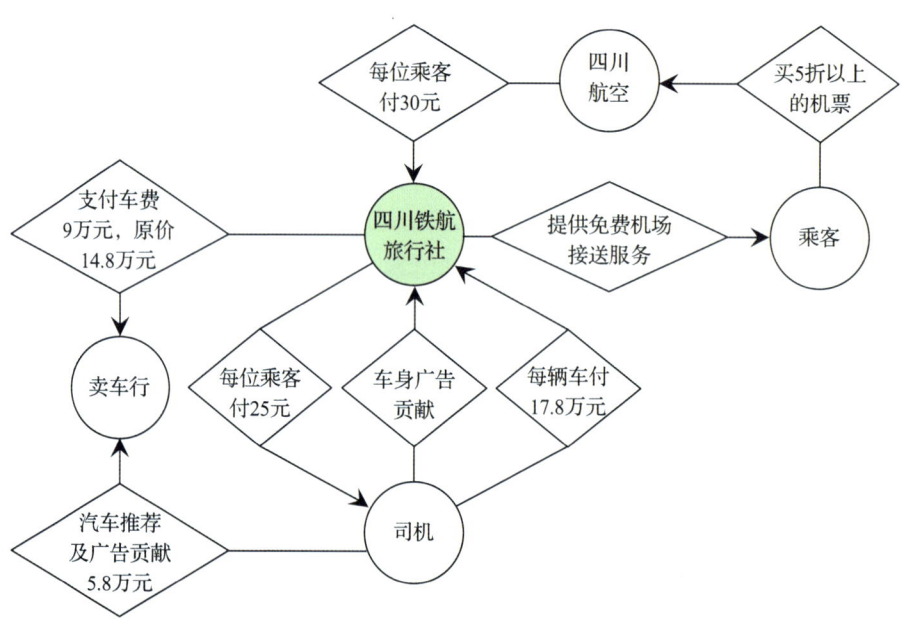

图 14-6　新商业模式下的业务系统示意图

先看乘客乘车、搭载的循环。乘客免费坐车，每一个乘客四川航空付给四川铁航旅行社 30 元，四川铁航旅行社则付给司机 25 元。这是一个多方共赢的价值循环。

乘客节省了150元的出租车车费，并获得了车辆接送的服务便利。航空公司付给旅行社30元，但从五折以上机票赚取的金额更多，并不亏本，还建立了优质服务的品牌效应。旅行社从航空公司拿到30元，付给司机25元，每位乘客净赚5元。司机一趟车满座7人，每人25元，一共175元，比出租车150元好赚，而且生意稳定。

再看车辆销售、购买的循环。原价14.8万元的汽车，卖车行以9万元卖给旅行社，旅行社转手以17.8万元卖给司机，司机获得这条线路的五年经营权。这同样是一个多方共赢的价值循环。

一是卖车行并不亏。需要解释的是，乘客一上车，司机就会把卖车行提供的广告资料发给乘客，同时会主动介绍这款车。中高端商务客户正好是卖车行的目标客户，也能够借此机会获得真实的乘车体验。那么这部分对卖车行的宣传、广告贡献是必须考虑在内的。旅行社向卖车行每年收取1万元的宣传费，五年就是5万元。司机每天从机场到市中心往返4个来回，一年365天，一年就要介绍将近3 000次，平均下来一趟才不过3元，这并不贵。此外，车身上还有售车热线电话广告，一个月收100元，五年就是6 000元。再加上批量买车的购车折扣2 000元，原价14.8万元的汽车最终售价9万元。二是司机也有好处。花17.8万元买到了一辆车和五年的线路运营权，跟购买出租车牌照（现在出租车牌照动辄几十万元）相比合算多了。为什么司机不会直接用14.8万元跟卖车行买车？原因很简单，这样司机就得不到运营这条线路的权利。当然，四川铁航旅行社的利益是最大的。每辆车以9万元买进，17.8万元卖出，净赚8.8万元。旅行社一共有120辆车，光这一项利润就超过1 000万元。而且之后每位乘客乘车旅行社都可以获得5元钱的稳定现金流收入，加之车身上的飞机票订票热线是低成本广告，旅行社通过商业模式的设计获得了可观收益。

最终，经过对商业模式的调试和验证，四川铁航旅行社正式推出的新商业模式完成了原本看上去不可能的任务！如果仅从旅行社的角度来看，为乘客提供机场接送服务将成为一项沉重的负担：重资产、负现金流和低回报率。但当我们从整个生态系统的角度来看，发现不同利益相关方的多维价值和角色时，旅行社竟能够从中获得巨大的收益，更重要的是生态系统中的各个利益方都从中受益。挖掘生态系统内蕴含的价值宝藏，正是商业模式的真正力量！

中国已经成长为世界第二大的经济体，商业模式创新与技术创新是中国经济增长的驱动因素。我们也观察到，像包括金砖四国在内的新兴经济体，因其商业环境、宗教历史等与欧美发达经济体存在显著差异，商业模式也呈现出多元化的特点。虽然没有永远成功的商业模式，但从世界范围内来看，东西方的企业家和创业者们都正以独特的商业模式智慧去认知、改变着商业世界！

该文原载于《商业评论》2015年6月刊，作者为魏炜、张振广、朱武祥，经授权刊登。

CHAPTER 15

第十五章

如何设计盈利模式

近年来,盈利模式的创新层出不穷,比较著名的经典案例包括吉列与施乐打印机采取的"剃须刀–刀片"模式、苹果 iPod 的"反剃须刀 - 刀片"模式、谷歌的"直接客户免费,第三方企业付费"模式,等等。许多企业通过盈利模式的再设计获得了迅速的增长,成为行业翘楚。为什么?

所谓盈利模式是企业获得盈利的方式,它由三个维度构成:定量(产品 / 服务价格的高低)、定向(企业的盈利来源有哪些)和定性(企业通过何种盈利方式获得收入)。如图 15-1 所示。

图 15-1　盈利模式结构示意图

传统的盈利模式盈利来源比较单一，通过出售产品或服务获得收入成本差价作为盈利点；盈利方式也以行业内约定俗称的成本加成定价、计件定价等方式为主。企业多是在盈利来源和盈利方式既定的假设前提下思考自身的盈利模式，导致盈利模式设计的重心多是围绕着由供求决定的价格的高低展开，而影响供求关系的主要因素通常包括企业自身的成本结构、竞争对手的定价水平、消费者偏好等。单调的盈利来源和盈利方式也使得企业将业务的改善更多围绕着价格和销量展开，忽略了企业盈利模式创新带来的发展机遇。

而成功的企业往往能够敏锐地捕捉到自己提供的产品或服务对于客户的本质是什么，发现传统盈利模式的短板，通过盈利来源和盈利方式的调整，极大地拓展了原有价值空间的规模张力和价值实现的效率。

盈利模式设计对于买方和卖方都会有启发，买方和卖方是盈利模式的两面，而且买卖双方在不同的情境下角色是可以转化的，为了简化描述，本文从卖方的角度阐述盈利模式的设计，而且聚焦于易被忽略的与供求没有直接关系的盈利来源和盈利方式两个维度展开。

盈利来源

传统盈利来源的创新更多是在企业边界清晰的运营体系中运转，从"生产者－客户"的分析框架下寻找盈利来源的突破，这一思路仍有生命力。但必须承认，以互联网时代为背景突然出现的免费模式是对工业时代中以企业为中心的思维模式的重大挑战。在新的时代背景下，企业正从传统工业时代下的"社会绝缘体"转变为信息时代下融入社会网络的有机体，这就需要企业家引入商业模式思维，从利益相关方视角、交易结构的视角打开企业边界，意识到企业与其利益相关方是"你中有我，我中有你"、跨界共生的关系。

企业的盈利来源通常包括三个方面：一是自有业务及其升级；二是企业独特的资源能力；三是寻找利益相关方之间的关联。

盈利来源一：自有业务及其升级

企业的自有业务是盈利来源的起点，企业通过对自有业务的升级，提出更加有力的客户价值主张，改善客户的满意度或性价比，从而带来更多的客户（客户规模）或客户认可（客户价值），这是盈利来源提升的经典思路。

米其林集团凭借自身对汽车轮胎在使用过程中的深刻理解，面对大型运输车队，从轮胎制造商向轮胎的托管服务整体解决方案提供商转变，盈利来源的变化也带动了其盈利方式的改变。对于大型车队而言，轮胎约占运输整体成本的6%。轮胎在日常的使用中会出现各种各样的情况，如果不能及时地发现和维护，轮胎的寿命和节油效果就会大打折扣，严重的还会影响车辆正常使用，增加维修成本。例如：不正确的轮胎气压会导致轮胎寿命的缩短和车辆燃油消耗的增加，事实上，车队在运输的过程中，即使检查气压这样的工作也是经常被忽视的；米其林的车队整体解决方案就是根据大型车队的实际需求和业务水平，为其设计有针对性的轮胎管理方案，全面接管企业中与轮胎相关的一切事宜，最终实现轮胎资本利用的最大化。米其林的车队解决方案包括：为车队选择适当的轮胎产品，保证最佳的性能和安全性；为车辆和轮胎的正确保养提供支持，安排车辆到米其林合作经销商进行高品质的服务；每位客户都可以享受到适合自身需求的全方位增值服务，其中包括专业培训、轮胎档案管理、成本节约报告和专业的车辆及服务审计。立体的解决方案大大降低了企业在轮胎上的单位公里使用成本。关于米其林的轮胎服务，业界中有一句流传久远的名言："以新胎价格的 50% 购买米其林翻新胎可以带来相当于新胎 90% 的使用寿命。"

盈利点来源二：企业独特的资源能力

企业通过所拥有的资源能力开展业务获得盈利。在此基础上，企业还可以通过发展和提升与其商业模式相匹配的关键资源能力为自身和社会创造更多福利。

关键资源能力指让商业模式运转所需要的相对重要的资源和能力。企业内的各种资源能力的地位并不是均等的，不同商业模式能够顺利运行所需要的资源能力也各不相同。以企业内的关键资源能力为中心，寻找、构造能与之相结合的其他利益相关者；或者对企业内部价值链上的能力要素进行有效整合，以创造更具盈利能力的价值链产出。尤其是当这种资源能力对最终产出影响巨大时，也会改变企业的盈利方式的设计。

亚马逊是全球电子商务的领导者。由于电子商务用户流量并不是均匀分布在全球，且时间上也不具有稳定性，所以其 IT 架构必须按照圣诞节等销售峰值建立，以保证购物高峰的客户体验，然而大部分时间里都会出现部分资源的空闲，于是亚马逊将技术上的优势和运营网站的经验打包出售给其他商家。通过不断地完善服务，它已经成为迄今为止最大的云服务提供商。这个思路和其在此前推出的"FBA"（Fulfilled by Amazon）业务一样：FBA 出租的则是物流及仓储。二者貌似迥异，实则思路相同：围绕着亚马逊在电子商务领域积累起来物流仓储能力和技术优势这两项关键资源能力，亚马逊重新设计了新的盈利增长点。

盈利点来源三：寻找利益相关方之间的关联

从利益相关方的角度思考盈利模式，关键在于寻找利益相关方之间的关联性，思考以下问题：它的利益诉求是什么，谁能够影响它，在什么条件下他愿意参与这个商业模式，等等。只要在众多利益相关方之间形成价值闭环，它的需求有人提供，它的成本能够承担，它的收益可以保证，它的优势可以发挥，这就是一个完整的盈利模式循环。典型的代表是免费模式，直接用户方免费获得企业的服务，免费作为一个手段带来用户规模的快速膨胀，企业的盈利来源则是源自能从用户群体上获益的第三方合作伙伴。对于企业而言，免费不是目的，通过免费实现收费才是目的。

以谷歌为例，其访问用户都可以免费地通过谷歌获得搜索服务，而支持谷歌收入的来源则是广告收入。广告商非常看重谷歌聚集起来的对不同搜索内容感兴趣的访问用户，这些通过搜索关键词而被细分了的客户群体具有非常高的消费潜力。

商业模式思维的核心在于借势而非造势，通过寻找资源互补的利益相关方形成借势。对很多创业公司而言，寻找到大规模的客户池，形成合作，可以带来盈利来源的倍增。瑞卡租车善于嫁接 7 天酒店已有的门店资源，获得企业发展的第一级动力火箭。2009 年，7 天酒店 CEO 郑南雁创办了瑞卡租车，不到两年时间，就获得了红杉资本和富达投资上亿元的风险投资，可谓发展迅猛。其关键就是和 7 天酒店形成资源互补。瑞卡租车的门店几乎全部设立在 7 天酒店的大堂，停车场也在酒店附近。这大大降低了门店的成本，还方便接触客源。房客通过 7 天官网预订酒店的同时也可以办理租车手续，非常方便。数据表明，酒店房客和自驾游租车客重合度很高。截至 2013 年 9 月，7 天酒店已经拥有超过 1 800 家门店，自称有 7 000 万会员，拥有全中国酒店业规模最大的会员体系，足以为瑞卡租车带来源源不断的客源。

盈利方式

不同的盈利来源也需要与之匹配的盈利方式。盈利方式的设计充满创意。我们从单一产品/服务定价讲起，逐渐扩展到更加复杂的组合定价，再到综合定价，试图通过层层推进、剥洋葱的方式将盈利方式设计关键要点与适用条件展现在读者面前。

盈利方式一：单一产品/服务定价

买卖双方对最终价值创造的影响程度及其自身的利益诉求点是不同的，盈利方式的设计需要能够从中找到平衡点。通常的盈利方式包括三类：固定、剩余和分成；拍卖方式；顾客定价方式。

固定、剩余和分成

在一次交易中，一般存在三种情况。第一种是甲方拿固定收益，乙方拿剩余：如果甲方的收益不受产出大小的影响，比如厂房出租者，那么我们就说甲方（厂房出租者）获得了固定收益。第二种与第一种相反，是甲方拿剩余，乙方拿固定：比如工厂所有者，他的收益在支付完固定成本如房租、工资等之后都是自己的，那么我们就说甲方（工厂所有者）获得了剩余收益。第三种情况是甲方、乙方都拿剩余，我们称为甲方、乙方都拿了分成收益。固定、剩余和分成是最为经典的定价方式。我们先看一个例子：嘉兰图是如何从固定收费转向分成收费的。

创立于2000年的嘉兰图已经是国内最大的工业设计师团队了，但是在设计项目的收费上，仍然采取固定收费的盈利模式：每个设计项目按照工作量、难度不同，收取几十万元至上百万元的设计费。固定收费是设计合作案的行规，已沿用多年。由于采取固定收费，面向市场的失败风险完全由客户承担，设计师避免了风险；但另一方面，设计费成为客户的成本支出，客户自然要千方百计压低成本。单一的盈利方式使得工业设计市场竞争激烈，设计费一降再降，环境恶化。而设计就算给产品带来很大的附加值，也无法充分体现在定价上。2009年，嘉兰图在它的新产品——老年手机上尝试了新的盈利方式，初战告捷，一举跳出了恶劣的项目价格竞争，更获得了大量的客户。嘉兰图是怎么做到的呢？嘉兰图采用的是先设计出老年手机，申请专利，然后把设计授权给需要它的客户，再根据客户的生产量收取授权费用。这样，嘉兰图就和客户共同承担了设计失败的风险。设计的价值得到了充分的体现，客户支付的价格也有了可靠的计量。那么，嘉兰图怎么能保证客户会告诉它准确的生产量呢？很简单，嘉兰图和客户有协议，老年手机某个关键生产原件必须通过嘉兰图来联系采购，因此嘉兰图能够可靠地掌握其生产量。通过老年手机这一个项目，嘉兰图当年就收到近1 000万元的授权收入，相对原来几十万元到百万元的项目收入增长了10倍甚至更多。嘉兰图从固定收费转向分成收费，打破了设计合作案的多年行规，实现了盈利模式的华丽转身。

我们在选择盈利方式时，通常第一个问题就是采用固定、剩余还是分成。这个决策与合作体中利益主体的资源能力贡献有关，固定贡献和不受利益主体意愿影响的可变贡献往往获得固定收益，而受利益主体意愿影响的可变贡献则要考虑交易价值、交易成本和风险承受能力以及其他因素（见图15-2）。

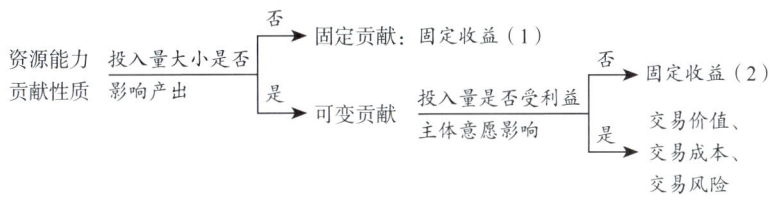

图 15-2

在上述案例中，嘉兰图拥有国内最大的工业设计师团队。第一，嘉兰图自信自身团队的设计能力能够为合作厂商带来更大的收益，愿意为设计投入更多优秀设计师团队资源；第二，嘉兰图拥有多个设计团队，也能够承担某个设计项目失败带来的成本投入失败的风险；第三，嘉兰图通过控制关键生产原件的采购能够可靠地掌握其生产量，从而有效地控制住了交易成本。所以嘉兰图有底气选择分成的定价方式。

在确定固定、剩余和分成之后，盈利方式设计的第二个问题则是根据产品或服务的特性不同，进一步确定不同的计价方式。对于交易的双方而言，彼方之固定即为此方之剩余，所以我们从一方的视角（如卖方）来看主要就有固定和分成两大类。具体而言，固定的盈利方式下又可以细分为按照消费资格计算如进场费、消费次数计算如过路费、消费时长计算如停车费、消费价值计算如油费；分成的计价方式更多地体现为分享费，就价值增值或成本节约的部分在双方之间进行再分配（见表15-1）。

表 15-1 计价方式

类别		计价方式	范例
固定	进场费	消费资格	会员费、订阅费用、自助餐、一次性销售
	过路费	消费次数	搜索广告按点击数收费、健身卡按次数收费、投币洗衣机
	停车费	消费时长	网络游戏按在线时长收费、手机通话按时长收费
	油费	消费价值	按成本定价、网络游戏销售道具、计件定价
分成	分享费	价值增值或成本节约的部分	加盟费、投资基金（包括一级市场、二级市场）、EMC（能源管理合同）

盈利方式的背后是买卖双方实力差异所导致的博弈结构差异。进场费最简单，却反映了企业与消费者对一次性消费交易价值的争夺。一次性消费资格的销售毕竟是粗放的，只能吸引一次性意愿支付价格在此之下的消费者。在这种博弈结构下，双方都有意愿隐瞒自己的信息，以提升讨价还价能力。而进场费、过路费、停车费、油费、分享费等则一步一步地细分消费者，使不同消费水平的消费者都能因此获取消费的资格并为自身的消费行为买单。

为此，企业就需要诱导出消费者的信息，通过设计好盈利模式让消费者就座；消费者则对盈利方式的政策定好自己的对策，在逆向选择中暴露自己的信息。双方因此需要支付诱导信息和显露信息的交易成本，但带来的却是更多的交易量或者更合理的交易价格——这就提升了交易价值。

我们可以通过淘宝网的盈利模式一窥全貌。

淘宝网为消费者提供了海量的商品销售平台，更为许多个人创业者创造了梦寐以求的创业平台。在淘宝上只需实名认证便可实现自主开店。从发布商品到店铺装修再到发货管理，淘宝都为店家提供了许多免费模板。对于开店新手，淘宝甚至提供免费的教学幻灯片来指导店家进行店铺设计和管理。那淘宝是如何挣钱的呢？单就店家而言，淘宝在基础服务上还提供各种增值或者高级服务，并通过不同的收费方式来获取收益。

认证后的店家若想发布全新产品需要交纳一笔保证金，作为新品发布的进场费，如若在经营期间出现违规现象该笔保证金将被酌情扣除并会被要求及时进行补充，当店家结束经营时淘宝会将剩余的保证金归还给店家。

发布完宝贝之后，店家需要对店铺进行进一步完善和美化。免费的基础模板大多非常简洁和单调。店家若想美化自己的店铺吸引更多的买家，就可以考虑购买炫丽的店铺装修模板或者配件。这些装修模板和配件一般以月或者年计费。

店铺装修好后，为了推广自己的店铺或者商品，店家可以向淘宝购买广告位。广告位的收费大多以时长计算，广告位使用时间越长收费也就越高。

成功实现销售后店家会进行收账和转账，当转账金额达到一定额度淘宝将向店家收取一定的手续费。

除此之外，淘宝还会组建各种商户联盟并不定期地发起特别活动，有兴趣的店家可以加入与自己相对应的联盟以分享基于联盟效应所带来的收益，当然联盟的加入也是需要交纳费用的。

我们可以一起尝试对淘宝案例进行费用种类的匹配。新品发布保证金可以看作进场费的一种，它授予店家发布新品的权利，店铺装修模板作为订阅费的一种也可以归为进场费；广告位的购买费则是依据使用时长而进行计费的，属于停车费；基于转账金额大小的手续费则可以看作是油费的一种；而商家联盟的联盟费虽然名头是加盟费，但实际上商家通过支付这部分加盟费来获取来源于商家联盟所创造的价值，因此应将其归为分享费。一个淘宝平台，以免费之名却真正做到了"一个业务、多元盈利"。

拍卖定价

拍卖定价是价高者得，商品的稀缺性是拍卖定价应用的关键，因为只有买家众多时，卖家才能够诱导买家竞争出价实现价值最大化；拍卖定价使得拍卖者掌握了消费者的最高出价意愿，从而最大限度地获得了消费者剩余，实现了利润最大化。这种定价方式最能够反映买方对标的商品的真实心理价位，但让买方——出价获知真实价格其交易成本通常也是最高的。所以，在实际应用中比较普遍的有两种情形：① 货值较高时，如大宗产品，古董字画等，买方心目中真实价格的披露带来的价值增值远超拍卖造成的交易成本；② 能够运用技术手段充分降低交易成本，如充分利用互联网数据传输优势的股票交易市场，网上拍卖市场的主要参与者包括eBay等。

顾客定价

顾客定价是指完全由顾客来决定产品或服务价格的高低。虽然拍卖也是由买方自行定价，但对于拍卖方而言，其心目中有一个底价，低于这个底价的竞价他是不会出售的。在顾客定价中，顾客出价时既没有其他买家的潜在竞争压力，也不会受到拍卖底价的限制，在极端情况下顾客可以免费获得产品或服务。比如当我们去酒店或餐厅消费的时候，常常给侍者的小费就是顾客对其服务的认可以及愿意付出的价格。

通常顾客定价的方式适用于三种情况。一是低边际成本的产品或服务：低边际成本意味着第一件产品的制作成本很高，但是从第二件开始新增加的成本就变得很低。比如以线上下载唱片盈利的唱片公司，在前期投入了很大一笔费用将唱片制作完成后，后期就可以依靠下载量获得多次收入而不必承担太多边际成本。低边际成本降低了商家采取顾客定价这一极端定价方式的成本风险。二是体验型产品：像音乐、书籍、电影、餐厅服务等具有精神附加值的产品，这些产品的价值更多地体现在顾客使用过程中获得的体验，而不是集中在顾客将要支付的价格上面。三是顾客群体广泛且具有差异化：差异化的消费群体对于商品的成本结构认知具有多样性，对商品成本会有不同程度的高估或低估，多样化的消费群体可以对冲商家的风险。

顾客定价原本并不普遍，但互联网时代的到来使得顾客定价的方式大放异彩。互联网企业为新增客户提供服务的边际成本几乎可以忽略，同时又面对海量的客户。海量客户中对产品或服务的体验认知是不同的，那部分给予高价值认知的客户群体正是顾客定价的基础。比如网络百科全书维基百科，公司运营完全依赖个人和企业赞助，而不接受广告等商业活动。知名的 Alexa Internet 对其网络流量统计数字指出全世界总共有近 3.65 亿名民众使用维基百科，且维基百科也是全球浏览人数排名第六高的网站，同时也是全世界最大的无广告网站。

盈利方式二：组合定价

按照组合的不同方式，我们可以把组合计价分为产品组合计价和消费群体组合计价两种。产品组合计价是指当消费群体对企业产品间存在一起消费的倾向时，对产品进行组合计价，其中，比较常见的有两部计价（进场费＋过路费，或者进场费＋油费）、剃须刀－刀片、反剃须刀－刀片、整体解决方案、超级市场货架等；消费群体组合计价是在区分不同顾客的基础上，将消费者进行一定组合提供产品，其中，比较常见的有交叉补贴、批量计价与分时计价等（见表 15-2）。

表 15-2　组合计价

组合计价	产品组合计价	两部计价（进场费＋过路费，或者进场费＋油费）
		剃须刀－刀片、反剃须刀－刀片
		整体解决方案
		超级市场货架
		……
	消费群体组合计价	交叉补贴
		批量计价
		分时计价
		……

产品组合计价

从交易价值而言，对产品组合销售，企业获得的总购买量要远远高于单独销售；从交易成本看，产品组合交易，减少了企业与消费者的讨价还价次数，降低了讨价还价成本；从交易风险上看，产品组合平抑了不同产品之间销售周期的起伏，能够使交易现金流更加平稳。

当然，产品组合也不是有百利而无一害的。最主要的交易风险来自竞争对手。由于产品组合是以规模经济的牺牲来换取范围经济，如果竞争对手挑选其中一两种有利可图的产品，规模化生产进入市场，则有可能对产品组合打开一个缺口。为了阻止竞争对手，实践产品组合计价的企业就要做一些额外的商业模式安排。

两部计价。具体来说就是，消费者通过缴纳进场费先获得进场消费的资格（可能同时获得一部分消费的赠予），然后针对具体的消费量再收钱。通过不同的进场费、过路费（油费）组合，企业可以同时锁定多个消费群体。如移动运营商设置的通信套餐，基本都是在网络"进场费"、语音通信"油费"和数据通信"油费"几个的高低之间进行调整，最终通话多的用户（选择通话"油费"低廉的套餐）跟短信多的用户（选择短信"油费"低廉的套餐）选择的两部计价方式自然不会一样。如果采取的是单一的两部计价，或者是统一的单一产品计价，移动运营商的消费群体自然会大大缩小，能够获取的利润也更加有限。

采用两部计价的企业往往固定成本较高，而消费者持续消费的边际成本较低，因此，通过一次性的进场费获得消费资格，企业就可以收回大部分的固定成本。至于过路费或者油费，则只须在边际成本的基础上加一个比例就可以实现盈利。当然，除了成本结构，消费者的支付意愿也会影响两部计价的具体表现形式。有的消费者消费次数比较频繁，边际上的消费弹性就比较大，如果在过路费上定价太高则有可能抑制消费，从而使进场费也失去吸引力，这时候就应该设置高进场费、低过路费（油费）。反之，有的消费者消费次数相对较少，边际消费弹性就较低，这时候采取低进场费、高过路费（油费）也许才是适宜的，如广告支付。

"剃须刀－刀片"与"反剃须刀－刀片"

"剃须刀－刀片"的精髓在于通过廉价的剃须刀锁定客户，然后，用高毛利的刀片销售持续获取盈利。在这里，锁定客户是前提。如果不能锁定客户的话，那这个模式就很难实现。

跟"剃须刀–刀片"相对应，还有一种模式就是"反剃须刀-刀片"，代表作就是乔布斯的 iPod。iPod 最让人津津乐道的就是其 iPod+iTunes 模式，很多人都在算 iTunes 上有多少首下载歌曲，为苹果公司赚取了多少钱。然而，事实上，除掉跟唱片公司的分成和苹果公司的运营成本，iTunes 在 iPod 时代并没有创造多少利润，真正赚钱的是 iPod 的销售。iTunes 是 iPod 的一个独特卖点，跟唱片公司的合作只是让乔布斯分摊掉了 iTunes 的运营成本，实现 iTunes 的零成本。在音乐版权严格的美国市场，iTunes 的出现，大大降低了消费者购买音乐的门槛，刺激了数字音乐市场的繁荣，拯救了一大批唱片公司，而作为 iTunes 的黄金搭档，iPod 大卖特卖也就在情理之中了。

整体解决方案。整体解决方案指的是把一系列相互配合的产品和服务搭配在一起卖给同一个客户，这些产品和服务一般来说有互补性，而对提供整体解决方案的企业来说，其提供的产品、服务未必要完全靠自身生产，也完全可以外购。

事实上，由于产品组合中的产品存在互补性，经常一并消费，合并企业客户的需求就能够实现单个产品的大规模生产或者采购。在销售端实现范围经济，在生产端或者采购端实现规模经济，整体解决方案事实上同时实现了超级集权和超级分权，这也就不难发现，为什么这个领域容易出现伟大的公司了。其中最杰出的代表当然是 IBM 公司，从硬件整体解决方案进化到软件整体解决方案再到知识整体解决方案，铸就了 IT 业的不朽神话！

超级市场货架。跟整体解决方案相类似的是超级市场货架，但是这种模式对产品组合的内在互补性要求没那么严格。超级市场货架的其中一种变体是固定成本高而边际成本低的媒体。例如，很多报纸都有内容繁复、栏目众多的版面，但实际上，可能读者甲只需要看娱乐版，读者乙只想看体育版，读者丙只要看国际新闻，一套覆盖所有版面的报纸会受到读者甲、乙、丙的一致青睐，而对于读者来说，不感兴趣的版面直接忽略即可。各个版面之间的广告、编辑等资源可以协同运营，广告价值却由于覆盖受众的增大而扩大。跟分开发行娱乐版、体育版等单行版本报纸相比，交易成本降低很多（不会超过三者单独成本的总和），交易价值却会超过三者单独价值的总和。

消费群体组合计价

消费群体组合计价一方面扩大了企业的产品受众面，另一方面企业在不同消费群体面前掌握了定价的主动权（不同群体定价不同）。企业不但从单个消费者身上赚取了更多的钱，而且从更多的消费者身上获利，交易价值得到大大提升。

但是，由此带来的就是对不同消费群体的区隔和甄别所带来的交易成本。最大的交易风险就是不同群体与价格之间的错配，如果设计不好，原来应该支付高价的却享受了低价，原来只能承担低价的却支付不起高价，只好退出市场。这就会使企业支付了区分不同群体的交易成本却没有享受到相应的交易价值，与企业设计的初衷背道而驰，得不偿失。能否以较低交易成本甄别和区隔不同消费群体，正是消费群体组合计价能否成功的关键所在。在下文要涉及的交叉补贴、批量计价、分时计价，无不体现了这一点。

交叉补贴。这种计价方式多见于平台型商业模式。平台型企业会连接多个消费群体，这些群体之间存在相互吸引的特性，而且不同群体的消费能力和消费欲望是不同的。如果这里面存在两大类消费群体，一种是消费能力低、消费欲望弱，另一种是消费能力高、消费欲望强。按照传统的盈利模式，对前者是避之唯恐不及，对后者则是趋之若鹜。但是，如果第一种消费群体达到一定规模后会吸引到大量的第二种消费群体，那么，用低价甚至免费吸引第一种群体以锁定第二种群体，实现从第二种群体盈利的目的就是可行的，这就是交叉补贴。

中国最有名的互联网公司腾讯就采取了交叉补贴。聊天用户用QQ免费聊天,也有一部分聊天用户购买QQ宠物、服装道具等;QQ游戏平台上某些游戏免费,某些游戏则会给腾讯带来利润(基本服务免费,增值服务收费)。这里面,免费的聊天用户和收费的聊天用户,免费的游戏用户和收费的游戏用户就形成了交叉补贴。

批量计价与分时计价。不管是批量计价还是分时计价,计价对象都是同样的产品,只不过区分消费者群体的手段不同,前者是以批量的大小为区隔手段,后者则是时间的不同。

批量计价的存在对供需双方都有好处:对企业来说,批量计价带来规模经济,降低了交易次数和时间,也便于安排生产;对消费者而言,量越多,平均价格越低。但问题在于每个消费者的消费能力有限,很难达到批量计价的条件。互联网带给商业世界的一个重要变化就是使得原来在工业时代难以提供的小规模长尾产品可以规模化提供了。工业时代,小批量的需求无法用实体的集中化渠道、营销满足,达不到规模化门槛;但是在互联网时代,一个个相对独立的小众需求消费者通过互联网聚合起规模的势能,从而达到了批量计价的门槛,就可以实现互联网环境下的规模化了。长尾产品是属于一种产品提供给多个客户的叠加需求,因此是批量计价。团购就属于长尾的一种典型应用,团购将原本孤立的消费者通过网络聚合成新的消费群体,从而崛起为一股新的消费势力,改变了原有商业世界的结构版图。

分时计价是在不同的时间段给出不同的定价,利用时间区隔开了不同的消费群体。航空公司对飞机票的分时定价已经做到了极致。那种说走就走的商务旅行和提前半年、一年就订好机票的计划旅游,绝对不是一个等级的票价。商务旅行需要适应快速、不断变化的商务环境,因此,旅客需要能随时购买、快捷登机、方便签转、简洁退票等,而不是迁就航空公司的时刻表,价格绝对不便宜。当然,更重要的是,这种商务旅行一般都是公司的临时日程安排,也由公司买单,旅客对票价并不敏感。而对于提前半年、一年就订好机票的计划旅游,价格是最为敏感的。亚航就经常提前放票，对于半年后、一年内不同航班做一定的促销。机票预订也不是越早越好，很多亚航的机票几乎是一天一个价格，跟股票涨跌一样频繁。

盈利方式三：综合定价

不同的定价方式能够挖掘出买卖双方的潜在需求，一个好的盈利方式可以提高交易效率。单一产品/服务定价和组合定价只是商业世界中盈利方式的基础。企业家可以结合自身产品或服务的特点设计出多种盈利方式的综合应用。Priceline 可以说是综合定价的高手，同样是销售机票（还包括酒店、租车、游轮、旅行保险等），把分时计价与拍卖、顾客定价结合到一起，构建出一个成功的盈利模式。

1998 年，美国人 Jay Walker 创立了 Priceline，并将其核心业务模式"Name Your Price（用户出价）"进行了专利注册（保护 20 年）。Priceline 以独特的反向定价（C2B）模式，提供网上订购机票、酒店、租车、邮轮及旅游保险。目前市值已经达到 686 亿美元，是全球市值最高的在线旅游公司，而这一切，却仅仅是由 300 名员工创造出来的！从公司业绩上看，2013 年，Priceline 总预订量大涨 38%（Expedia 只有 18%），达到 392 亿美元，基本持平于对手 Expedia（携程、艺龙模式）的 394 亿美元。但 68 亿美元的总营收却超过 Expedia 的 47.7 亿美元，净利润 19 亿美元更是远远把 Expedia 的 4.5 亿美元甩在身后。

Priceline 盈利模式的原理在于：产品越接近保质期使用价值就越小，从机票或者酒店行业来看，临近登机或者入住的实际价值变小，一旦飞机起飞或者客房空置超过夜里 24 点价值便会为零。对于时效性商品来说，价格的动态确定是一个难题，而更换价格标签的成本，以及消费者因为不断变化的价格产生的持币待购心态，都是实施动态定价的障碍。在电子商务领域，研究者很早就发现时效性商品采用逆向拍卖的方式，可以获得比固定价格更多的期望利润。而跟超市的卖方动态定价行为相比，逆向拍卖所采用的买方动态定价，可以非常容易地解决价格确定问题。

Priceline 网站的做法是，让消费者报出要求的酒店星级、所在城市的大致区域、日期和价格，Priceline 从自己的数据库或供应商网络中寻找到合适的价格并出售，返回一个页面告知此价格是否被接受，之后进行交易。目前"机票""租车""游轮""旅游保险"也包括在其业务之中。而消费者在报价时要以自己的信用卡做保证，一旦报价被接受，就必须完成交易。尽管预订酒店或机票的消费者牺牲了某些便利性以及对产品的选择权，但换来了对星级酒店或机票 40%～60% 的折扣，足以对消费者产生巨大的吸引力。而对酒店、航空公司来说，将价值快速降低的失效产品，以合适的方式和价格销售出去，同样具有很高的价值。通过这样的反向定价模式，Priceline 为交易双方都创造了很高的价值空间（见图 15-3）。

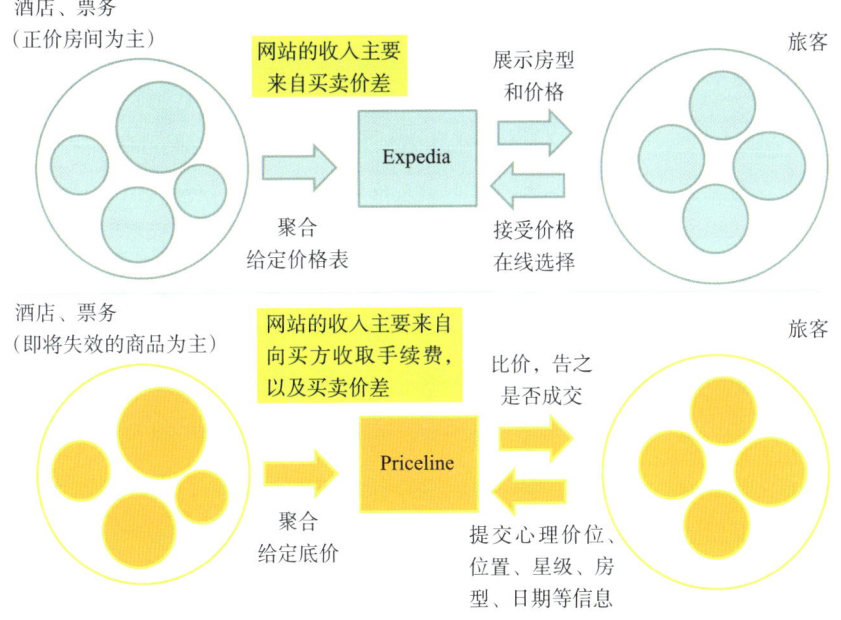

图 15-3

交易是整个商业社会的基石，企业方和客户方通过交易都获得了各自所需。交易价值的提升来源于交易标的的改进和交易效率的提升。传统企业以盈利模式既定为假设前提，更关注客户价值主张的打造，殊不知通过盈利模式的再设计也能够提高交易效率，创造出竞争优势。可以说，盈利模式设计解决的正是企业商业模式设计的"最后一公里"。

该文原载于《商业评论》2016年5月刊，作者为魏炜、张振广、朱武祥、林桂平，经授权刊登。

CHAPTER 16

第十六章

破坏性创新的本质之反思
——与克里斯坦森教授商榷

备受瞩目的破坏性创新（disruptive innovation，又称为颠覆性创新）理论正经历着广泛的批判。达特茅斯大学塔克商学院的安德鲁·金（Andrew A. King）教授于 2015 年 9 月在《MIT 斯隆管理评论》发表了《破坏性创新有多实用》一文，金教授就《创新者的窘境》和《创新者的解答》两书中 77 个案例的研究发现，只有 9% 的案例完全符合破坏性创新的定义，多数案例还包括其他推动因素；金教授认为破坏性创新的概念缺乏预测力，管理者不要过于依赖这一"简单"的理论。哈佛大学历史系教授吉尔·莱波雷（Jill Lepore）则在《纽约客》上撰文抨击破坏性创新理论，她认为《创新者的窘境》一书中的案例来源并"不可靠"，而且破坏性创新理论的逻辑也"有问题"。面对各种质疑，克里斯坦森撰写了《什么才是破坏性创新》（*What Is Disruptive Innovation?*）一文，就破坏性创新理论的最新研究精髓和基本原则进行了阐述，并指出了理论的应用误区，试图达到正本清源之效。

克氏定义的破坏性创新

克里斯坦森定义的破坏性创新指规模较小、资源较少的公司能够成功挑战在位大企业的过程。具体而言，在位企业聚焦于高需求（通常也是利润最丰厚的）顾客改善产品和服务。而成功的颠覆性新进企业则聚焦于被在位企业所忽略的另一些细分需求领域，通过提供更合适的功能（往往价格也更低），获得立足之地。在位企业忙于在高需求细分市场中追逐高盈利，无暇对新进企业做出回应。新进企业得以向市场高端移动，提供在位企业主流顾客需要的性能；当主流顾客开始转向新进企业时，颠覆就发生了。

概括来讲，克氏破坏性创新理论需要具有六个方面的特征：一是以在位企业选择高端市场展开持续性创新为前提假设；二是实施主体是资源或规模较小的公司；三是初期以低成本或品质欠佳的产品服务于低端市场或未被满足的新市场，在质量达到主流顾客标准前，不会以主流顾客为目标；四是在创新驱动力方面，需要新的商业模式或技术能够持续进步；五是采取步步到位的颠覆路径，以低端市场或者未被满足的新市场为切入点，逐渐成长、拓展至主流市场；六是最终的确颠覆了在位企业。

诸多纷争本应是理论研究更进一步的机遇，但克里斯坦森仅用外在形式上的、复杂的约束条件来定义破坏性创新，不仅如枷锁般限制了理论的适用范围，而且令破坏性创新的学习者舍本逐末、误入歧途。

破坏性创新本质是竞争的不对称性

与克氏相反，我们力求通过对破坏性创新本质的反思为其注入新的生命力。

破坏性创新理论从本质上来讲，拓展了人们对竞争的不对称性理解，企业通过定义具有根本性差异的竞争维度，使得持续性创新中的传统竞争维度失效，从而达到重构竞争格局的目标。以这个判断标准来定义破坏性创新，理论的假设前提更具普适性，每个企业都可以凭借对现有业务的独到理解，提供与现状具有根本性差异的产品（见图16-1）。

在位企业未必只选择高端市场

克氏破坏性创新理论的假设前提是：在位企业更倾向于在未充分满足的高端市场展开持续性创新，为新进企业留下低端市场和未被满足的新市场的机会。然而现实中，在位企业未必会单纯地追求高端市场，新进企业也未必只有低端市场的唯一选择。巅峰时期诺基亚手机产品就覆盖了高、中、低端市场，其低端手机的价格甚至可以和国内的山寨手机展开竞争；诺基亚并没有把自己局限于某一个市场，其扩张逻辑是充分发挥自身在品牌、产能、渠道等方面的优势，"机海战术"在巩固诺基亚领先优势的同时也带来不错的毛利空间。令诺基亚失去统治地位的iPhone手机则是典型的从高端市场切入实现破坏性创新的案例：iPhone手机以时尚、科技、用户体验等特点定义了智能手机，放弃了对诺基亚手机的耐摔、超长时间待机等优势的角逐；更重要的是，苹果公司着力打造了包括第三方软件供应商、音乐出版商在内的商业生态系统，通过半开放的软一体化商业模式整合硬件、系统、应用软件、内容服务商于一体并提供最佳消费体验，以"iPhone+ iOS +App Store"的新商业模式带动手机硬件的销售。诺基亚手机是沿着其传统优势竞争维度进行持续性创新，而非单一的高端市场；在2007年之前，苹果公司也不是一家手机企业，iPhone手机属于跨界、高端市场切入的破坏性竞争对手。

创新主体未必是弱小企业

不仅如此，克里斯坦森还有一个隐含的假设是：在位企业已经足够强大、处于一个成熟的市场，而只有业已成熟的市场才会出现过度满足的顾

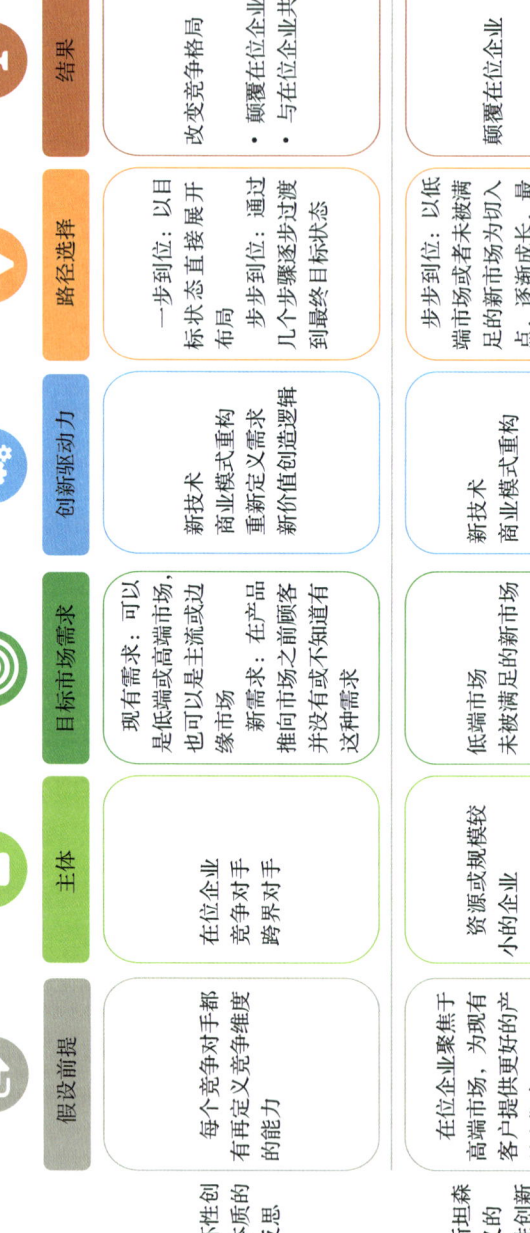

图 16-1 破坏性创新本质之辨析示意图

客；但对于具有开创性的新市场而言，初期的领导企业从高端市场切入的案例不胜枚举，如施乐打印机、IBM 笔记本电脑等，因为此时市场上几乎都是未充分满足客户。

因此我们认为，破坏性创新的主体不应局限于弱小或新兴的企业，即使在位企业也可以依据对市场的洞察展开自我破坏性创新，如 IBM、通用电气等这些历久弥新的标杆性企业都敢于颠覆自身的传统优势业务，拥抱不确定的未来；跨界的竞争者以新的视角和全然不同的资源能力优势，对传统行业的破坏性更强，如支付宝推出货币型基金后，它可以凭借自身的海量用户基础在短时间内就夺得资金管理规模最大的桂冠，直接颠覆了基金行业格局。

低端市场未必是低回报

克里斯坦森认为，从低端市场或未被满足的新市场切入是个理想选择，因为在位企业无论是资源、流程还是价值观都使其难以对这类市场投入足够的精力，更关注投资回报率的在位企业更倾向于投资高端市场，所以面对新进企业踏入这类低端市场时也不会有激烈的反应。但这个观点过于简化或者想当然了，准确地说，低端市场并不必然是低投资回报率或低利润率市场，只是以在位企业现有的产品或商业模式，很难在低端市场获得足够高的利润。在 20 世纪末，众多亚非拉发展中国家的基本电信服务远未满足需求，电话普及率还很低。这些国家的电信运营商不仅对价格非常敏感，而且还需要一系列埋光缆、树铁塔、建机房的交钥匙工程，如果再把其他各类政治、市场风险考虑进去，就要求设备成本做到非常低才有利可图。这也是跨国通信网络设备制造商为何将其作为低端市场放弃的原因。华为却选择继续投入研发力量，把产品的性价比做得更高；在跨国通信网络设备制造商和发达国家运营商对第三代移动通信（简称 3G）趋之若鹜的大背景下，华为投入力量把 2G 移动通信设备彻底重做一遍，把性能做得更好，成本做得更低，体积和功耗做得更小；在 2G 技术上，华为还研发成功了 3G 和 2G 融合算法，用 3G 设备实现 2G 功能，成本比 2G 设备还低，电信运营商购买了华为的 2G 设备，满足了现阶段顾客打移动电话的需要，将来向 3G 过渡时，只需升级软件版本和更换少量单板。华为凭借高性价比的产品获得了在低端市场成长的动力，并借此与这些国家的电信运营商建立起战略伙伴关系。不仅如此，如果新的产品技术或商业模式存在巨大优势，以高端或主流市场直接切入也可能获得巨大的品牌溢价和市场空间，正像苹果手机所做的那样。

被忽略的产品技术和商业模式

虽然克里斯坦森设置了苛刻的条件来定义破坏性创新，但创新的核心驱动力是与在位企业迥异的商业模式或产品技术，其他条件既非充分也非必要。相较于中国移动和联通而言，中国电信在 21 世纪初推出的移动通信产品小灵通是一个新兴对手。彼时手机的使用成本还比较高，小灵通是以典型的低端破坏性创新的方式切入市场的，但由于其采用的微蜂窝技术存在天花板，不具备拓展主流市场的技术能力；与此同时，手机却随着使用成本的降低日益普及；到 2011 年，小灵通已经全部退市。小灵通的案例告诉我们，即使是从低端市场以低成本的方式切入，如果产品技术本身不具有向上发展、拓展主流市场的能力，或者是在位企业持续性创新的速度相对而言更快，最终还是难以实现克氏破坏性创新。

AMD 被英特尔推出的赛扬品牌在低端芯片市场成功阻击曾是克氏破坏性创新理论指导的经典案例。但之后的英特尔却在与 ARM 的较量中处于下风，为何英特尔不推出一款低端品牌阻击 ARM 呢？如果我们仔细分析就可以发现，AMD 虽然以过度满足的低端市场作为突破口，但由于采取的是与英特尔相同的商业模式，而且仍围绕耗能、运算速度、成本这些竞争维度展开，所以被产品技术与资源均具优势的英特尔轻松打败。ARM 则为移动设备提供低能耗的芯片，而英特尔芯片的高性能、高能耗、高成本的特点则更适合 PC 端；在商业模式上，与英特尔什么都做不同，ARM 将自己所负责的架构设计授权给半导体厂商，收取授权费，这种开放的模式形成了多方支持的生态系统，也大大降低了芯片成本；ARM 的产品特点和商业模式都令英特尔的传统优势很难发挥，英特尔没有能力在移动设备市场迅速推出低端品牌对 ARM 进行打压。AMD 和 ARM 前后两个成败案例恰恰说明，产品技术和商业模式是否具有差异性才是能否挑战成功的关键，失却这一决定性条件，选择在低端市场或未被满足的新市场切入的小企业，也只能获得有限的市场或被轻易打败。

翻开克里斯坦森的《创新者的窘境》《远见》等系列著作可以看到，从电话对无线电报、液压挖掘机对缆索挖掘机，到小尺寸硬盘对大尺寸硬盘等一系列经典破坏性创新的案例中，产品技术或商业模式本身就具有先进性和不断完善的潜力，克氏破坏性创新理论只是描述了实现颠覆的过程。我们无从区分到底是产品技术或商业模式本身的先进性还是克氏破坏性创新理论的正确性带来了企业的成功。而且，创新驱动力也不局限于新技术和商业模式重构，通过重新定义需求拓展市场空间的边界，或者是新的价值创造逻辑也能带来竞争格局的改变，如优步的共享经济就是一种利用社会闲置资源满足出行需求的全新价值创造逻辑。

选择路径应该更有自由度

路径选择也不应成为区分破坏性创新与持续性创新的核心标准。克里斯坦森在《什么才是破坏性创新》一文中否认优步是破坏性创新，一个重要的判断依据是"破坏者首先吸引的是低端或尚未感到满足的顾客，再转移到主流市场。优步则完全反其道而行：先在主流市场占据位置，再转移到传统上被忽视的细分市场。"其实，企业完全可以通过创新转换成本的评估，选择从主流市场直接颠覆的一步到位的方法，或者按照克里斯坦森所提出的"先低端后主流"的步步到位的路径。路径选择的自由度本应是企业实现创新的另一个新维度，当克里斯坦森将其作为判断标准之后，反而成为企业创新的束缚。

结果并不只是颠覆，还有共存

最后，是否颠覆了在位企业也不应成为唯一结果。焦点企业即使是改变了竞争格局也是一种巨大的成功，更常见的情景是焦点企业与在位企业的共存，因为不同的商业模式或技术可能会分别在某一类细分市场中各占优势，在竞争中逐渐找到各自的市场边界。当第一家折扣零售店以破坏性创新的姿态开张 50 多年后，主流零售商依旧沿用传统零售店的运营方式，克里斯坦森辩称"完全取代传统模式可能还需要数十年"的时间。克里斯坦森认为新进企业最终会进入主流市场，却忽略了不同的技术和商业模式有可能会在某一类细分市场下更有效率，只要不同的细分市场存在，不同类型的企业就可能共存，而不仅仅是颠覆与被颠覆的关系。

不要陷入理论的窠臼

客观地讲，克里斯坦森为我们更好地理解竞争本质打开了新视野，却陷入了其理论的窠臼，尤其是面对层出不穷的破坏性创新的新案例时，克里斯坦森和他的理论显得左支右绌，理论的解释力和预测力也经受着越来越多的质疑。从破坏性创新的本质层面出发，我们就可以发现克氏理论存在的三类问题。

一是假设前提的片面带来整个理论推导逻辑的局限。只有当假定在位企业专注高端市场时，新进企业从低端市场或未被满足的新市场切入才有其合理性，但这种假设本身就存在巨大的局限。其实世界 500 强企业中绝大多数都聚焦于中低端市场，是否逐渐进入高端市场只是在位企业的战略选择方向之一。在克氏的逻辑体系中，新进企业成功进入主流市场并取代在位企业只能是唯一结局，否则只能固守于低端鸡肋市场，甚至退出竞争，这又何谈破坏性创新呢？如此一来，就陷入了以是否成功取代在位企业的结果作为判定标准的套套逻辑，众多失败的企业不会被人关注，更不会进入到克里斯坦森的研究视野中。

二是克里斯坦森将技术创新和商业模式创新这两个关键名词的定义模糊地等同起来。克里斯坦森认为，商业模式是由客户价值主张、盈利模式、关键资源和关键流程四个相互影响的要素构成。这种定义并不能算错，却缺乏足够的洞察力，因为难以与已有的战略管理理论有效区分开来。我们认为商业模式创新是对利益相关方交易结构的再定义，具体可以表现为不同利益相关方在业务活动系统中所扮演的角色、盈利模式和现金流的变化。

技术创新的作用则可以分为两类，第一类技术能够直接推动产品的进步，按照影响的程度不同可以分为：持续性创新，是在现有技术基础上的改善；突破性产品和革命性产品都可以在战略空间改变竞争格局，进而促进破坏性创新的实现。第二类技术则改进了业务活动，不同利益相关方之间的活动内容和互动方式都发生了变化，进而促进了新的商业模式或价值创造逻辑的诞生。移动互联网技术从两方面影响着破坏性创新：一方面是基于新技术背景下的产品推出，如网约车 App，乘客与司机可以利用软件精准了解对方定位和目的地，与电话约车相比带来极大便利，电召平台也因此走向衰落；另一方面则显著降低了沟通和交易成本，团购这一商业模式兴起的前提在于原本相对分散的消费者可以通过互联网更轻易地组成一股新的消费势力，他们对于商家拥有了足够强大的议价能力，买卖双方的交易活动和价值剩余都发生了变化。

三是更注重对早期破坏性创新理论形式上的坚持，而不是对理论本质的把握。例如克氏以是否从低端市场切入作为判断是否是破坏性创新的一个必要条件，因此认为优步相对于出租车行业是持续性创新，原因是优步没有从低端市场切入；但又认为与豪车租赁业务比起来，优步具有破坏性创新的潜质，结论是"按照破坏性创新理论分析，优步实属异类。我们没有能说明这样一个非典型的结果的统一定律"。克里斯坦森认为 iPhone 手机创造出互联网的新市场，破坏性创新的对象是笔记本电脑，这显然不符合人们对苹果公司在手机高端市场颠覆了诺基亚这一常识认知；更何况苹果公司也生产 Macbook 笔记本电脑，那 iPhone 手机是否是苹果公司的自我颠覆呢？然而在位企业的自我颠覆并不能归入克氏破坏性创新的理论中去，因为其假设前提是在位企业以高端市场为方向越走越远，既不需要也没能力实现自我的破坏性创新。虽然克里斯坦森总能为 iPhone 手机、优步这类充满创造性的商界新案例找到更为高端的市场，试图证明新案例仍是从低端市场切入的，但这种辩解和坚持只能让人们对克氏破坏性创新理论的理解更为困惑：毕竟几乎每类产品都能找到更高端或更低端的替代产品，这样的话即使是定位中高端市场的企业也可以宣称自己是对更高端市场的破坏性创新了，如此一来破坏性创新只能沦为一个时髦的标签而非对商业竞争有指导价值的理论了。

理论存在的意义是为人们提供更多的启迪和洞察，一套理论的生命力在于不断进化，而不是拘囿于历史的时空中裹足不前。我们以对破坏性创新的本质反思为契机，帮助企业家们在更广阔的竞争图景中洞察先机。

原文发表于《中欧商业评论》2016 年 9 月刊，作者为魏炜、张振广、朱武祥。

CHAPTER 17

第十七章

商业模式 36 计

理念篇

1. **持续创造价值永远是最重要的**。虽然利用短期内的信息不对称进行套利也可以获得不菲的收入，但毕竟不能持久。企业永续存在的前提是能够为社会带来独特的价值，不以价值创造为目标的商业模式设计都是耍花枪（流氓）。

2. **创造真实的价值，而非逻辑上的价值**。从生态系统的角度看价值创造是现在商界非常流行的理念。但这里有一个很重要的分界点是这些所谓的生态价值是否真的有竞争力，是否是客户真正所需要和期望获得的，否则的话只是逻辑上可行而已。用户买了小米的手机不是必然会用米聊，只是增加了使用米聊的可能性，如果米聊和微信相比没有竞争力，用户还是会选择微信。用户买了电视并不必然意味着要看你所提供的内容，内容本身是否具有吸引力才是关键。所以说，如果生态系统的新增价值没有真实的相关性，或者有真实的需求但价值空间太小，就没有盈利模式设计的空间，价值创造的逻辑只是存在于纸面上而已。

3. 格局视野、价值观和商业哲学不同，商业模式也不同；反之亦然。同处电商行业的淘宝和京东，采用了平台和自营两种不同的商业模式，反映的是两家公司对零售电商的不同假设和认知。所以，当我们设计商业模式的时候，更需要我们把设计的假设前提进行梳理和明确。

4. 不同时空中竞争和合作的含义是不同的。在战略空间中，是竞争关系的利益相关方，到商业模式空间或共生体空间，有可能是兼有竞争与合作的关系。例如京东与天猫在战略空间是直接的竞争对手，在商业模式空间中也会出现对供应商和用户的竞争；但是在共生体层面，二者是联手做大互联网电商共生体，与实体店商共生体展开竞争。所以企业要清楚自己是站在哪个空间，定义自己与利益相关方的竞争与合作关系，这会随着视角的改变而转化。

5. 商业模式为什么重要，因为其改变的是企业的估值逻辑。商业模式设计改变的是业务活动系统、盈利模式和现金流结构，这三类要素都是决定企业估值的核心要素。同样是卖手机，小米2014年估值450亿美元，P/E值也远高于而其他手机厂商的P/E值。

6. 新商业模式可以创造新行业或颠覆已有行业，同一个行业可以有很多成功的商业模式，同一个模式可以应用于很多不同的行业。例如谷歌的搜索引擎是一个革命性产品，但直到其找到了点击付费（CPC）的广告盈利模式之后，才成为一个伟大的产品；苹果公司的"iPod+iTunes模式"在改变了的唱片业竞争格局的同时令iPod风靡世界；互联网电商既有平台模式又有自营模式还有团购、特卖等多种模式，连锁模式既适用于零售业也适用于酒店业。

7. **创造顾客而非仅发现和满足现有顾客**。在汽车被创造出来之前顾客们的需求不过是更快的马车,创造客户需要在商业本质层面理解顾客,并为客户提供新的选择;而仅是满足现有顾客是持续性创新,很难形成对现有竞争格局的颠覆。

8. **企业的站位要高**。企业须明确是站在哪个主体层面思考问题:企业站在自身边界上需要做出的是战略选择,站在生态系统边界上需要做出的是商业模式选择,站在生态簇的边界上需要做出的是共生体的选择。越是行业的领导者(如华为)、开创性的创新企业(如谷歌),越需要站位高,要将思维的重心放在共生体的高度,行为的发力点落在商业模式层面,因为领导者要避免被颠覆或持续开创新局面,而开创性企业则要建立出一个真实完整的价值创造循环。

9. **轻资产商业模式的本质是提高自有资源的杠杆率**。这里要提醒两点:一是轻、重资产不是区分商业模式是否先进的标准,如果资本雄厚(换句话讲,当企业资本资源是相对竞争优势时),企业完全可以通过掌控关键重资产形成竞争壁垒,例如房地产企业拥有足够多的核心地块;二是重资产行业也可以采用轻资产的商业模式,全球范围内最成功的工业地产商普洛斯,将开发好的仓储设施及长期收益权出售给旗下合资及管理的投资基金,自身为客户提供高质量的仓储服务、仓储资产和基金管理,减少自身资本支出的同时提高了资本收益率。所以说,绝对资产的轻与重并不是问题的关键,轻资产的关键是如何以自有资源撬动更多的资源,衡量的指标就是自有资源的杠杆率。

10. **思维层面的较量是竞争的高级阶段**。在企业间的竞争过程中,无论是以弱胜强还是强强对话,而基于趋势判断而做出的当下布局更是超越了时空的限制,这些竞争场景中关键资源能力的相对作用都在下降,思维层面的较量逐渐上升为主角。而思维的训练和运用则需要先进的理论作为指导。

竞争篇

11. **升维思考**：单一维度的竞争难以塑造持久竞争力。优秀的企业家应保持始终比竞争对手高一维的思考优势。企业价值创造的四大来源包括共生体（价值创造的元逻辑）、商业模式（生态系统的结构效率）、战略（产品的价值主张定位）和管理（组织的执行效率）；传统的企业间的竞争主要是从战略和管理展开，很容易形成同质化竞争，而要形成根本性的差异竞争则需要从共生体和商业模式层面展开思考。

12. **降维攻击**：让竞争对手的优势或盈利来源无效。以小米手机为代表的互联网手机改变了传统手机行业的成本结构，仅互联网渠道成本一项就节约了近30%，爆款机型的打造又容易形成规模经济效应，高性价比的手机令酷派等传统手机厂商难以招架，小米手机也顺势崛起为世界级的手机厂商。

13. **终极手段**：重新定义行业。创造未来的前提是定义未来，通过在商业本质层面的抽象思考、以全新的价值创造元逻辑改变或替代传统主流厂商。例如汽车行业的兴起替代了马车，而优步和滴滴则有潜力重构人类的出行需求。

14. **战术大师**：竞争节奏的把握。强大的在位企业可以通过以我为主的竞争节奏拖垮竞争对手，如英特尔对摩尔定律炉火纯青的应用；新进企业可以利用自身小快灵的竞争节奏快速出招，而成熟大厂商若要从成熟型市场的稳定节奏切换到增长型市场的快节奏，组织和人员能力都面临转型，新进企业如果能够抓住竞争对手短期内难有作为的这一时间窗，就有可能直接改变竞争格局。

15. **在以增量市场竞争为主的领域，一定要在未来的时空内展开思考**。在增量市场中，现有的市场格局其实并不稳固，市场增量越大越不稳固。一切基于现有市场格局的策略已经过时了，企业需要始终清楚自己是在哪个时空背景下做出竞争判断和选择的。

16. **学会忘记自己的优势**。从商业模式和战略的角度重新发现或实现自己的优势：一个企业的资源能力优势要转化成竞争优势，需要契合商业模式且其水平超过市场平均水准，我们称之为"有效优势"；否则则是"无效优势"。例如，施乐研发中心的研发能力超强，但由于不能把技术创新转化为商业模式创新，任由技术的价值耗散，投入了大量的研发成本，没有一个好的交易结构来获取收入，这种优势是"无效优势"，最终反而会成为企业的负担，变成劣势。

利益相关方篇

17. **每一个企业都有一个以自己为中心的生态系统，同时又是其他利益相关者生态系统的一个角色**。对于前者，企业可以通过赋能利益相关方的方法提升自己所在生态系统的竞争优势；对于后者，企业则要思考自己如何使能也就是如何助力、成就利益相关方及其所在的生态系统。

18. **协同陷阱：没有好商业模式的协同经常带来的是低效！** 那些为了协同而协同，或者是建立在某一方牺牲、妥协为前提的封闭协同注定不能长久，因为这类协同背后的交易结构并不稳固。而开放的共享或市场化的协同才会有效率，因为这是建立在互利、自愿和竞争的基础之上的，只有最有效率的利益相关方和交易结构才能激发出合作自愿的潜力。

19. **不要只考虑用户的痛点和获益，还要考虑所有其他利益相关方的痛点和获益（要和利益相关方的机会成本相比）**。商业模式思考的是整个生态系统的痛点，改善的是整个生态系统的结构效率，所以用户只是众多利益相关方的一员。例如 OPPO 手机的一个重要的发力点就是帮助线下经销商渠道体系发展，与之建立起牢固的同盟关系。

20. **寻找更优秀的利益相关方合作，挑选比改造利益相关者要容易**。改造利益相关方绝非易事，要跨越"愿不愿、能不能、行不行"三大障碍，每一个障碍都能造成最终结果的失败。所以有时选对利益相关方非常重要，只要解决了"愿不愿"（激励）的问题就能迅速产生合作效果。

21. **化竞争对手为合作伙伴**。与其多一个竞争对手展开竞争，不如在更大的价值创造下实现合作。竞争对手才是最大的存量资产，如果我们能够通过商业模式设计重新规划竞争对手的业务活动和盈利模式，在更大的价值空间下化干戈为玉帛，则能实现更快速的扩张。2011年，腾讯的平台战略转型也是从思维根源上视创新企业从竞争对手为合作伙伴。

22. **为利益相关者赋能**。当焦点企业的管理水平相较于生态系统中其他利益相关方而言更高时，就会出现管理能力的溢出效应，即利益相关方的能力水平成为主要短板，因此为利益相关方赋能就成为一个投资回报率更高的选择。如奔驰作为豪华车的品牌代表，在保证自身汽车产品的领先性之外，奔驰还选择与怡安翰威特合作，由后者为4S店的关键岗位任职者进行资格认证和培训发展，奔驰通过赋能于4S店经销商合作伙伴，确保在市场、销售和售后三个环节能够带给消费者一致的高端品牌体验。

23. **为利益相关方设计、实现盈利模式**。好的商业模式能够让生态系统中的每个利益相关方都获得合理收益，同时保障整个生态系统中现金流的健康流动。例如，TerraCycle做的是变废为宝的创意生意，简单地说，TerraCycle的雇员把垃圾设计成创意产品，如糖纸变成铅笔袋，餐厅残渣变成植物肥料等。设计完成后，就交给制造公司批量生产，出厂后放在沃尔玛、塔吉特等连锁超市销售。垃圾的来源是TerraCycle从沃尔玛、星巴克免费获得的；而成品在连锁超市销售后，巨头们可以获得相应垃圾净销售额5%～7%的分成，同时彰显了巨头们的"企业社会责任"。

24. **利益相关方直接互相学习互相帮助有时是很重要的**。利益相关方之间可能面临的是相似的痛点，彼此交流的内容更接地气；更重要的是，已经取得阶段性成功的利益相关方可以坚定其他利益方赢的信念，降低了方向探索的不确定性，此时，榜样的力量是无穷的。

执行篇

25. **借势而非造势**。无论是战略选择还是商业模式设计都应该顺势而为，过于领先或逆势而为都难以成大事。每一次商业浪潮的到来都能成就一批独角兽公司，优酷崛起于宽带普及的时代，微信也因智能手机的兴起而大行其道。

26. **走向成功的第一个里程碑是最小生态系统**。所谓最小生态系统即能够独立运转、各利益相关方角色都能从中获利并持续运转的最小单元。最小生态系统意味着商业模式已经获得社会认可，具备了持续增长的基础；而那些需要长期补贴才能运作的生态系统难以持久。

27. **商业模式落地的路径选择：一步到位或步步到位**。当新的商业模式从此岸到彼岸的转换成本非常高时，就可以选择商业模式迭代升级的步步到位的路径；允许商业模式设计之初存在模糊期，尤其是一项革命性创新，可能商业模式的摸索期会更长一些。

28. **交易代替管理**。当实现管理所需要的直接和间接成本过高时，就应果断放弃管理。换句话讲，管不好就不要管，通过与利益相关方重新设计交易结构的方式（如对方拿剩余收益、双方分成收益或者对赌等方式）激活其资源能力。此外，我们在商业模式设计之初，就可以将管理的复杂性和直、间接成本纳入到模式实现的总成本考虑之中。

29. **将机会整合到商业模式重构的不同阶段**。一旦我们学习掌握了商业模式思维，就能设计出商业模式的 1.0 版本、2.0 版本乃至更高级版本，为企业的商业模式升级重构指明方向。我们可以将发现的潜在机会整合到商业模式重构的不同阶段中去，如此一来商业模式的每个阶段都有其发展的重心；而且竞争对手也很难窥得商业模式的演进方向，毕竟，这些都是企业的核心机密。

30. **增量调整比存量调整容易**。这主要有三点原因：第一，增量空间容易形成增长势能，能够弥补产品功能和商业模式初期的不完善；第二，增量空间下不必冲击现有利益相关方的交易结构安排（利益格局），可以按照理想的商业模式设计展开；第三，增量空间不仅避免在初期就与市场上主流厂商展开战略决战，甚至可以在中远期将主流厂商转化为合作伙伴。

31. **长青企业的秘密：不断重构商业模式的能力**。从外部环境来看，新时代竞争呈现出竞争空间层次的丰富化、竞争的时间密度升级以及竞争结果所影响的深度和广度加大三大特点，商业模式的深入思考已成为时代标配。从企业自身来看，企业的发展和生物一样也有一个生命周期；不同的是，在一定发展阶段，企业可以通过重构商业模式、变革交易结构返老还童，逃逸出原生命周期而进入一个新的循环。如果企业抓住商业模式重构的每次契机，就有可能实现真正的长生不老。

32. **商业模式可以引领技术和产品的研发方向，同样的产品和技术可以用不同的商业模式变现，企业价值也会不同**。卖咖啡还是卖咖啡机给顾客是不同的商业模式，两种模式对咖啡机的使用要求和外观设计决然不同；同样是卖电视，创维和乐视却是不同的变现模式，企业的估值基础和逻辑也大不相同。

33. **用商业模式思维挖掘资源能力的价值，市场化资源能力非常重要**。例如入选 2012 年《福布斯》美国小型公司 100 强的 Medifast，这家减肥食品公司就是把它的顾客变成健康教练，健康教练通过拓展新的客户获得产品销售分成。健康教练用自身的成功减肥经验帮助新的客户减肥，在促进产品销售的同时也能带给客户更好的消费体验。Medifast 正是看中了每个顾客真实的减肥成功案例比明星代言更具有感染力，通过把自己的顾客变成产品宣传和销售的合作伙伴，以病毒传播般的速度构建起销售拓展网络。

34. **用户洞察：理解了用户的商业模式才能真正洞察用户**。只有站在用户立场，理解用户是如何利用你的产品或服务创造价值的，也即了解用户的用户，才能真正地洞察用户。例如提供风力发电设备的金风科技，其用户有发电运营商、系统集成商、投资商等不同类型，这些客户的商业模式不同，对金风科技所扮演的角色的要求也不同：对于发电运营商，金风要提供有竞争力的整体解决方案，在有限的风力资源条件下获得最大的发电收益；对于系统集成商而言，金风要提供高性价比的设备，在满足发电量目标的前提下实现综合造价的最优化；对于投资商而言，金风则要满足其对高回报的要求，因此金风要提供最大投资收益率的解决方案。所以，只有理解用户的商业模式是什么，才能反过来确定企业对客户最大的价值贡献是什么。此岸的问题只能到彼岸才能看清楚，再回到此岸来解决。

35. 用一个简单统一的商业模式实现业务的拓展。传统的业务拓展逻辑是围绕着价值链上下游、业务协同价值、核心资源能力展开，未来业务拓展的逻辑可以是基于简单统一的商业模式。磁云科技的模式创新集中"B2B+O2O+产业金融方向"，首先通过 B2B 可以整合上游的供应链，可以联合下游的终端；其次通过 O2O 把线上线下打通；最后通过产业金融解决账期问题、解决产业里面的资金配置问题、解决产业里面的信用和规范问题。然后将这个模式不断向家居建材、装修、食品、大健康、养老、农业等多个领域进行拓展。

36. 商业模式设计不要超越自己太远。有些商业模式的设计本身从商业逻辑上并无问题，但落地成功率并不高；不是商业模式越复杂离成功越近，适用的才是管用的，商业模式的设计不要超越产品本身太远，不要超出自身的执行能力太远。

最后的忠告篇

- 实现顾客黏性永远比想象的要难。为自己负责的顾客始终会被性价比更高的产品所吸引。对于那些通过补贴带来的用户流量，如果产品的用户体验并不显著优于竞争对手，重复购买率过低，所有的补贴带来的流量暴增不过是转瞬即逝的浪花一朵朵罢了。
- 借用利益相关方的资源能力永远比想象的要难。毕竟不同利益相关方所沉淀积累下来的资源能力不是一开始就为你准备的，所以不同利益相关方之间的协同会存在挑战。例如虽然京东和滴滴都取得了微信的入口，但自家 App 还是主要的阵地。
- **脱离现实的愿景会带来贪婪**。企业制定愿景使命时倾向于过于美化、不切实际，形成的愿景和使命实际是做不到或不是真正想做的，这将导致企业的行为也会发生异化，变得什么都要去做。所以企业要知道自己在商业世界的不同空间中所扮演的角色是什么，愿景使命的制定应是以明确的企业边界为前提的。
- **商业模式的风险事先需要设计好分担，盈利模式的设计不要靠（习惯）想象**。很多商业模式在规划设计阶段基本是符合商业逻辑的；但是否真正有效则需要实战的检验，看看有哪些假设与现实商业世界会存在出入；所以要预留时间和空间做商业模式的验证和迭代。
- **对利益相关方只讲如何为其创造价值，不要介绍自己的商业模式**。不解释，说多了都是泪！

参 考 文 献

[1] 钮先钟. 战略研究入门 [M]. 上海：文汇出版社，2016.

[2] 罗伯特·卡普兰，大卫·诺顿. 战略地图 [M]. 广州：广东经济出版社，2005.

[3] 亚德里安·斯莱沃斯基，大卫·莫里森，特德·莫泽，等. 利润模式 [M]. 张星，等译. 北京：中信出版社，2007.

[4] 亚德里安·斯莱沃斯基，大卫·莫里森，鲍勃·安德尔曼. 发现利润区 [M]. 吴春雷，译. 北京：中信出版社，2014.

[5] 克里斯坦森，安东尼，罗恩. 远见 [M]. 王强，译. 北京：商务印书馆，2006.

[6] 易学军. 分析和计划得不出战略——专访管理大师亨利·明茨伯格 [J]. 哈佛商业评论，2006（4）：46-52.

[7] 戴维·科利斯，迈克尔·鲁克斯塔德. 一句话说清你的战略 [J]. 哈佛商业评论，2008（9）：106-117.

[8] 36氪的朋友们. 去哪儿庄辰超：创业公司如何竞争？如何亏损？[J/OL]. 36氪网站，2014-12-18.

[9] 马可·依恩斯，卡里姆·拉哈尼. 数字物联颠覆商业 [J/OL]. 哈佛商业评论网站，2014-11-06.

[10] 张明友. 孙子的止战思想 [J]. 滨州学院学报，2010（5）：75-80.

[11] 魏炜，朱武祥，林桂平. 商业模式经济解释 [M]. 北京：机械工业出版社，2012.

[12] 魏炜，朱武祥，林桂平. 商业模式经济解释Ⅱ [M]. 北京：机械工业出版社，2015.

[13] 霍炬. 人们看不到的小米 [J/OL]. DoNews网站，2015-01-05.

[14] Ewan Spence. 库克不用"热核战争"，照样击溃安卓阵营 [J/OL]. 福布斯中文网，2015-02-02.

[15] 金，莫博涅. 蓝海战略 [M]. 吉宓，译. 北京：商务印书馆，2005.

[16] Alexander Osterwalder，Yves Pigneur，Greg Bernarda. 价值主张设计：如何构建商业模式最重要的环节 [M]. 余锋，曾建新，李芳芳，译. 北京：机械工业出版社，2015.

[17] 迈克尔·波特.竞争优势[M].陈丽芳,译.北京:中信出版社,2014.

[18] 杜丽虹.配对方程式解码嘉德地产金融模式[J].新财富,2010(3):100-111.

[19] 曾熙.房多多,用"互联网+"玩出千亿平台[J/OL].商业评论网站,2015-03-31.

[20] 萨扬·查特吉.商业模式的四个锦囊[J/OL].商业评论网站,2015-05-29.

[21] Shona L Brown, Kathleen M Eisenhardt. Competing on the Edge: Strategy as Structured Chaos [M]. Boston: Harvard Business Review Press, 1998.

[22] 布朗,艾森哈特.边缘竞争[M].吴溪,译.北京:机械工业出版社,2001.

[23] 杜丽虹.产业周期、价值低估与现金收购[J/OL].视野论坛,2007-08-25.

[24] 罗恩·阿德纳.广角镜战略[M].秦雪征,谭静,译.南京:译林出版社,2014.

[25] 马克·约翰逊,克莱顿·克里斯坦森,孔翰宁.如何重塑商业模式[J].商业评论,2008(12).

[26] 林桂平,魏炜,朱武祥.透析盈利模式[M].北京:机械工业出版社,2014.

[27] 魏炜,朱武祥.发现商业模式[M].北京:机械工业出版社,2008.

[28] 吴军.浪潮之巅[M].2版.北京:人民邮电出版社,2013.

[29] 迈克尔·波特.竞争战略[M].陈小悦,译.北京:华夏出版社,2005.

[30] 克莱顿·克里斯坦森.创新者的窘境[M].胡建桥,译.北京:中信出版社,2014.

[31] 克莱顿·克里斯坦森,迈克尔·雷纳,劳瑞·麦克唐纳德.什么才是颠覆性创新[J/OL].哈佛商业评论网站,2015-12-02.

[32] 巴特曼.特斯拉绝非"颠覆式创新"![J/OL].哈佛商业评论网站,2015-05-04.

[33] 黎万强.参与感:小米口碑营销内部手册[M].北京:中信出版社,2014.

[34] 马丁·里维斯,纳特·汉拿斯,詹美贾亚·辛哈.战略的本质[M].王喆,韩阳,译.北京:中信出版社,2016.

[35] 阿尔伯特V布如诺,阿伦S科乐蓝.精确战略十二步[M].石晓军,译.北京:企业管理出版社,2004.

[36] 米兰.海军战役理论与实践[M].邢焕革,等译.北京:电子工业出版社,2011.

[37] 李德·哈特.战略论:间接路线[M].钮先钟,译.上海:上海人民出版社,2015.

[38] 宫玉振.取胜之道:孙子兵法与竞争原理[M].北京:北京大学出版社,2010.